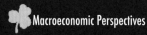
Macroeconomic Perspectives

第3版

マクロ経済学の視点

北川雅章・新関三希代・辻村元男・東 良彰・清川義友

は し が き

　2007 年 8 月、BNP パリバという証券会社傘下のファンドが顧客からの解約要求を凍結したこと（パリバ・ショック）で、アメリカの住宅価格がバブルであったことが明らかになりました。その後、2008 年 9 月にアメリカの証券会社・投資銀行リーマン・ブラザーズが破綻して（リーマン・ショック）、問題はグローバル金融・経済危機に発展しました。各国はその対策として過去に例を見ない金融緩和政策や大規模な財政政策を実施し、数年かかりましたが世界経済は回復しました。

　こうした状況において、日本の長期的なデフレ不況の研究が海外でも関心を集めました。すでに日本経済はバブル経済崩壊後、「失われた 10 年」ともいわれる 1990 年代の不況・デフレを経験していたからです。日本の 1990 年代は、バブル経済のときに企業の借りた債務が、バブル崩壊によって過剰債務・金融機関の不良債権問題となったこともあって、経済全体で需要が不足していた状況でした。2000 年代前半にようやく企業と金融機関はバブルの後遺症である巨額の過剰債務・不良債権を処理し、結果として日本の金融機関は世界的に見ても健全性が高くなりました。

　日本政府はリーマン・ショックの後、また 2011 年 3 月 11 日に発生した東日本大震災と東京電力福島第一原子力発電所の事故の後には被災地復興のために、財政出動を行いました。その結果、社会保障給付費の増大も一因として、公的債務の累積がさらに進み、2020 年度からは新型コロナウイルス感染症対策として財政支出を大幅に増加させており、少子高齢化と低成長経済のもとで、いつまで財政が持続可能なのか危ぶまれています。

　また、日本銀行は、2013 年 4 月に黒田日銀総裁が「量的・質的金融緩和政策」を発表してから、異次元的とも呼ばれる経験したことのない領域にまで踏み込んだ非伝統的な金融政策を続けています。アメリカでもゼロ金利政策や量的金融緩和政策など、経験したことのない領域にまで踏み込んだ金融

政策が続き、2015年12月、7年ぶりにゼロ金利政策が解除され、最近になってようやく量的金融緩和の終了や利上げが視野に入ってきました。ヨーロッパでも金融緩和が続き、マイナスの金利が出現したり、量的金融緩和政策が行われたりという異例の政策が行われました。

　このようなリーマン・ショック後に起きたグローバル金融・経済危機の際の各国の対応は、1990年代からの日本の経験を参考にして、「日本化」しないように政策を推し進めたもので、マクロ経済学の視点から見ると、非常に興味深い対応です。経済全体での需要不足がどのような要因によるものなのか、マクロ経済政策としてどのような政策を採るべきであったのか、など興味は尽きません。

　本書は第3版です。初版や改訂版と同様に、特に大学でマクロ経済学を学びたいという意欲を持った学生諸君に対し、テキストとして役立つことを意図して編集しています。いわゆるマクロ経済学の入門書・解説書として位置づけられますが、本書には3つの特筆すべき特徴があります。1つ目は、上のような最近の現実問題に対する見方・考え方のヒントを各所に記していることです。2つ目は、金融経済関係で最近のファイナンス分野における理論の発展を含めていることです。そして、3つ目はデータに関してできる限り最新のものを反映するよう努めたことです。

　本書は全16章で構成されています。そのうち1章から7章までを基礎編、8章から16章までを応用編として、段階的に理解が進むよう構成されています。読者はまず基礎編の各章を順番に読むことによって、マクロ経済学の初級レベルを十分理解するよう心がけてください。基礎編ではマクロ経済学の基礎的な概念とケインズ経済学の考え方を中心に、新古典派経済学の考え方と比較する形で説明しています。応用編ではさらに進んで新古典派経済学のより具体的で広範な内容、金融・財政関連、ミクロ的基礎を持ったマクロ経済学、経済政策、経済成長、国際経済関連など、中級レベルのマクロ経済学を説明しています。多少難しいと思われるような内容も含まれていますが、興味を持ったテーマにチャレンジしてほしいと願っています。

本書は共著書ですが、執筆は次のように分担しました。

1 章・2 章・6 章・7 章・8 章・10 章・15 章④・⑤	北川雅章
3 章・9 章・12 章	辻村元男
4 章・5 章・14 章	東良彰
8 章・13 章・15 章①・②・③	清川義友
11 章・16 章	新関三希代

　著者たちが担当した各章は、所属学部で行ってきた、あるいはこれから行おうとする講義と深い関係があります。その点で、熱心に講義を受けてくれた学生たちに対してここで感謝の意を表したいと思います。しかし、複数の執筆者によるため、読みづらい部分が残っているかもしれません。そのような箇所はご指摘いただければ幸いです。

　本書の初版が生まれたきっかけは、2002 年秋に八千代出版の山竹伸二氏から著者の 1 人である北川に執筆の依頼があったことです。しかし、北川の怠惰や他の公務との兼ね合いもあって、企画は延ばし延ばしになってしまいました。そのうち、森口恵美子氏が企画を引き継がれ、よき共著者を得て、ようやく 2007 年に出版することができました。その後、部分的に内容を改めて 2016 年に改訂版を出版しましたが、さらに 5 年が経ち、各国を取り巻く経済状況の変化や制度の変更などがあったため、部分的にまた内容を改めてこのたび第 3 版として出版することになりました。この間、著者の 1 人である清川義友教授が逝去されましたので、清川教授が執筆を担当した部分は北川が改訂したり、データを更新したりしました。編集校正では森口恵美子氏に大変お世話になりました。森口氏は私たちの遅れがちな出稿や校正、度重なる変更のお願いに対しても、辛抱強くまた快く対応してくださいました。ここに記して感謝したいと思います。

2021 年 12 月

執筆者を代表して

北川雅章

目　　次

viii

本書で使用される記号一覧

記号	用語	導入される章
A	労働の平均生産性	13
B	国債発行額//労働者の生産効率	9//14
B^S	自国債券供給量	15
B^{S*}	外国債券供給量	15
C	消費	2、3、4、5、7、9、12、14、15
CB	累積経常収支	16
CC	現金通貨	10
CP	クーポン	11
c_0	独立消費（所得ゼロ時の消費）	3、4、9
c_1	限界消費性向	3、4、5、9
cc	現金・預金比率	10
D	配当	11
DC	国内信用	15
DP	預金	10
d 上付き	需要	
E	（名目）為替レート	7、15、16
E^e	予想為替レート	16
E^f	フォワードレート	16
EI	為替レート指数	16
EX	輸出	2、3、7
e 上付き	期待	5、13、16
F	実質資産	15
G	政府支出	2、3、4、5、7、9、15
g_m	名目貨幣の成長率	8
g_v	貨幣流通速度の成長率	8
g_w	貨幣賃金率の変化率	13
g_y	産出量の成長率	8
H	マネタリーベース（ハイパワード・マネー）	10
I	投資	2、3、4、5、6、7、9、12、14、15
i	名目利子率／円建て資産の収益率（金利）	5、12、15／16
i^*	ドル建て資産の収益率（金利）	16
IM	輸入	2、3、7
K	資本ストック	3、6、12、14

記号	用語	導入される章
k	マーシャルの k／／一人あたり資本量	5、7、8、16／／14
L	労働量	4、12、14
l	実質貨幣需要関数	5、9、15
M	貨幣供給量／マネーストック／日本の名目貨幣供給量	5、6、7、8、9、15／8、10／16
M^d	（名目）貨幣需要	5
M^s	（名目）貨幣供給	5
M^*	外国の名目貨幣供給量	16
m	貨幣乗数／信用〔創造〕乗数	10
N	雇用量	6、13
N_n	自然雇用水準	4、6
NX	純輸出（貿易・サービス収支）	7、15
n	人口成長率	14
P	物価（水準）／自国財価格	2、5、6、7、8、9／15、16
P^*	均衡物価水準／／外国財価格	6／／15、16
PB	債券価格	11
PY	名目GDP	2、5、8、13
p	価格／／物価（水準）の自然対数値	12／／13
Q	数量／／株価	2／／11
R^*	対外支払準備	15
R_r	危険資産収益率	11
R_s	安全資産利子率	11
RE	日銀当座預金	10
RV	収入	3、12
r	（実質）利子率／日本の実質金利	4、5、6、7、10、11、16
r^*	均衡利子率／／世界利子率／アメリカの実質金利	5、9／／7、16
r_y	満期時までの利回り	11
re	預金準備率	10
S	貯蓄	3、4、7、9、12
S_L	労働分配率	13
s	貯蓄率	14
s 上付き	供給	
T	税／／取引量	4、5、7、9、15／／8
t	時点	2、3、5、11、12、13、14、16

記号	用語	導入される章
U	効用関数	9、12
u	失業率	13
u_n	自然失業率	6
V	貨幣の流通速度	8
VC	銀行手元保有現金	10
vc	銀行手元現金・預金比率	10
W	名目賃金//財を生産するのに要する費用	6//12
X	元本	11
x	消費量	12
Y	実質産出量（実質 GDP）／日本の所得水準	3、4、5、7、8、12、14//15、16
Y^*	均衡国民所得//外国の所得水準	4、6、7、9//16
Y^d	総需要	2、6、7
Y_f	完全雇用国民所得	4
Y_n	自然産出量	4、6
Y^P	恒常所得	12
Y^T	変動所得	12
y	実質産出量の自然対数値 //1 人あたり生産量	13//14
y_n	自然産出量の自然対数値	13
β（ベータ）	期待係数	13
δ（デルタ）	資本減耗率	3、12、14
ε（イプシロン）	実質為替レート	15、16
ζ（ゼータ）	生産関数	6
θ（シータ）	時間選好率	12
Λ（ラムダ、大文字）	ラグランジュ関数	12
λ（ラムダ）	調整速度	3、16
μ（ミュー）	技術進歩率	14
ν（ニュー）	資本係数	3
Π（パイ、大文字）	利潤	14
π（パイ）	インフレ率（物価上昇率）	5、8、13
ρ（ロー）	リスクプレミアム	11、16
τ（タウ）	限界税率	9
ϕ（ファイ）	投資費用関数//資本蓄積方程式	12//14
ψ（プサイ）	調整費用関数//効率単位で見た資本蓄積方程式	12//14

※記号の意味内容がほぼ同じで異なる用語を使っている場合は「／」で区切り、まったく異なっているが同じ記号を使っている場合は「//」で区切ってあります。

第1部
基 礎 編

1

イントロダクション

① ミクロ経済学とマクロ経済学

マクロ経済学の目的

　マクロ経済学は、ミクロ経済学とともに、近代経済学の中核をなします。ミクロ経済学は、希少な資源をどのように配分すれば人々の効用が最大になるのか、また、生産要素の無駄のない配分という、効率的資源配分の問題を考えます。したがってミクロ経済学では、家計の効用最大化や企業の利潤最大化といった合理的行動の定式化に主眼がおかれます。また、ミクロ経済学の基本的なスタンスとして、市場メカニズムの働きに信頼をよせる傾向があるといえるでしょう。

　一方、マクロ経済学では、各経済主体の合理性について詳細に分析するよりも、経済全体で集計化された変数について、それらの動き方や相互連関を分析することに主眼がおかれます。さらに政策変数がマクロ集計変数にどのような影響を与えるのかについても強い関心をよせます。実際に、マクロ経済学は、市場メカニズムの働きを重視する新古典派経済学と価格の硬直性を主張するケインジアン（ケインズ派）の間で、激しい経済政策論争が繰り広げられることによって、その体系が発展してきたといえるでしょう。

　経済全体で集計化された変数の具体例としては、国内総生産（GDP）や経済成長率、失業率、物価、さらには消費や貯蓄、投資、利子率、経常収支、為替レートといったものが挙げられます。そのほかにも政策変数として、政府支出量、税収、国債残高、貨幣供給量などがあり、どれも新聞やニュースでしばしば採りあげられるものばかりです。

　このようにマクロ経済学は、現実問題・政策課題を扱います。読者の皆さんは、生きていく上で日々経済活動をする必要があったとしても、経済全体を扱うマクロ経済学の知識は必要ないと思われるかもしれません。確かにマクロ経済の状況は目に見えにくいものですが、人々の日々の経済活動にも大きな影響があります。株価や為替レートは毎日ニュースでアナウンスされるほどです。それでも政策課題を扱うというと、自分には関係ないと思われるかもしれません。マクロ経済学は宰相の学問といわれることもあります。しかし、政策を考えることは、エコノミストやアナリストなど直接仕事の役に立つ場合もありますし、そうでなくても民主主義社会では、人々が政府の政策を判断し評価する必要があります。したがって、国民・市民としてマクロ経済学を勉強しておくことは大変重要なことです。

総需要と総供給

　経済学における分析の中心は需要と供給を分析することです。ミクロ経済学では価格と需要や供給の関係を分析して、需要と供給が等しくなるように価格と取引量が決まる、というように分析します。一方、マクロ経済学では経済全体の需要と供給を扱い、1つの市場だけを採り上げるのではありませんので、総需要と総供給と呼びます。総需要と総供給が等しくなるように経済活動全体としての大きさ（総産出量）と物価水準が決まると考えます。経済全体の価格は、物価水準と呼ばれます。マクロ経済の総需要には消費、投資、政府支出、輸出などの大きさが影響します。一方の総供給には、労働者の労働供給態度と企業の労働需要態度、企業の価格設定行動などが影響します。

② ケインズ経済学と新古典派経済学

ケインズ経済学

　一般的には総産出量と物価水準を決めるのに総需要と総供給のどちらも重要ですが、社会科学であるマクロ経済学では経済全体の動きに対する視点が異なっている2つの考え方があります。総需要の重要性を強調する**ケインズ経済学**と、総供給の重要性を強調する**新古典派経済学**です。

　現代マクロ経済学の出発点は、ケインズが1936年に出版した『雇用・利子および貨幣の一般理論』（一般理論、と呼ばれています）です。ケインズはこの本の中で、経済全体の総産出量を決める要因として総需要の重要性を強調しました。それまでの経済学者（新古典派）はミクロ経済学が想定しているような価格による需要と供給の調整メカニズムを信頼しており、そのような調整メカニズムがマクロ経済全体でも成り立つと考えていました。1929年10月に起こったニューヨーク株式市場の大暴落（「ブラック・サーズデー」と呼ばれています）に端を発する1930年代前半の世界大恐慌に直面したときも、政策的に何もしなくてもいずれ景気は回復すると考えました。しかし、大恐慌は長く続きました。そのような中でアメリカ経済は「ニューディール政策」による総需要の増加によって回復し始め、ケインズの『一般理論』はその理論的根拠を与えたものとして評価されたのでした。以後、ケインズの考え方に共鳴した経済学者はケインジアンと呼ばれ、マクロ経済政策としての総需要管理政策の重要性を彼らは主張し、実際に政策として採用されていきました。

　ケインズ経済学の考え方に陰りがみえだしたのは、各国がインフレーションと景気停滞（スタグネーション）が共存するというスタグフレーションに悩まされるようになったころからです。日本でも、1973〜74年に発生した高インフレの原因をめぐって意見が対立する中で、マネタリストと呼ばれる人たちを先鋒とする新古典派から、ケインズ経済学批判の声が高くなりました。

1930年代前半の世界大恐慌についても需要不足が主因ではなく、金融政策の失敗による貨幣供給量の激減が主因だとする研究結果が定説になりました。

新古典派経済学

　ケインズ経済学の考え方には、物価水準が硬直的である、とりわけ下がりにくいという考え方が特徴の1つとしてあり、総需要の水準によって総産出量がきまると考えます（**有効需要の原理**といいます）。一方の新古典派経済学の考え方を特徴づけると、伸縮的な価格を想定することにあります。財・サービスの価格だけでなく、労働サービスの価格である賃金についても労働の需給に応じて伸縮的に変化することを想定しています。その結果、労働市場では労働の需給が均衡し、現行の賃金で働きたいと思っている人がすべて雇用されているという**自然雇用水準**が達成されることになります。物価水準も伸縮的に変動すると考え、その結果、総産出量は常に自然雇用水準のもとで達成可能な水準（**自然産出量**といいます）になります。したがって、経済活動の大きさを決めるのに重要なのは、自然雇用水準のもとでいかに生産性を高めるかという供給サイドだと考えます。

　新古典派経済学は、総需要管理政策は一時的には効果があっても、長期的には効果を持たず、有害であるとさえ考えます。この主張の背後にあるのは、市場メカニズムへの信頼です。市場が自由競争の原理により十分にその機能を発揮すれば、生産物市場と労働市場では、生産物と雇用量やそれぞれの価格・賃金などの経済の実物面が決まります。その結果、新古典派経済学は、市場メカニズムによって最も効率的な資源配分が行われると主張します。たとえば、不況のときに景気変動の幅を小さくするようなファイン・チューニング（微調整）的総需要管理政策を行っても、効果は一時的で、人々が期待を変えて行動を変えればそのような効果は消えてしまい、インフレーションだけが残ってしまうと主張します。ミクロ経済学的な考え方をマクロ経済にも適用しようとする考え方といえます。

神の見えざる手

　スタグフレーションを契機として、ケインズ経済学は新古典派経済学から
の厳しい反攻を受けることとなり、各国は総需要管理政策に慎重になりまし
た。しかし、バブル経済崩壊後、「失われた時代」ともいわれる日本の1990
年代の不況・デフレや、2007年頃から顕在化したアメリカのサブプライム
ローン問題をきっかけとする2008年9月のリーマン・ブラザーズ破綻（リー
マン・ショック）後におきたグローバル金融・経済危機などは、経済全体で需
要が不足している兆候を表しています。市場メカニズムが十分に働いて、均
衡が保たれているとは思えません。大量の失業が長期にわたって存在してい
て「神の見えざる手」が働いていないと考えられます。このようなときに経
済の自律的な調整力に期待するべきでしょうか。あるいは、有害な後遺症を
残す可能性があるとしても、さしあたり失業を減らすように財政金融政策を
採用すべきでしょうか。ケインズ経済学の分析手法を考えることの重要性が
わかるでしょう。

　もともと伝統的な正統派経済学では、市場メカニズムを信頼しています。
資本主義確立期の18世紀に正統派経済学を創り出し、経済学の父と呼ばれ
るアダム・スミスは、特権貴族階級のための生産ではなく、国民全員の厚生
を向上させるための経済学を志向しました。そのために経済システムが解決
しなければならない基本的経済問題は資源配分の問題です。限りある希少な
人的物的資源を、いろいろな用途に最も適切に配分することが効率的な経済
活動になりますが、スミスは、人々の経済活動を自由に放任し、経済運営を
市場メカニズムによる**神の見えざる手**にまかせることで、最適な資源配分が
実現すると考えました。したがって、政府は一切経済に介入せず、人々の安
全を保護するだけの「夜警国家」に徹して、「小さな政府」を志向するのが
最も望ましいという結論になります。これがスミス的自由放任主義であり、
正統派経済学＝**古典派経済学**の自由主義経済論の源流です。スミスが神の見
えざる手と呼んだこの市場の働きについて、数学的手法を用いて精緻な分析
を行ってそのメカニズムを解明したのが**新古典派経済学**で、したがって、新

古典派は市場メカニズムを信頼しています。

ハーベイ・ロードの前提

　しかし、世界大恐慌や日本の1990年代、あるいはリーマン・ショック後におきたグローバル金融・経済危機のような状態は、「神の見えざる手」の限界、すなわち「市場」では最適な資源配分が実現されない「**市場の失敗**」と考えられます。それに対する処方箋としてケインズの考え方が出てきたのは上で述べた通りです。実際、グローバル金融・経済危機の際には各国ともケインジアン的な拡張的財政金融政策を発動しました。

　ただし、その限界も考えなければなりません。ハイエクという経済学者は、自由裁量による市場介入によって経済をコントロールできるとするケインズ主義は「理性の濫用・知性のうぬぼれ」であると批判しました。政策当局が予測の難しい経済を相手に、常にファイン・チューニングできると考えるのは自信過剰であるという批判です。ケインズ経済学の考え方は、一握りのエリートが最善の政策を決定し、実行できるという「**ハーベイ・ロードの前提**」によって成り立っていると考えられます。この前提の名はケインズが住んでいた英国のケンブリッジにある通りの名前にちなんでいます（英国では、町名ではなく通りの名前に番地を付けて住所を示します）。日本でも「官僚聡明論」として知られています。しかし「族議員」と呼ばれる国会議員が、その官僚と手を組んでケインズ経済学の考え方を都合よく解釈し、公共事業などの政府支出を必要以上に拡大してきたこともよく知られています。このような「**政府の失敗**」に対する批判として、1990年代に入って、ようやく「規制緩和」や「小さな政府」が公共政策のスローガンになり、公共部門の経済介入をできるだけ減らそうという考え方が強まってきました。しかし、マクロ経済政策のあり方については、その後の新しい理論上の発展もあり、明確な結論は得られていません。グローバル金融・経済危機の際には、各国が大規模な拡張的財政金融政策を発動しましたが、そうしなければ世界経済はどうなっていたでしょうか。さらにその後も先進諸国は経験したことのない領域

にまで踏み込んだ非伝統的な金融政策を続けています（2013年4月、黒田日銀
総裁が発表した「量的・質的金融緩和政策」などです）。アメリカは2008年末から
続けていた「ゼロ金利政策」を2015年12月に解除し、7年にわたった異例
の金融政策からようやく転換しましたが、読者の皆さんも民主主義国家の国
民・市民として政策のあり方を考えていってください。

③　マクロ・モデル分析

　この本では、基礎編でマクロ経済学の基礎的な概念とケインズ経済学の考
え方を中心に、新古典派経済学の考え方と比較する形で、マクロ経済学の初
級レベルを説明します。応用編ではさらに進んで新古典派経済学のより具体
的で広範な内容や、ミクロ的基礎をもったマクロ経済学、金融・財政関連、
経済政策、経済成長、国際経済関連など、中級レベルのマクロ経済学を説明
します。それらの過程で、マクロ経済を理解するためにモデルを作ります。
マクロ経済状況を表す、いくつかの代表的な変数の決定要因や動き方、相互
依存関係を分析するのがマクロ経済学だからです。

　モデルは複雑な現実を単純化して表した地図のようなものです。目的別に
いろいろな地図を作るように（住宅地図、道路地図、山岳地図、海図など）、分析
目的に応じてモデルを作ります。その際、現実の重要な部分を残し、不要な
部分を削る必要があります。その結果、モデルは抽象的になりますが、どの
ように単純化して現実の本質的な部分を描写するかが問題になります。最初
はできるだけ単純なモデルから出発し（その代わり、現実を単純化しすぎていると
感じるかもしれません）、徐々にいろいろな要素を含めていきます。そういう段
階を経た緻密な議論を積み重ね、論理的に考えることによって、諸変数間の
相互依存関係を的確にとらえることができるようになります。読者の皆さん
も一緒にマクロ経済を理解するための階段を上っていきましょう。

2

マクロ経済の循環と *GDP*、物価の概念

　この章では、マクロ経済学を理解する上で基礎となる、国民経済計算のさまざまな概念を見ていきます。

① マクロ経済の循環

GDP と三面等価の原則

　一国の経済活動の大きさは、国民経済計算として内閣府経済社会総合研究所が体系的に調査しています。以前は経済企画庁が行っていましたが、橋本内閣で決定された行政改革の省庁再編によって 2000 年に内閣府の中に再編されました。ホームページアドレスは https://www.esri.cao.go.jp/ です。現在の国民経済計算は **2008 SNA**（A System of National Accounts）と呼ばれる方法によって測定されています。これは各国経済が同じ基準によって測られるほうが望ましいので、国連によって勧告された国際基準です。日本では 2016 年 1 月から採用されました（2008 SNA の前は 1993 年に勧告された 93 SNA、その前は 1968 年に勧告された 68 SNA でした）。

　2008 SNA の中で一国の経済活動の大きさを測る最も重要な概念は、**国内総生産**（**GDP**：Gross Domestic Product）です。GDP は、「ある一定期間内に一国の国内において生産されたすべての財・サービスの付加価値の総額」と定

義されます。注意しなければいけない点が 4 つありますが、後でくわしく見ていくことにして、まず、マクロ経済の循環を大まかに見ていきましょう。

　経済学ではさまざまな経済活動を行う経済主体を「家計」「企業」「政府」「海外」の 4 つに分けます。このうち民間である「家計」と「企業」が経済活動の中心です。企業は生産活動の主体ですが、家計から生産に必要な生産要素として労働、資本、土地を調達して生産を行い、生産した財・サービスを販売し、そうして得た収入から生産に貢献した生産要素にその対価として、賃金、利子・配当、地代という形で支払います。企業が供給する財・サービスはそれを需要する経済主体や目的に応じて 4 つに分類されます。まず家計は消費支出という形で企業から財・サービスを購入します。企業間では投資支出という形で投資財が売買されます。政府は政府支出という形で企業から財・サービスを購入します。最後に海外の経済主体が日本で生産された財・サービスを購入することが輸出になります。

　2008 SNA には**三面等価の原則**というものがあります。生産額＝分配（所得）額＝支出額というものです。経済活動はお金による取引によって循環しています。GDP は定義からわかるように、生産面から見た経済活動の大きさを示していますが、GDP として作られたものは必ずその生産に貢献した家計、政府、企業のいずれかに分配されつくして、各経済主体の所得となります。そして、それぞれの経済主体は、分配されて得た所得から支出して、生産されたものを買います。このような形で経済は循環しており、循環している経済のどこで測っても GDP は同じ額になるので、三面等価の原則というわけです。したがって、総生産額＝総所得額＝総支出額であることを意味し、国民経済計算では**国内総生産＝国内総所得＝国内総支出**（**GDP**＝**GDI**〔Gross Domestic Income〕＝**GDE**〔Gross Domestic Expenditure〕）ということになります。図 2-1 として、以下でくわしく見ていくさまざまな SNA 関連指標の概念の関係を示しておきます。

　GDP は、①「ある一定期間内に」②「一国の国内において」③「生産された」すべての財・サービスの付加価値の④「総額」と定義されました。次

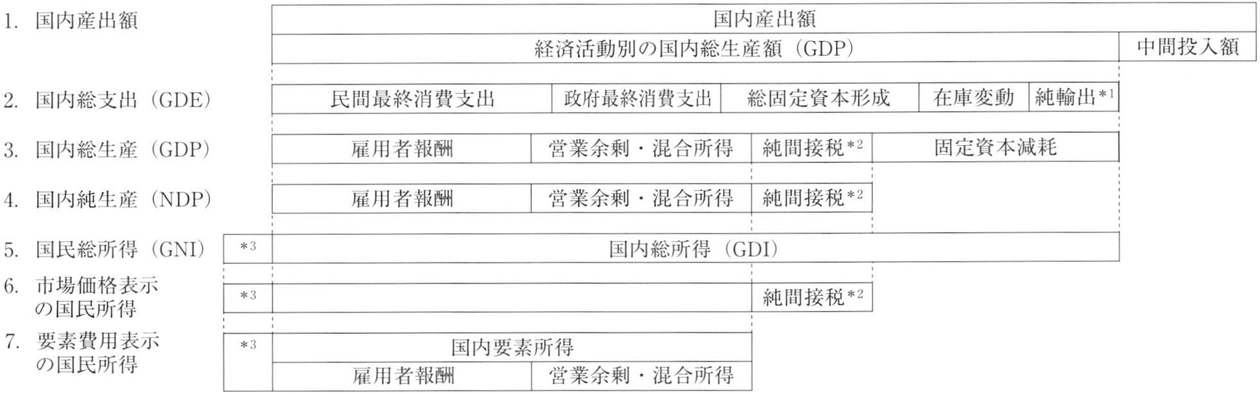

		国内産出額			
1. 国内産出額	中間投入額	国内総産出額			
		経済活動別の国内総生産額（GDP）			
2. 国内総支出（GDE）		民間最終消費支出	政府最終消費支出	総固定資本形成	在庫変動 ／ 純輸出*1
3. 国内総生産（GDP）		雇用者報酬	営業余剰・混合所得	純間接税*2	固定資本減耗
4. 国内純生産（NDP）		雇用者報酬	営業余剰・混合所得	純間接税*2	
5. 国民総所得（GNI）*3		国内総所得（GDI）			
6. 市場価格表示の国民所得*3		雇用者報酬	営業余剰・混合所得	純間接税*2	
7. 要素費用表示の国民所得*3		国内要素所得			
		雇用者報酬	営業余剰・混合所得		

図 2-1　SNA 関連指標の概念の関係

注）＊1 純輸出＝財貨・サービスの輸出－財貨・サービスの輸入
　　＊2 純間接税＝生産・輸入品に課される税－補助金
　　＊3 海外からの所得の純受取＝海外からの所得－海外に対する所得
出所）内閣府経済社会総合研究所ホームページ（https://www.esri.cao.go.jp/）より作成。

に、注意しなければいけない 4 つの点を、関連する概念と比較しながら見て
いきましょう。

フローとストック

　注意点①は時間の次元です。数量を表す変数にはフローとストックの 2 種
類があります。**フロー**とは、ある一定期間（たとえば 1 年や四半期）に行われ
た経済活動の成果を示したものです。GDP はフロー変数であり、2020 年な
どという「期間」を明示しないと意味がありません。生産量、消費、投資、
経常収支、財政収支などもフロー変数です。

　それに対して**ストック**とは、過去からのフローの蓄積をある一時点（たと
えば 2020 年末）で測ったものです。資本ストック、マネーストック、国債残
高、対外資産、対外負債、株式時価総額などがありますが、特定の「時点」
を明示しないと意味がありません。ストックとフローには、たとえば、昨年
末の貯蓄残高（ストック）に今年 1 年間の貯蓄額（フロー）を加えたものが今
年末の貯蓄残高（ストック）になる、というような関係があります。

GDP と GNI の違い

　注意点②は**国内概念**と**国民概念**の違いです。GDP は「国内」概念です。
国内概念は、文字通り領土内の経済活動を対象としているという意味です。
それに対して国民概念は注意が必要です。国民経済計算における「国民」と
は居住者のことです。永続的に日本に居住していれば日本国民とみなされま
す。個人と企業に分けて考えてみます。まず「個人」では 6 ヶ月以上日本国
内に居住している人はすべて日本国民とみなされます。逆に、2 年以上日本
に居住していない日本国籍の人は国民経済計算における日本国民ではありま
せん。国民経済計算における「国民」は国籍によって区別されるものではな
いということです。「企業」では、国内にある事業所はすべてその国の国民
とみなされます。いわゆる外資系の企業であっても日本国内で経済活動をし
ている企業はすべて日本国民です。したがって、国内概念と国民概念で大き

な違いがないことがわかると思います。

　国民総所得（**GNI**：Gross National Income）は次のように定義されます。図2-1 を参照して下さい。

$$\text{GNI} \equiv \text{GDI} + 海外からの所得（受取）- 海外に対する所得（支払）$$

$$= \text{GDI} + 海外からの所得の純受取 \tag{2-1}$$

　上で見たように、生産を行うとその生産に貢献した人に所得としてお金が分配されます。したがって、GDP は GDI（国内総所得）に等しくなります。しかし、国民の所得はこれだけではありません。たとえば、普段は日本に住みながら、短期的に海外に行って技術指導を行い、報酬を得た場合、GDPとしては外国の GDP に計上されますが、日本国民の所得になるので、GNIとしては日本の GNI に計上されます。個人の場合、2 年未満の期間で国境を越えて働いて得た報酬は国内概念と国民概念で違ってきます（労働の移動による雇用者報酬）。また、外国企業の株式や債券を購入したり、資金を貸し付けたりして得た財産所得も国内概念と国民概念で違ってきます（資本の移動による財産所得）。経済活動が行われたのは外国ですので GDP としては外国のGDP に計上されますが、所得として受け取るのは日本国民になるので GNIとしては日本の GNI に計上されます。したがって、GNI は上のように定義されるのです。最近の日本は国際化によって GDP と GNI の乖離が大きくなってきています。海外への投資から得られた収益が大きく、海外からの所得の純受取がプラスで GNI のほうが GDP よりも大きくなっています。なお、2008 SNA では 68 SNA で中心であった GNP（国民総生産）という概念はありません。説明からわかるように、国内概念は領土内での「生産」という概念がふさわしく、国民概念は、直接「生産」に携わっていなくても「所得」を得ていることから、「所得」概念のほうが適切と考えられるからです。

「生産」の意味

　注意点③は「生産された」ということの意味です。ここで「生産された」というのは各生産段階において「付加的に生産された」という意味です。し

たがって、GDP は**付加価値**の総額という意味になります。労働投入、資本
設備、知識・デザイン・技術など、生産への貢献部分が付加価値です。例を
挙げて説明しましょう。図 2-2 を見てください。

　農家、ジュースメーカー、流通業という 3 つの生産主体からなる簡単な経
済を考えます。農家の生産した果物はすべてジュースメーカーに販売され、
消費者には販売されないとします。ジュースメーカーは農家から仕入れた果
物を使ってジュースを生産し[1]、生産したジュースはすべて流通業に卸して、
流通業が最終的に消費者にジュースを売るとします。また、各生産段階で輸
入された石油を使って生産が行われたとします。この場合、生産するための
原材料費は各生産段階で「付加的に」生産されたものではなく、その前段階
で生産されたもので、各生産段階で生産するために投入されたものなので、
付加価値を計算するときには中間生産物として産出額から除かなければなり
ません。また、外国で産出された石油も国内の産出額ではないので、産出額
から除かなければなりません。したがって、付加価値の合計としての GDP
は、

$$(30-5)+(60-30-10)+(100-60-15)=25+20+25=70$$

になります。

　3 つの生産主体の産出額の合計（190 兆円）は国内経済活動の指標としては

（単位：兆円）

生産主体	産出額		中間投入額		石油輸入		付加価値
農家	30	−	0	−	5	=	25
ジュースメーカー	60	−	30	−	10	=	20
流通業	100	−	60	−	15	=	25
計	190	−	90	−	30	=	70

GDP

図 2-2　GDP 計算の数値例

---

1)　ジュースを製品として生産するためには、容器など他の原材料も必要ですが、ここで
　は簡略化のために省きます。

好ましくありません。産出額の二重計算をしないのが重要で、付加価値を二重に足し合わせないために3つの生産主体の産出額の合計から経済全体としての中間投入額を控除する必要があります（190兆円−90兆円＝100兆円）。そうすると、最終生産物の産出額（100兆円）になりますが、これでも国内経済活動の指標としては好ましくありません。石油という外国で産出されたものも含んでいますので、国内産出額を導き出すためには輸入額を控除しなければなりません（100兆円−30兆円＝70兆円）。このように考えれば、GDPの算出方法として、経済全体の産出総額から中間投入額と石油輸入（外国の生産活動の結果＝国内産出額ではない）を差し引くという方法もあることがわかります。

$$\text{GDP} = \text{国内産出額} - \text{中間投入額} \tag{2-2}$$

　国民経済計算では、経済活動別の国内総生産額が付加価値の合計としてのGDPの定義に当てはまります。2019暦年（令和1暦年）の各産業で生み出された付加価値は、代表的な産業を抜粋して図2-3に示しておきます。

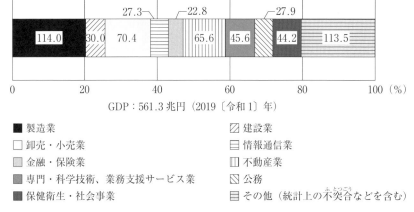

図2-3　国内総生産（GDP、経済活動別の国内総生産額）

出所）　『国民経済計算確報』内閣府経済社会総合研究所ホームページ
　　　（https://www.esri.cao.go.jp/jp/sna/kakuhou/kakuhou_top.html）より作成。

総（グロス）と純（ネット）

　注意点④は**総（グロス）**と**純（ネット）**の違いです。GDP は「総」額です。「純」とは何かから何かを差し引きしたあと、ということを意味します。2008 SNA でも**国内純生産**(Net Domestic Product：NDP)という概念があります。

　　　NDP ＝ GDP − 固定資本減耗　　　　　　　　　　　　　　　　(2-3)

　固定資本減耗とは既存の資本ストックに対する使用料と考えられるもので、会計用語では**減価償却**といいます。これには投資の概念も関連しています。

　　　純投資 ＝ 総投資 − 固定資本減耗　　　　　　　　　　　　　　(2-4)

　ここでは固定資本減耗を差し引いた後という意味で「純」という言葉を使っています。資本ストックを使って生産を行うと、その過程で資本ストックの一部が減ってしまいます。資本ストックには耐久年数があり、一定期間を超えると使えなくなってしまうので、同じ生産量の生産を維持するためには生産設備を買い換えなければなりません。そのための更新投資にあたるのが固定資本減耗部分の投資です。**総投資**は固定資本減耗部分の投資も含んだ概念で、それに対して**純投資**は含んでいません。純投資部分のみが資本ストックの増加（生産能力の拡大）につながります。

② 分配面から見た GDP

　次に分配面をくわしく見ていきましょう。図 2-1 と図 2-4 を参照してください。

　　　GDP ＝ GDI ≡ 雇用者報酬 ＋ 営業余剰・混合所得 ＋ 固定資本減耗
　　　　　　　　＋ 生産・輸入品に課される税 − 補助金　　　　　　(2-5)

　雇用者報酬は、労働者として雇用され働いて得られた所得です。**営業余剰**は企業の所得ですが、零細な個人企業では営業余剰と雇用者報酬が分けられないので、**混合所得**と呼んで、営業余剰と合計しています。**生産・輸入品に課される税**は消費税や関税など、生産者がコストとして認識する税で、税込みの市場価格がそれを反映して上昇するような税です。逆に**補助金**はたとえ

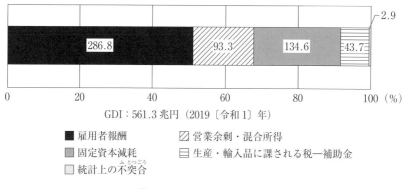

図 2-4　国内総所得（GDI）

出所)　『国民経済計算確報』内閣府経済社会総合研究所ホームページ
（https://www.esri.cao.go.jp/jp/sna/kakuhou/kakuhou_top.html）より作成。

ば、農業や環境配慮型企業活動などに対する政府からの補助金などで、市場
価格が下落して、消費者はより安い価格で購入することができます。統計資
料では補助金の項目に「控除」という表現が使われています。これは概念と
してマイナスしなければならない項目であることを意味し、数字としてはプ
ラスの数字でも計算するときには差し引かなければなりません。図 2-4 で
2019 暦年（令和 1 暦年）の各項目の数値と全体に占めるおおよその割合を
チェックしておいてください。また、上で見たように、GDI に**海外からの
所得の純受取**を加えたものが、GNI になります。

　国民所得（National Income：NI）に関する概念としては次のようなものもあ
ります。

　　市場価格表示の国民所得(NI) = GNI − 固定資本減耗　　　　　(2-6)

　固定資本減耗は生産の過程ですり減ってしまったもので、生産物の中に含
まれてしまっており、国民の所得としては分配されないので、GNI から差
し引いたものが**市場価格表示の国民所得**です。さらに市場価格表示では税や
補助金が含まれていますので、それを調整したものが、**要素費用表示の国民
所得**です。

要素費用表示の NI

= 市場価格表示の NI - (生産・輸入品に課される税 - 補助金)

= 雇用者報酬 + 営業余剰・混合所得 + 海外からの所得の純受取

(2-7)

ここで、海外からの所得の純受取は、GDP と GNI の違いのところでも説明したように、海外からの雇用者報酬（純）+ 海外からの財産所得（純）からなっています。

③ 支出面から見た GDP

次に支出面から見た GDP、すなわち GDE（国内総支出）についてくわしく見ていきましょう。図2-1 と図2-5 を参照してください。GDE は 2008 SNA では次のように定義されています。

GDE ≡ 民間最終消費支出 + 政府最終消費支出 + 総固定資本形成

+ 在庫変動 + 財貨・サービスの輸出 - 財貨・サービスの輸入

(2-8)

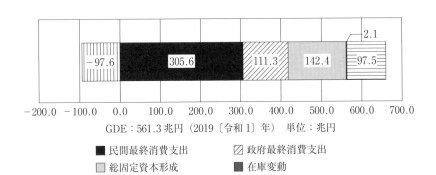

GDE：561.3兆円（2019〔令和1〕年）　単位：兆円

■ 民間最終消費支出　　　　☑ 政府最終消費支出
□ 総固定資本形成　　　　　■ 在庫変動
▤ 財貨・サービスの輸出　　▥ 財貨・サービスの輸入

図 2-5　国内総支出（GDE、実数）

出所）『国民経済計算確報』内閣府経済社会総合研究所ホームページ
（https://www.esri.cao.go.jp/jp/sna/kakuhou/kakuhou_top.html）より作成。

上で述べたように、企業が供給する財・サービスはそれを需要する経済主体や目的に応じて4つに分類されます。**民間最終消費支出**が家計を中心とする消費目的の支出です。**政府最終消費支出**は政府による消費目的の支出（政府によるサービスの提供）です。**総固定資本形成＋在庫変動**は民間と政府を合わせた**総投資**に対応します[2]。**在庫**は、将来販売される可能性があるものを、企業がある時点で所有しているものであり、その変動部分が、一定期間内における「投資」として計上されています。**財貨・サービスの輸出**は海外の経済主体による日本で生産された財・サービスに対する支出です。**財貨・サービスの輸入**がマイナスされているのは、上で見た通り、国内経済活動の指標であるGDEを導き出すためには、外国で生産されたものである輸入額を控除しなければならないからです。図2-5で2019暦年（令和1暦年）の各項目の数値をチェックしておいてください[3]。GDEは次のように、分析目的によってその内容を分類し直すこともあります。

$$\text{GDE} \equiv 国内需要 + 海外需要 \equiv 民間需要 + 公的需要 + 海外需要$$

$$\equiv 民間最終消費支出$$

$$+ 民間住宅 + 民間企業設備 + 民間在庫変動$$

$$+ 政府最終消費支出 + 公的固定資本形成 + 公的在庫変動$$

$$+ 財貨・サービスの輸出 - 財貨・サービスの輸入 \qquad (2\text{-}9)$$

つまり、

$$国内需要 \equiv 民間需要 + 公的需要 \qquad (2\text{-}10)$$

$$民間需要 \equiv 民間最終消費支出 + 民間住宅 + 民間企業設備$$

$$+ 民間在庫変動 \qquad (2\text{-}11)$$

---

2) 2008 SNA では新たに研究開発費が無形固定資産への投資として記録されることになりました。

3) 理論的には三面等価になるはずですが、実際に三面の統計をとっていくと統計上の誤差が生じるために等価になりません。そこで日本では支出面の統計を重視して、支出面の数字に合わせるように調整しています。それが「統計上の不突合」という項目で、したがって、支出面には「統計上の不突合」がありません。

公的需要 ≡ 政府最終消費支出 ＋ 公的固定資本形成 ＋ 公的在庫変動

$$(2\text{-}12)$$

海外需要 ≡ 財貨・サービスの輸出 － 財貨・サービスの輸入

　　　　　 ≡ 財貨・サービスの純輸出　　　　　　　　　　(2-13)

です。「純」は国内純生産のところでも出てきました。何から何を差し引いた概念を表しているのかに注意してください。

　なお、3章以降の理論モデルでは、支出面から見た GDP は**消費＋投資＋政府支出＋輸出－輸入**で構成されるとしています。スペースを節約するために、英文字で表すことが多いのですが、その場合は、GDP を Y（Yields）で表し、支出面から見た GDP を Y^d（上付き添え字 d で需要〔demanded〕を表します）、消費（Consumption）を C、投資（Investment）を I、政府支出（Government Expenditure）を G、輸出（Export）を EX、輸入（Import）を IM として、$Y^d \equiv C + I + G + EX - IM$ と表します。SNA の項目との関係では、「消費」は「民間最終消費支出」、「投資」は民間の総投資と考えて、「民間住宅」＋「民間企業設備」＋「民間在庫変動」、「政府支出」は政府による総投資も含む「公的需要」（≡ 政府最終消費支出 ＋ 公的固定資本形成 ＋ 公的在庫変動）、「輸出」と「輸入」にはサービスも含まれていると考えて、「輸出」は「財貨・サービスの輸出」、「輸入」は「財貨・サービスの輸入」と考えてください。

　また、この章では GDP と GNI や国民所得の概念の違いについて説明しましたが、3章以降の理論モデルでは、それらを厳密には区別しません。Y という記号に対して総生産量や所得などの用語も使っていますが、特に断りがない限り、GDP に等しいと考えてください。

④　SNA の原則と注意点

SNA の原則と例外

　2008 SNA の大原則は市場価格で評価するということです。ということは、価格が付いていて市場で取引されているもの、つまり人々の活動の中でお金

のやりとりがなされるもののみがGDP計算の評価対象ということになります。したがって、たとえば、お金がやりとりされない家事労働などはGDPの評価対象とはなりません、また、中古品の取引はすでに新品のときにGDPに計上されていますので、たとえその年に市場で取引されていてもGDPには計上されません（ただし、手数料部分は仲介サービスの市場価格ですのでGDPに計上されます）。さらに、GDPはフロー概念なので、たとえば（ストック・レベルで）株価が変動したことによって資産の評価が変わったとしてもGDPには計上されません。

　SNAには、いくつかの例外があります。1つは政府や対家計民間非営利サービス生産者（私立学校、公共性の高い私立病院、労働組合、政党、宗教団体等）の生産で、市場価格がない場合は、生産するときにかかった費用の合計で評価しています。

　もう1つは**帰属計算**です。これは、実際には市場で取引されていないにもかかわらず、あたかも市場で取引されたかのように擬制し、市場価格を想定して評価することです。代表的な例として、帰属家賃があります。持ち家に住んでいる人は家賃を払っていませんが、借家に住んでいる人は払っていま

コラム：民間住宅投資はGDPを増加させる効果が大きい？

　民間の住宅購入は景気刺激効果が大きいといわれています。住宅を新しく購入して引っ越しをすると、付随的に家具や自動車、家電製品などの購入も増え、GDPを増加させるからです。しかし、実はそれだけではありません。民間の住宅購入は家計が行う支出の中で唯一、投資に分類されています。そして、持ち家に住んでいる人は帰属家賃を払っていることになっています。すなわち、住宅をオーナーとして建設し、テナントとして消費していますので、買った年の投資として、そして翌年以降も帰属家賃を払うという消費の両方に計上されています。サービスの自己生産（家事労働など）は帰属計算しない例が多い中で、帰属家賃は例外的です。家具や自動車などの耐久消費財が一括でその年に消費されたとみなされるのとも違っています。このように、住宅投資は統計上でも、GDPを増加させる効果が大きいのです。

す。同じ住宅サービスを受けているのに、借家の人のお金のやりとりだけが GDP の評価対象になるのはおかしいので、持ち家の人も家賃を支払っているものとして GDP に計上されています。

三面等価の原則についての注意

　ここで注意しておかなければいけないことは、「三面等価の原則」が事後的・会計的に等しい恒等関係式にすぎないということです。消費・貯蓄の量を決める意思決定主体は家計であり、生産や投資の量を決める意思決定主体は企業です。企業の生産した量がすべて需要されるとは限りません。ポイントは売れ残った場合の在庫にあります。売れ残りの在庫は、企業としては生産の見込み違いを表していますが、統計上は在庫変動という投資に計上されます。このような**意図せざる在庫投資**であっても企業が将来売れる見込みのある投資として支出したものと考えられて、結果的に統計上では「三面等価」が常に成立しています。「意図した投資」だけが実現しているとは限らないのです。

⑤　物価水準とインフレーション

　物価水準（Price Level）とは財・サービスの平均的な価格の水準を意味します。1 品目の価格や 2 品目間の相対的な価格ではありません。世の中には 1 単位あたりの価格が異なるさまざまな財・サービスが取引されていますので、それらの平均的な価格水準を表すためには、ある一時点を固定した指数で表す必要があります。具体的にどのように算出されるかについては、次節で説明します。**インフレーション**（Inflation）は、そうして表された物価が持続的に上昇することであり、貨幣の購買力が低下することを意味します。同じお金で買える財・サービスの量が減少するということです。逆に**デフレーション**（Deflation）は物価が持続的に下落することで、同じお金で買える財・サービス量の増加＝貨幣の購買力の上昇を意味します。

6　名目 GDP、実質 GDP、GDP デフレーター

名目 GDP

　今まで説明してきた GDP は**名目 GDP**（Nominal GDP）と呼ばれるものです。名目 GDP は計測された各時点の市場価格で測った国内総生産です。たとえば衣料品、食料品、住宅サービスの 3 品目への支出からなっている経済を考えます。GDP は GDE に等しいので、支出面から見た GDP と考えてください。2000 年から 2002 年の各品目への支出が表 2-1 のようであったとしましょう。2001 年の GDP はいくらになるでしょうか。

　衣食住からなるバスケットの価格×数量＝GDE が GDP になります。P_{i01} を 2001 年の 1 単位あたりのそれぞれ（i 財、i＝衣、食、住）の市場価格、Q_{i01} を 2001 年に購入したそれぞれ（i 財、i＝衣、食、住）の数量として、2001 年の名目 GDP は次のように表されます。

$$P_{衣01}Q_{衣01} + P_{食01}Q_{食01} + P_{住01}Q_{住01} = \sum_{i=1}^{n} P_{i01}Q_{i01} \qquad (2\text{-}14)$$

　$\sum$（シグマ）は 1 から n まで（i で表されています）合計するという意味を表す記号です。したがって、2001 年の名目 GDP は次のように計算されます。

　　名目 $\text{GDP}_{01} = 8 \times 3 + 12 \times 4 + 10 \times 6 = 24 + 48 + 60 = 132$

　一般には、P_{it} を t 時点の市場価格、Q_{it} を t 時点の数量として、名目 GDP は次のように表されます。

$$名目 \text{ GDP} = \sum_{i=1}^{n} P_{it}Q_{it} \qquad (2\text{-}15)$$

表 2-1　名目 GDP、実質 GDP、GDP デフレーター計算の数値例

	2000 年		2001 年		2002 年	
	1 単位の価格	数　量	1 単位の価格	数　量	1 単位の価格	数　量
衣　料　品	4	3	8	3	10	3
食　料　品	12	4	12	4	8	5
住宅サービス	10	4	10	6	12	7

実質 GDP

しかし、名目 GDP は経済成長率を求めるときなど、異なった時点の経済活動の大きさを比較するには難点があります。GDP の大きさが変わったとしてもその変化分に市場価格の変化分も含んでしまい、実質的な数量の変化がわからないからです。そこで、市場価格の変化分を除くために、ある年を参照年として固定し、その年の価格水準などを使って他の年の GDP を再評価するという作業を行う必要があります。そうして再評価したものが**実質GDP**（Real GDP）です。一般に経済成長率とは、実質 GDP の変化率のことです。名目 GDP は数量×価格で表されます。実質 GDP は価格の変化を除いたものですので、数量に相当します。したがって、実質 GDP でも額として表されますが、概念的には数量と考えてください。

たとえば、2000 年を参照年（この年の名目 GDP と実質 GDP が等しいとする年のことです）とした場合の 2001 年の実質 GDP は、参照年である 2000 年の市場価格 P_{i00} と 2001 年の数量 Q_{i01} を掛けて合計したものとして、次のように表されます。

$$P_{衣00}Q_{衣01} + P_{食00}Q_{食01} + P_{住00}Q_{住01} = \sum_{i=1}^{n} P_{i00}Q_{i01} \qquad (2\text{-}16)$$

ここで $P_{i00}Q_{i01}$ は実際に実現したものではないことに注意してください。市場価格の変化分を取り除くために、このような実現していない数値を作るのです。表 2-1 の例では、2001 年の実質 GDP は次のように計算されます。

実質 $GDP_{01} = 4 \times 3 + 12 \times 4 + 10 \times 6 = 12 + 48 + 60 = 120$

GDP デフレーター

名目 GDP は数量×価格で表されます。実質 GDP は価格の変化を除いたものですので、数量に相当します。この関係を使うと、衣食住からなるバスケットの平均的な価格の水準すなわち物価水準を表すことができます。実質 GDP を Y（Yields）、物価水準を P（Price Level）で表すとすると、PY が名目 GDP になりますが、具体的には物価水準は名目 GDP を実質 GDP で割った比率に 100 を掛けて、参照年を 100 とする指数にします。この物価指数は

GDP デフレーター（GDP deflator）と呼ばれ、貨幣の購買力を測定する総合的な物価指数になり、その変化率がインフレ率になります。

GDP デフレーター

$= (名目 GDP/ 実質 GDP) \times 100$

$$= \frac{P_{衣01}Q_{衣01} + P_{食01}Q_{食01} + P_{住01}Q_{住01}}{P_{衣00}Q_{衣01} + P_{食00}Q_{食01} + P_{住00}Q_{住01}} = \times 100 = \frac{\sum_{i=1}^{n} P_{i01}Q_{i01}}{\sum_{i=1}^{n} P_{i00}Q_{i01}} \times 100$$

(2-17)

表 2-1 の例では、2000 年の GDP デフレーターは 100、2001 年の GDP デフレーターは次のように計算されます。

$$\frac{名目\ GDP_{01}}{実質\ GDP_{01}} \times 100 = \frac{132}{120} \times 100 = 1.1 \times 100 = 110$$

以上で名目 GDP、実質 GDP、GDP デフレーターの概念と関係を説明しましたが、それぞれを変化率に直すと次のような関係になります。

実質 GDP 成長率 ≒ 名目 GDP 成長率 − インフレ率　　　　　(2-18)

コラム：名目 GDP 成長率とインフレ率の重要性

　一般に経済成長率とは実質 GDP の変化率のことを指しますが、実質 GDP は実際に実現されたものではありません。実際に実現された名目 GDP 成長率のほうが実感に近いという指摘があります。現在の経済活動が人々の将来に対する期待などにも依存しているとすると、実感に基づく将来に対する見方が経済活動を動かしているのかもしれません。また、多くの貸借契約は名目値でなされています（物価にスライドする契約というのは少ないということです）。政府関係の契約も多くは名目の債権債務契約です（年金の物価スライド制は例外的です）。実質成長率が同じでもインフレ率が高くなると名目成長率は高くなります。政府は多額の負債（国債残高が象徴的です）を抱えていますが、そのほとんどは名目の債務です。租税も名目所得に対して課されますので、名目成長率が高くなるだけでも税収は増えていき、政府は債務を返済しやすくなります。インフレは実質的な負債を減らす効果があります。政府の実質的な負債を減らすために、インフレを引き起こすべき、という調整インフレの考え方が主張されたこともありました。

すなわちインフレは債権者から見ると債権額が目減りしますので、増税と同じことになります（**インフレ税**といいます）。逆にインフレ率がマイナス、すなわちデフレということは、名目成長率が実質成長率よりも低いということで、債務者の負担が大きくなります。このように考えると、実質成長率だけでなく、名目成長率やインフレ率も重要であることがわかるでしょう。

連鎖価格方式

　2002年の実質GDPはどうなるでしょうか。実は、実質GDPの計算方法は2004年末から**連鎖価格方式**という方法に変更されました。連鎖価格方式による2002年の実質GDPは少し複雑になりますが、次のように表されます。

$$(P_{衣00}Q_{衣01} + P_{食00}Q_{食01} + P_{住00}Q_{住01}) \times \frac{P_{衣01}Q_{衣02} + P_{食01}Q_{食02} + P_{住01}Q_{住02}}{P_{衣01}Q_{衣01} + P_{食01}Q_{食01} + P_{住01}Q_{住01}}$$

$$= \sum_{i=1}^{n} P_{i00}Q_{i01} \times \frac{\sum_{i=1}^{n} P_{i01}Q_{i02}}{\sum_{i=1}^{n} P_{i01}Q_{i01}} \tag{2-19}$$

2000年が参照年で、2000年の物価水準が100となりますが、分子に$\sum P_{i00} Q_{i01}$（2000年基準の実質GDP）や$\sum P_{i01} Q_{i02}$（2001年基準の実質GDP）という部分があることからもわかるように、物価の基準年が移動していき、掛け算で示されるように、参照年から離れれば、次々とそのような項が連鎖していきます。表2-1の例では、上で計算した2001年の名目GDPおよび実質GDPの値を使うと、2002年の実質GDPは次のように計算されます。

　実質$GDP_{02} = (P_{衣00}Q_{衣01} + P_{食00}Q_{食01} + P_{住00}Q_{住01})$

$$\times \frac{P_{衣01}Q_{衣02} + P_{食01}Q_{食02} + P_{住01}Q_{住02}}{P_{衣01}Q_{衣01} + P_{食01}Q_{食01} + P_{住01}Q_{住01}}$$

$$= 120 \times \frac{8 \times 3 + 12 \times 5 + 10 \times 7}{132} = 120 \times \frac{154}{132} = 140$$

　一般的にt年の実質GDPは次のように計算されます。

$$\text{実質 GDP } t = \sum_{i=1}^{n} P_{i0}Q_{i0} \times \frac{\sum_{i=1}^{n} P_{i0}Q_{i1}}{\sum_{i=1}^{n} P_{i0}Q_{i0}} \times \frac{\sum_{i=1}^{n} P_{i1}Q_{i2}}{\sum_{i=1}^{n} P_{i1}Q_{i1}} \times \cdots$$

$$\times \frac{\sum_{i=1}^{n} P_{it-2}Q_{it-1}}{\sum_{i=1}^{n} P_{it-2}Q_{it-2}} \times \frac{\sum_{i=1}^{n} P_{it-1}Q_{it}}{\sum_{i=1}^{n} P_{it-1}Q_{it-1}} \tag{2-20}$$

複雑に見えますが、2002 年の実質 GDP の計算方法がわかれば、翌年以降はそれに次々と分母分子を連鎖させていくことによって t 年の実質 GDP は求められます。

GDP デフレーターも実質 GDP が計算されれば、同じく次のように求められます。

GDP デフレーター = (名目 GDP/ 実質 GDP) × 100

$$= \frac{\sum_{i=1}^{n} P_{i01}Q_{i01}}{\sum_{i=1}^{n} P_{i00}Q_{i01}} \times \frac{\sum_{i=1}^{n} P_{i02}Q_{i02}}{\sum_{i=1}^{n} P_{i01}Q_{i02}} \times 100 \tag{2-21}$$

表 2-1 の例では、2002 年の GDP デフレーターは次のように計算されます。

$$\frac{\text{名目 GDP}_{02}}{\text{実質 GDP}_{02}} \times 100 = \frac{10 \times 3 + 8 \times 5 + 12 \times 7}{140} \times 100$$

$$= \frac{154}{140} \times 100 = 1.1 \times 100 = 110$$

一般的に t 年の GDP デフレーターは次のように計算されます。

$$\text{GDP デフレーター } t = \frac{\sum_{i=1}^{n} P_{i1}Q_{i1}}{\sum_{i=1}^{n} P_{i0}Q_{i1}} \times \frac{\sum_{i=1}^{n} P_{i2}Q_{i2}}{\sum_{i=1}^{n} P_{i1}Q_{i2}} \times \cdots$$

$$\times \frac{\sum_{i=1}^{n} P_{it-1}Q_{it-1}}{\sum_{i=1}^{n} P_{it-2}Q_{it-1}} \times \frac{\sum_{i=1}^{n} P_{it}Q_{it}}{\sum_{i=1}^{n} P_{it-1}Q_{it}} \times 100 \tag{2-22}$$

複雑に見えますが、2002 年の実質 GDP の計算方法がわかれば、t 年の GDP

デフレーターは t 年の名目 GDP を t 年の実質 GDP で割ることで求められることがわかります。最後の分子 $\sum P_{it} Q_{it}$ が t 年の名目 GDP で、それ以外の部分が t 年の実質 GDP の逆数になっています。

消費者物価指数と企業物価指数

物価指数には、GDP デフレーターのほかにも代表的なものとして、**消費者物価指数**（**CPI**：$\underline{C}$onsumer $\underline{P}$rice $\underline{I}$ndex）と**企業物価指数**（CGPI：$\underline{C}$orporate $\underline{G}$oods $\underline{P}$rice $\underline{I}$ndex）があります。CPI は、全国の消費者が購入する各種の商品やサービスの価格を対象とした物価指数で、価格変動が激しい生鮮食品も含まれているため、方向性などの基調を判断するときには「生鮮食品を除く総合指数」が利用されます。CGPI は、従来、卸売物価指数（WPI）といっていたものが 2003 年から変わったもので、企業間で取引される物的商品の価格変動を総合的にとらえます。物的商品を対象としていますので、企業間で取引されるサービスの価格は含まれていません。企業向けのサービス価格は**企業向けサービス価格指数**（CSPI：$\underline{C}$orporate $\underline{S}$ervices $\underline{P}$rice $\underline{I}$ndex）という指数でとらえています。

これらは価格調査の対象としている財・サービスが GDP デフレーターと異なっていると共に、計算方法も異なっています。たとえば CPI は上の例を使うと次のように計算されます。

$$\text{CPI} = \frac{P_{衣01}Q_{衣00} + P_{食01}Q_{食00} + P_{住01}Q_{住00}}{P_{衣00}Q_{衣00} + P_{食00}Q_{食00} + P_{住00}Q_{住00}} \times 100 = \frac{\sum_{i=1}^{n} P_{i01}Q_{i00}}{\sum_{i=1}^{n} P_{i00}Q_{i00}} \times 100$$

(2-23)

表 2-1 の例で CPI を求めるとどうなるでしょうか。2001 年の CPI は、

$$\frac{8 \times 3 + 12 \times 4 + 10 \times 4}{4 \times 3 + 12 \times 4 + 10 \times 4} \times 100 = \frac{112}{100} \times 100 = 1.12 \times 100 = 112$$

となり、2002 年の CPI は、

$$\frac{10 \times 3 + 8 \times 4 + 12 \times 4}{4 \times 3 + 12 \times 4 + 10 \times 4} \times 100 = \frac{110}{100} \times 100 = 1.1 \times 100 = 110$$

となります。2002 年の値は偶然同じですが、2001 年のように GDP デフレーターと多少違う値になることがわかります。

　一般的に t 年の CPI は次のように計算されます。

$$\text{CPI } t = \frac{\sum\limits_{i=1}^{n} P_{it} Q_{i0}}{\sum\limits_{i=1}^{n} P_{i0} Q_{i0}} \times 100 \tag{2-24}$$

同じ物価指数であっても連鎖価格方式の GDP デフレーターと違って簡単に表されます。分母・分子とも Q_{i0} を使っていることに注意してください。分子は Q_{i0} に P_{it} を掛けています。

ラスパイレス型物価指数とパーシェ型物価指数

　GDP デフレーターが Q_{it} という t 時点の数量データを使って算出されているのに対して、CPI は 2000 年という基準時点の数量ウェイト Q_{i0} を用いた物価指数です。基準時点で買った財・サービスの数量を各年にそのまま買うとした場合、各年にどれだけ支払わなければならないかを示しています。これは、基準時点の各支出項目への支出を構成する数量ウェイトを用いて加重平均するという**ラスパイレス型物価指数**です。それに対して、GDP デフレーターは比較時の数量ウェイト Q_{it} を用いて加重平均するという**パーシェ型物価指数**です。比較する時点に買っている各支出項目への支出を構成する数量ウェイトで基準年にそのまま買ったとした場合に、各年の支払額が基準年に比べてどれだけ多く支払わなければならないかを示しています。連鎖方式では参照年は固定されていますが、前年を基準年とし、それらを毎年毎年積み重ねて接続することで、基準年が毎年更新されていくことになります。

3

消費・貯蓄・投資決定の基礎理論

　2章でみてきたように、GDP を支出面から見ると、

$$Y^d = C + I + G + (EX - IM)$$

となります。右辺の支出項目のうち最大の支出項目は消費 C です。2020 年度の実質 GDP は約 527 兆円で、そのうち消費にあたる**民間最終消費支出**は約 282 兆円で、GDP の約 54% を占めます[1]。

　消費の次に大きな支出項目が、投資 I に対応する**総固定資本形成**で約 132 兆円あり、GDP の約 25% を占めます。本章では、GDP に占める割合の高い支出項目である消費と投資について考察します。さらに、本章では、GDP を所得 Y とし、所得のうち消費しなかった残りが貯蓄されると考え、貯蓄についても同時に考察します。消費と貯蓄と所得の関係は、次で表されるとします。

$$Y = C + S \tag{3-1}$$

あるいは、

$$S = Y - C \tag{3-2}$$

となります。

---

1)　GDP の詳細なデータに関しては、内閣府経済社会総合研究所のホームページ：
https://www.esri.cao.go.jp/jp/sna/menu.html を参照してください。

　本来、消費・貯蓄、投資は、家計、企業の最適化行動の結果として求まる
ものですが、本章では、そのことについて明示的には説明しません。12章
でその説明を行います。

□1　消費・貯蓄

　所得のうち消費されない残りが貯蓄です。したがって、所得のうちいくら
消費されるのかがわかれば、自動的に貯蓄もわかります。本節では、どのよ
うにして所得のうち消費される割合が決まるのかについて考察します。
　消費の決定に関する最も基本的な考え方は、所得のある割合が消費される
というものです。ここで、時間という概念を考慮すると、今期の消費はいつ
の所得に依存するのか、という問題があります。この問題に関して、今期の
消費は今期の所得にのみ依存していると考えることから始めます。この考え
は、**ケインズの消費理論**として知られています。ただし、依存の仕方に次の
ような特徴があります。（ⅰ）所得が増えると、消費も増える。（ⅱ）所得の
増え方に対して、消費の増え方は小さい。（ⅲ）たとえ所得がゼロでも、最
低限度の生活を営むために、人々は消費を行う。
　以上の特徴を考慮したケインズの消費理論を式で表すと次のようになりま
す。

$$C = c_0 + c_1 Y \tag{3-3}$$

ただし、C は消費を、Y は所得を表します。また、$c_0 > 0$ は、特徴（ⅲ）を
表すパラメータであり、$0 < c_1 < 1$ は、特徴（ⅱ）を表すパラメータです。
特にパラメータ c_1 を**限界消費性向**と呼びます。（3-3）式を図に表すと図
3-1となります。経済学において、**限界**という用語は追加的に1単位何かが
増えたり減ったりするときに使用します。本章で考察している消費について
は、所得が追加的に1単位（円）増えることに対応します。したがって、限
界消費性向は、追加的に1単位所得が増えたときに消費がどれぐらい変化す
るかを表します。変化量を Δ（デルタ）で表すとすると[2]、ΔY は、所得の変

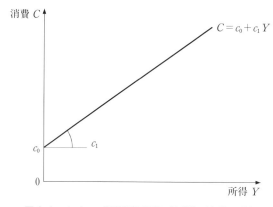

図3-1 ケインズ型消費関数（短期の消費関数）

化を表し、ΔC は、消費の変化を表します。したがって、限界消費性向 c_1 は、

$$c_1 = \frac{\Delta C}{\Delta Y} \tag{3-4}$$

と表されます。貯蓄 S は、（3-2）式と求まることから、**限界貯蓄性向** $\Delta S/\Delta Y$ は、

$$\frac{\Delta S}{\Delta Y} = \frac{\Delta Y - \Delta C}{\Delta Y} = 1 - \frac{\Delta C}{\Delta Y} = 1 - c_1 \tag{3-5}$$

と求められます。以上、特徴（ⅱ）の消費の限界的な変化について見てきました。次に、平均的な消費の変化について考察します。平均的な消費の変化は、消費を所得で割った**平均消費性向** C/Y で表されます：

$$\frac{C}{Y} = \frac{c_0 + c_1 Y}{Y} = \frac{c_0}{Y} + c_1 \tag{3-6}$$

（3-6）式より、平均消費性向は、所得が増えるに従い、小さくなることがわかります。この関係を図3-2 に示しました。

しかし、クズネッツが、アメリカの消費に関する長期データを用いて分析

2）　たとえば、ΔY は変化**後**の Y の値から変化**前**の Y の値を引いた値となります。

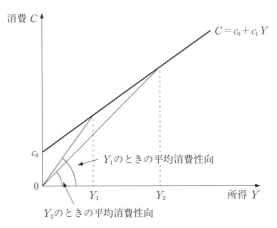

図 3-2　ケインズ型消費関数（平均消費性向）

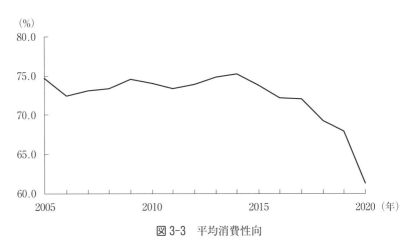

図 3-3　平均消費性向

注）『家計調査』は、総務省ホームページ（https://www.stat.go.jp/data/kakei/index.
html）、あるいは政府統計の総合窓口 e-Stat（https://www.e-stat.go.jp/）からダ
ウンロードできます。

　平均消費性向は、次のように計算されます。

$$平均消費性向 = \frac{消費支出}{可処分所得} = \frac{可処分所得 - 黒字}{可処分所得}$$

出所）総務省『家計調査年報』。

を行った結果、平均消費性向は所得の変化に対して安定的であることがわか
りました。このことは、（3-6）式において、所得の変化に応じて値が変化
する c_0/Y が必要ないことを意味し、ケインズ型の消費関数が長期ではあて
はまらないことを示します。日本の平均消費性向のグラフを図3-3に、所得

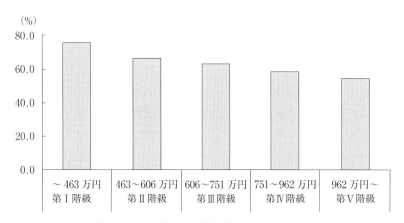

図3-4　収入階級別平均消費性向（2020年）

出所）総務省『家計調査年報』。

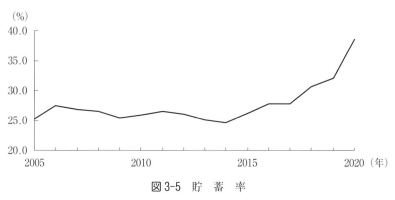

図3-5　貯　蓄　率

注）家計調査で、貯蓄率に対応するのは黒字率であり、次のように計算されます。

$$黒字率 = \frac{黒字}{可処分所得} = 1 - 平均消費性向$$

出所）総務省『家計調査年報』。

階級別の平均消費性向を図3-4に示しました。また、貯蓄率のデータについても図3-5に示しました。

　以上、本節では、消費の決定に関する最も基本的な考え方として、所得のある割合が消費されるという考え方に従い、特に、今期の消費は今期の所得にのみ依存していると考えるケインズの消費理論について考察しました。

② 投　　資

　資本ストックへの追加的な支出である投資は、2章で考察したように、企業の行う**設備投資**や**在庫投資**、家計の行う**住宅投資**などに大きく分類されます。これらの投資の中で、本節では、企業の設備投資について考察します。企業の設備投資は、資本ストックへの追加的支出を表し、財の供給能力の増加を意味します。したがって、企業の設備投資が活発に行われるときは、経済が成長し、設備投資が停滞しているときは、経済の成長も停滞することになります。このように、マクロ経済を分析する際に、企業の設備投資は重要な役割を担っています。

　t期の企業の資本ストックをK_tとします。企業の設備投資は、資本ストックへの追加的な支出を表すので、t期の企業の設備投資I_tがなされると、$t+1$期の資本ストックは、

$$K_{t+1} = K_t + I_t \tag{3-7}$$

と表されます。t期の企業の資本ストックK_tは、t期から$t+1$期にかけて1期間使用することで、**減耗**（げんもう）[3]をするのでそれを考慮すると、（3-7）式は次のようになります。

$$K_{t+1} = (K_t - \delta K_t) + I_t$$
$$= (1-\delta)K_t + I_t \tag{3-8}$$

---

[3]　機械などは時間が経てば古くなり、その価値が減少します。その価値の減少のことを減耗と呼びます。

ただし、$0<\delta$（デルタ）<1 は、**資本減耗率**を表します。このように、企業の投資を考察する際には、時間の経過を考慮する必要があるため、1節とは異なり時間を表すパラメータ t を明確にして考察します。消費に関しても時間の経過を考慮した考察を 12 章で行います。

　以下、本節では、資本ストックへの追加的な投資である設備投資 I_t が、どのように決定されるかについて考察します。まず、ケインズによる投資決定について考察し、次に、ストック調整原理・加速度原理に基づく投資決定について考察します。そして、新古典派の投資決定、最後に q 理論に基づく投資決定について考察します。

ケインズの投資決定

　ケインズの投資理論に従えば、企業は、投資の限界収益と投資の限界費用が等しくなるように、投資の水準を決定します。ただし、投資の**限界収益**は、t 期の投資によって得られる収益を RV_t とすると、次のように求まります。

$$\frac{\Delta RV_t}{\Delta I_t} \tag{3-9}$$

なお、ケインズは、投資の限界収益を**投資の限界効率**と呼びました。投資の**限界費用**は、追加的な投資一単位に必要な費用のことですが、ここでは、企業が設備投資をするための資金を借り入れるときの費用である利子率と考えます。投資に関わる費用（調整費用）は、12 章で改めて考察します。t 期の利子率を $0<i<1$ とすると、企業の投資水準は、

$$\frac{\Delta RV_t}{\Delta I_t} = i_t \tag{3-10}$$

となるように求まります。この関係は、図 3-6 のように表せます。

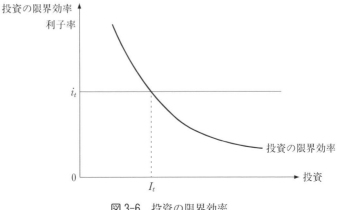

図3-6　投資の限界効率

コラム：ケインズの限界効率

　限界収益を表すケインズの限界効率は、追加的な投資から得られる収益率がどれぐらいかを表しています。実際の企業経営者の設備投資に関わる意思決定を考えてみます。追加的な投資を実施するための資金を、たとえば銀行から年率5%で調達したとします。1000万円借りて1年後に返済しなければいけないとすると、1年後には1050万円返済しなければならないことを表します。このようにして調達した資金を用いて投資を実施するためには、1年後には、投資の結果1050万円を上回るか少なくとも等しい収益をあげる必要があります。(3-10)式はこのことを表しています。実際の企業経営の問題においては、ケインズの限界効率は**内部収益率**(internal rate of return：**IRR**)としてよく知られています。この内部収益率は、一般企業の投資の評価だけでなくODA（政府開発援助：official development assistance）の評価など多方面にわたって使われています。

ストック調整原理・加速度原理に基づく投資決定

　ストック調整原理は、最適な資本ストックの水準と現在の資本ストックの水準に差があれば、その差を埋めるように投資が行われる、という投資決定の考えです。これを式で表せば、

$$I_t = \lambda(K_t{}^* - K_{t-1}{}^*) \tag{3-11}$$

となります。ただし、$\lambda > 0$（ラムダ）は、最適な資本ストックの水準と現在の資本ストックの水準を調整する速さを表すパラメータです。ただし、ここでは、資本減耗を考慮していません。ここで、$\lambda = 1$ とすると、（3-7）式の K を K^* で置き換えたものとなります。

　（3-11）式で用いられた最適な資本ストックの水準が、企業が生産する財に対する需要に対応して求まる、と考えるのが**加速度原理**です。マクロ経済で考えれば、財に対する需要は GDP に対応します。この関係を式で表すと、

$$K_t^* = \nu Y_t \tag{3-12}$$

となります。ただし、$\nu > 0$（ニュー）は**資本係数**を表します。資本係数とは、生産物を1単位生産するために必要な資本の量のことです。（3-12）式を（3-11）式に代入し、書き直すと

$$I_t = \lambda\nu(Y_t - Y_{t-1}) \tag{3-13}$$

となります。

新古典派の投資決定

　新古典派の投資決定理論は、ジョルゲンソンの研究に始まりますが、その主張は、資本の限界生産と資本の限界費用が等しくなるような資本ストックの水準が達成されるように、企業は設備投資を行う、というものです。ここで、**資本の限界生産**は、追加的に一単位資本ストックを増やしたときに、増える生産量を市場価格で評価したものです。一方、**資本の限界費用**は、資本ストックを1単位市場からレンタルした際にかかる費用です。

　ジョルゲンソンの研究以降は、投資の決定に、資金調達の方法を考慮した研究と調整費用を考慮した研究に発展しました。このうち、調整費用については12章で考察します。

q 理論に基づく投資決定

　先に考察した新古典派の投資決定理論では、企業の投資に関わる資金調達については、直接考察していませんでした。投資に必要な資金を利子率 i で調達できると仮定していました。実際には、企業は、資金調達の方法として、外部から資金を調達するか、利潤の一部（内部留保）を投資に割り当てるか、その組み合わせかを選択できます。

　外部からの資金調達としては、**間接金融**を利用した金融機関からの借り入れと、**直接金融**を利用した投資家からの資金調達があります。投資家からの資金調達としては、社債の発行や株式の発行が挙げられます。株式を発行して、投資家から直接、投資に必要な資金を調達する方法に焦点をあて、企業の投資決定について分析を行ったのがトービンです。トービンの分析結果は、**q 理論**としてよく知られています。その主張は、株式市場における企業価値の評価を表す時価総額が、企業が保有している資本ストックの再取得額を上回るなら設備投資を実施し、下回るなら設備を廃棄する、というものです。ただし、**時価総額**とは、企業の発行している株式数と 1 株あたりの価格を掛け合わせたものです。その企業に対する株式市場の評価を表しています。では、株価はどのように決まるかというと、企業が事業活動をすることで得られる収益の将来にわたる価値を、現在の価値に直すことで求まります。企業の時価総額が、設備の再取得額を上回るということは、株式市場では、その企業の価値が高く評価されています。新たに株式を発行しても資金調達が容易にできることを意味します。一方、逆の場合は、株式市場ではその企業の価値が低く評価されています。その価値に見合った資本ストックの水準よりも、多くの資本ストックを保有していることを表します。余分となる資本ストックを売却し、企業はその価値を高められるように、その資金を振り分けることとなります。これらの関係をわかりやすく式で書くと次のようになります。

$$q \begin{cases} >1 & \text{設備投資を実施} \\ =0 & \text{何もしない} \\ <1 & \text{設備を廃棄} \end{cases} \tag{3-14}$$

q 理論に関しては、12 章でさらに考察を深めます。

　以上、本節では、資本ストックへの追加的な投資である設備投資が、どのように決定されるかについて、いくつかの考え方を見てきました。取り扱った内容は、ケインズによる投資決定、ストック調整原理・加速度原理に基づく投資決定、新古典派の投資決定、そして q 理論に基づく投資決定です。

　本章では、家計の消費決定と企業の投資決定について考察を行いました。しかし、得られた結果は、家計と企業のそれぞれの最適化行動に基づくものではありませんでした。なぜ家計がその消費量を選択し、なぜ企業がその投資水準を選択したかを説明することができませんでした。そこで、12 章では、家計と企業の最適化行動に基づいた消費決定と投資決定について考察します。

4

マクロ経済学の財市場分析

　マクロ経済学には、**古典派経済学**と**ケインズ経済学**の相異なる学派が存在します[1]。古典派経済学では、生産した財はすべて売れるように価格変数が調整する世界を想定するため、財の総生産量（＝国民所得）は需要ではなく経済全体の生産能力に応じて決定されます。一方ケインズ経済学では、生産要素をフル稼働して生産しても売れ残り（＝財の超過供給）が生じる需要制約の世界を想定するため、財の総生産量（＝国民所得）は需要に応じて決定されることになります。

　ケインズ経済学が需要制約の世界を想定する背後には、価格変数の調整が完全でないために財の超過供給が継続的に生じているという暗黙の前提があります。一般に、古典派経済学ではすべての市場で価格変数が伸縮的な経済の均衡を考えるのに対して、ケインズ経済学では少なくとも1つの市場において価格変数の調整が完全でない経済の均衡を考えます[2]。

　本章では、1節において45度線モデルと呼ばれるケインズ経済学の財市場モデルの均衡を説明し、続く2節で古典派経済学の財市場モデル均衡についても説明して両者の考え方を比較します。3節では*IS*バランス式を導い

---

1)　ここでいう古典派経済学とは、ケインズが『雇用・利子および貨幣の一般理論』（1936）の中で用いた用語に準じています。詳細は8章を参照してください。
2)　この点については章末のコラムも参考にしてください。

て財市場均衡を資金市場の均衡として定式化します。また、倹約の精神が国民所得に与える影響について、ケインズ経済学と古典派経済学の考え方を比較します。4節では、45度線モデルを一般化する方向性について述べ、5章への導入となる IS 曲線について説明します。

1　ケインズ経済学の財市場分析

需要制約下の財市場均衡

　本節ではケインズ経済学の財市場分析である45度線分析について解説します。さきほども述べたように、ケインズ経済学の分析対象とする経済には、

　①**需要制約下の経済**：生産要素をフル稼働して生産しても売れ残り（＝財の超過供給）が生じる

　②**価格変数の下方硬直性**：売れ残りが生じる状況下においても価格変数の調整は完全でない

という2つの重要な仮定がおかれています。

　このようにケインズ経済学は需要制約の世界を前提にするため、財の総生産量（＝国民所得）は需要に応じて決定されることになります。このような「需要が供給を生み出す」という考え方を**有効需要の原理**と呼んでいます。財の総生産量（＝国民所得）を Y、財の総需要量を Y^d で表せば

$$Y = Y^d \qquad\qquad\qquad (4\text{-}1)$$

によって総生産量（Y）が決定すると考えるわけです。単純化のため海外との取引を捨象した閉鎖経済の枠組みで考えると[3]、財の総需要量は

---

3)　開放経済の場合には、消費需要、投資需要、政府支出の中に、日本人の日本財に対する需要と日本人の外国財に対する需要の双方が含まれます。したがって開放経済下で日本財に対する総需要を表すためには、消費需要＋投資需要＋政府支出から日本人の外国財に対する需要（＝輸入）を引き、外国人の日本財に対する需要（＝輸出）を加える必要があります。本章では割愛しますが、開放経済の45度線モデルを構築する際には、輸入量（＝日本人の外国財に対する需要量）は日本人の所得の増加関数であり、輸出量（＝外国人の日本財に対する需要）は外国人の所得の増加関数であることが仮定されます。

$$Y^d \equiv C + I + G \tag{4-2}$$

と定義され、消費需要（C）、投資需要（I）および政府支出（G）で構成されます。

　ここで（4-1）式と（4-2）式の 2 本の方程式を見ると、未知数は Y、Y^d、C、I および G の 5 つです。一般に方程式を解くためには方程式の数と内生変数の数がそろっていなければなりませんので、この場合には未知数のいくつかを外生変数とするか、方程式の数を増やさなければなりません。そこでまず、投資需要は単純化のために外生変数とおき、一定値の扱いをしましょう。

　また一般に経済学では、政府支出や税収といった政策変数も外生変数であり、一定値の扱いをします。政府を構成している政治家や官僚が何らかの目的関数に従って行動した結果として政府支出や税収が決定されていると考えれば、これらの政策変数も内生的に決定されているはずです。しかしながら、このような分析は政治経済学の範疇であり、一般に経済学の分析では政策変数は外生変数とおいて内生変数を解き、政策変数の変化が内生変数にどのような影響をもたらすのかを分析します。

　このようにして、（4-1）式および（4-2）式に含まれる未知数は Y、Y^d および C の 3 つになりました。一方、方程式は 2 本ですから、未知数を解くためにはもう 1 本方程式を追加する必要があります。次項ではケインズ型消費関数を導入しましょう。

ケインズ型消費関数

　税引き後に家計の手許に残る所得を**可処分所得**といいますが、**ケインズ型消費関数**はこの可処分所得と消費の関係を表しており、一般に以下のような線形の関数を用いて推定されます。

$$C = c_0 + c_1(Y - T) \tag{4-3}$$

ここで C は今期消費、c_0 は正の定数、$0 < c_1 < 1$ は限界消費性向、T は定額税を表します。$Y - T$ は税引き後に家計の手元に残る所得ですから可処分所

得です。また、定額税の T は政府支出の G とともに財政政策の操作変数であり外生変数です。

　c_0 は可処分所得とは独立に決定する消費分で**独立消費**と呼ばれていますが、推定の結果として一般に正の値をとります。また**限界消費性向**の c_1 は、可処分所得が1円増大したときに消費が何円増大するかを表しています。c_0 と c_1 はデータから推定によって得られる統計値であり、モデルでは一定不変の**構造パラメータ**という扱いをします[4]。

　また、(4-3) 式を含むより一般的な形で消費関数を表す場合には

$$C = C(Y - T) \atop (+)$$
(4-4)

という表記を用います。ここでは、可処分所得と消費需要の正の関係を示すために $Y-T$ の下に（＋）を添えています。消費関数に関する詳細な議論は3章および12章を参照してください。

45度線モデル

　このようにして消費関数を導入すると、需要制約下の財市場均衡は (4-1) ～ (4-3) 式の3本の方程式から Y、Y^d および C の3つの未知数を解くことで得られます。この方程式体系を図示したのが図4-1です。

　この図を描くにあたって、平面では縦軸と横軸の2つの内生変数しかとれませんので、(4-3) 式を (4-2) 式の C に代入して方程式体系から C を消去します。すると

$$Y^d = (c_0 - c_1 T + I + G) + c_1 Y$$
(4-5)

が得られます。この式から、国民所得が与えられれば財の総需要量が決まることがわかります。国民の所得水準が与えられればケインズ型消費関数から消費需要が決まりますが、投資需要と政府支出は外生変数で一定ですから、

---

[4]　構造パラメータは一定不変ではなく政策の変更によっても影響を受けるというルーカス批判については、13章4節を参照してください。

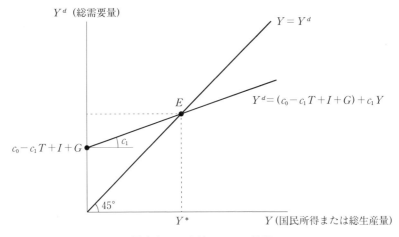

図4-1 45度線モデルの均衡

このとき財の総需要量も決定するわけです。

　一方ケインズ経済学では、価格調整が完全でないために生産要素をフル稼働して生産しても財の超過供給が生じる経済を想定しています。したがって、有効需要の原理を表す（4-1）式から財の総需要量が与えられれば、それに等しい生産が行われて国民所得が決定します。このようにして図4-1における2本の直線の交点 Y^* で均衡国民所得水準（＝財の総需要量）が決定するというのが、**45度線モデル**の構造です。

均衡国民所得水準の安定性

　以下では図4-2を用いて、均衡国民所得水準 Y^* の安定性について議論しましょう。

　まず国民所得が Y_1 の水準にあったとしましょう。これは総生産量も Y_1 であったことを意味しますが、総需要量は Y_1 よりも低い Y_1^d の水準に決まるため、企業は在庫ストックへの意図せざる積み増しをかかえることになって、来期の総生産量を Y_1 の水準よりも下げようとします。そこで国民所得も減少する方向に向かうことがわかります。

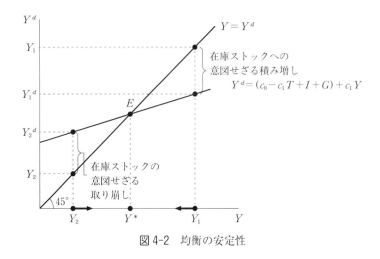

図 4-2　均衡の安定性

　次に国民所得が Y_2 の水準にあったとしましょう。これは総生産量も Y_2 であったことを意味しますが、総需要量は Y_2 よりも高い Y_2^d の水準に決まるため、企業は在庫ストックの意図せざる取り崩しに直面します。そこで企業は、適正水準の在庫ストックを保つため来期に生産水準を増大させようとします。このようにして国民所得も増大する方向に向かうことがわかります。このように、在庫ストックの意図せざる調整によって Y^* の水準は安定であることがわかります[5]。

　ところで、均衡解の安定性はなぜ重要なのでしょうか。経済数学を学ぶと**比較静学**という用語が登場します。比較静学とは、外生変数が変化したときに内生変数がどれだけ変化するかを分析することをいいます。45度線分析の枠組みでいえば、たとえば外生変数の1つである政府支出を増大させると

---

[5]　国民経済計算における国民所得は、在庫ストックの意図せざる増減も考慮した事後的な概念であるため、総需要≡総供給が恒等式として成立しています。これは図 4-2 において、任意の国民所得水準のもとで総需要≡総供給が 45 度線上で成立することに対応します。一方、ケインズ経済学の財市場均衡においては、在庫ストックの意図せざる変動を通じて、均衡点 E においてのみ総需要＝総供給が成立し、そこではもはや意図せざる在庫投資がゼロになることに注意してください。

きに、内生変数である国民所得がどれだけ変化するのか分析することを、比較静学というわけです。均衡解の安定性は、この比較静学が意味を持つために重要です。つまり、外生変数の変化に応じて内生変数がある水準から別の水準へと安定的に移動することが保証されてはじめて、比較静学は意味を持つわけです。

財政政策の乗数効果

　均衡解の安定性を確認できたところで実際に比較静学を行ってみましょう。これまでの説明から明らかなように、45 度線分析では国民所得の水準は総需要量によって決定されるため、均衡水準において完全雇用が達成される保証はありません。完全雇用を達成するのに不足している総需要量のことを**デフレギャップ**といいます。つまり政府はデフレギャップの大きさだけ政府支出を増加させれば、均衡の国民所得水準を完全雇用国民所得 Y_f と一致させることができるわけです[6]。図4-3 では、デフレギャップに相当する政府支

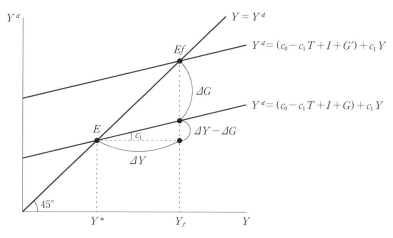

図4-3　デフレギャップと政府支出乗数

---

6)　一方、**インフレギャップ**とは、総需要量が完全雇用国民所得を上回る額のことです。読者自ら 45 度線図を描いて、インフレギャップの大きさについても確認してください。

出量を ΔG、それによって増大する国民所得量を ΔY とおいて、それらの大きさが図示されています[7]。

　この図から、

$$\frac{\Delta Y - \Delta G}{\Delta Y} = c_1 \qquad (4\text{-}6)$$

の関係を利用して、

$$\frac{\Delta Y}{\Delta G} = \frac{1}{1 - c_1} \qquad (4\text{-}7)$$

が導かれます。$\Delta Y/\Delta G$ は**政府支出乗数**と呼ばれ、政府支出が1単位増加したときに国民所得が何単位増加するのかを表しています。政府支出乗数は $1/(1-c_1)$ であり、1より大きな値をとることに注意してください。たとえば、限界消費性向が0.6であるとしましょう。このとき政府支出乗数は2.5になります。つまり、政府支出を1円増大させると国民所得は2.5円も増大するわけです。

　このような乗数効果を直観的にとらえるため次のようなプロセスを考えましょう。今、政府が公共支出を ΔG 円増大させると、その公共財を供給する企業の生産が ΔG 円増大します。したがってその企業の労働者の所得が ΔG 円増大し、彼らは $c_1 \times \Delta G$ 円だけ新たな消費をします。この消費支出増は他の企業の生産を同額上昇させることになるため、その企業で働く労働者の所得も $c_1 \times \Delta G$ 円増大します。そして彼らは $c_1 \times (c_1 \times \Delta G)$ 円をさらに消費にまわします。このようなプロセスを数列で表すと以下のような無限等比級数になります。

$$\Delta Y = \Delta G + c_1 \Delta G + c_1^2 \Delta G + c_1^3 \Delta G + \cdots\cdots \qquad (4\text{-}8)$$

この式を ΔG で割って、表記の簡単化のため、左辺の $\Delta Y/\Delta G$ を z とおくと

---

7)　均衡のGDPと完全雇用GDPとの差をとってGDPギャップと表現することもあります。図4-3でいえば ΔY の部分に相当します。

$$z = 1 + c_1 + c_1^2 + c_1^3 + \cdots\cdots \tag{4-9}$$

になります。さらに（4-9）式の両辺に c_1 を掛けると

$$c_1 z = c_1 + c_1^2 + c_1^3 + c_1^4 + \cdots\cdots \tag{4-10}$$

が得られます。$0 < c_1 < 1$ であることに注意して（4-9）式から（4-10）式を引き、z についてまとめることで $z = 1/(1-c_1)$ を得ます。このようにして、（4-7）式で得た政府支出乗数が無限等比級数の解として求められることがわかります。

　政府支出乗数を求めるには、この他にも全微分を用いる方法があります。45度線モデルの（4-1）〜（4-3）式を1本の方程式にまとめると

$$Y = c_0 + c_1 Y - c_1 T + I + G \tag{4-11}$$

を得ます。この式を全微分すると

$$dY = dc_0 + c_1 dY + Y dc_1 - c_1 dT - T dc_1 + dI + dG \tag{4-12}$$

になりますが、dY と dG 以外の変化をすべて0にすることで（4-7）式と同様の政府支出乗数 $(dY/dG = 1/(1-c_1))$ を得ます。

　同様にして、定額税の1単位の変化が国民所得を何単位変化させるのか（$= dY/dT$）という**租税乗数**を求めると、（4-12）式の dY と dT 以外の変化をすべて0にして $-c_1/(1-c_1)$ を得ます。租税乗数がマイナスの値をとることから、減税（増税）は国民所得を増大（減少）させることがわかります。また絶対値で見て租税乗数は政府支出乗数よりも小さく、その差は1です。つまり減税は政府支出増大に比べて政府自身による需要創出がない分だけ国民所得を増大させる効果が小さくなっています。

　さらに政府支出の増分を増税によってまかなうときの政府支出乗数（これを**均衡予算乗数**といいます）を求めると、（4-12）式の dY、dG、dT 以外の変化をすべて0とおき $dG = dT$ にすることで1という値が得られます。均衡予算乗数が1であるという計算結果は、政府支出乗数（$= 1/(1-c_1)$）と租税乗数（$= -c_1/(1-c_1)$）を足しあわせることでも得られます。このような計算結果が得られるのは、政府支出増に伴う民間の消費増大の乗数効果が増税に伴う民間の消費減少の乗数効果と打ち消しあう結果、最初の政府支出増に等

しい有効需要が生み出されるからです。このようにして政府が均衡予算を保とうとすれば、単に政府支出を増大させるよりも乗数効果は小さくなりますが、それでも政府支出増と同額の国民所得増加をもたらすことがわかります。

② 古典派経済学の財市場分析

　1 節のケインズ経済学の分析では、政府の積極的な需要喚起政策が国民所得を増大させることを学びました。それでは古典派経済学において需要喚起政策は、経済にどのような影響をもたらすのでしょうか。古典派経済学では生産した財がすべて売れるように価格変数が調整する世界を想定しているため、経済全体の生産能力が国民所得を決定します。したがって直観的には、需要喚起政策による財市場の一時的な超過需要は国民所得に何ら影響を与えることなく価格変数の上昇によってすべて吸収されてしまうはずです。本節ではこのような政策効果を持つ古典派経済学のモデルを紹介します。

　本節のモデルでは、経済に存在する資本量 K および労働量 L は一定で与えられていると仮定しましょう[8]。また各生産要素市場均衡において、これらの生産要素はすべて生産のために投入されると仮定します[9]。このとき、生産要素市場均衡に対応する財の総生産量（＝国民所得）は、

$$Y = F(K, L) \atop (+\ +)$$
(4-13)

---

[8]　本節のモデルを資本量および労働量が通時的に変化するよう動学化したソローモデルについては、14 章を参照してください。

[9]　たとえば労働市場について、縦軸に実質賃金、横軸に労働者数をとると、古典派経済学では実質賃金の調整によって労働供給＝労働需要が成立します。したがって労働供給曲線が垂直のとき、労働市場均衡に対応する労働者数 N_n は経済に存在する労働者数 L に等しくなります。より一般的に右上がりの労働供給曲線を想定すると、労働市場均衡に対応する労働者数 N_n は、経済に存在する潜在的な労働者数 L よりも自然失業者（＝自発的に失業を選択している潜在労働者）の数だけ少なくなります。また一般に労働市場均衡に対応する生産量は自然産出量 Y_n と呼ばれます。労働市場に関して詳細は 6 章を参照してください。

によって一定の値に決定します。ここで右辺の F は**生産関数**であり、各生産要素投入量とそのもとで得られる財の生産量との関係を表します。労働量一定のもとで資本量を増大させる、あるいは資本量一定のもとで労働量を増大させると生産量も増大しますから（4-13）式の K と L の下には（＋）が添えられています[10]。また同じ生産要素の組み合わせのもとでも、より多くの生産が可能になるような技術の進歩が生じれば F の形状は変化します。

　一方、財需要の一項目である投資需要は利子率に依存すると仮定しましょう。投資関数に関するくわしい説明は3章および12章に譲りますが、ここでは利子率が投資財1単位あたりの借り入れ費用を表すと考えましょう。企業は収益性が借り入れ費用を上回る投資財にのみ投資すると考えられるので、借り入れ費用の低下は投資需要の増加につながります。このような投資関数を

$$I = I(\underset{(-)}{r}) \tag{4-14}$$

と表記します。（4-2）式、（4-4）式および（4-14）式から、財の総需要量は

$$Y^d \equiv C(Y - T) + I(r) + G \tag{4-15}$$

と表されます。

　以上の準備のもとで、古典派経済学の財市場均衡は（4-13）式と（4-15）式が等しくなるように利子率が決定する、つまり政策変数の T と G を一定、生産要素市場均衡および生産関数から Y も一定のもとで

$$Y = C(Y - T) + I(r) + G \tag{4-16}$$

が成立するように利子率が決定します。古典派経済学では利子率の調整による投資需要の変動によって、財の総需要量は生産要素市場均衡および生産関数から決定する財の総生産量に等しくなると考えるのです。このような「供

---

10)　数学的には「生産関数の資本（労働）に関する偏微分係数はプラスである」と表現されます。

給はそれ自身の需要をつくりだす」という考え方を、**セーの法則**と呼んでいます。これは、独立投資を仮定して総需要の大きさが総供給を規定するとしたケインズ経済学の有効需要の原理とは、対照的な考え方であることに注意してください。

　このように市場メカニズムの働きに重点をおく古典派経済学の財市場均衡を考えると、以下のような政策効果が得られます。まず技術革新による一時的な財の超過供給は、利子率の下落を通じた投資需要の増加によって解消され、国民所得を増加させます。ケインズ経済学では財の超過供給が解消せず、国民所得の水準に影響をもたらさないことに注意してください。

　また政府の需要喚起政策によって一時的に財の超過需要が生じると、利子率が上昇して投資需要が完全にクラウド・アウト（相殺）されるため、国民所得の水準は不変にとどまります。このように古典派経済学では、国民所得の変動が生産関数を通じた技術革新や生産要素の変化によってのみ説明され、政府の積極的な需要喚起政策は価格変数に影響を与えるだけで国民所得にはまったく影響を及ぼさない、という政策効果が得られます。

③　倹約の精神と国民所得

財市場と資金市場

　さてこれまでは財市場の均衡について考えてきたわけですが、実は財市場において財の総供給＝総需要が成立することは、資金市場において貸付資金の総供給＝総需要、すなわち貯蓄＝投資が成立することと同じです。財の生産はそれに等しい所得を国民にもたらすため、財の総生産量＝国民所得であったことを思い出してください。そして国民に分配された所得は税金の支払いにあてられるか、消費されるか、貯蓄 (S) されるかのいずれかです。つまり、

$$Y = C + S + T \tag{4-17}$$

の関係が成立します。閉鎖経済における財の総需要は $Y^d = C + I + G$ と定義

されたので、$Y = Y^d$ から

$$S + (T - G) = I \tag{4-18}$$

が導かれます。ここで S は民間貯蓄、$T - G$ は政府貯蓄（マイナスなら政府の借り入れ）を表しますから、左辺は国民貯蓄を表し、(4-18) 式は国民貯蓄が企業の借り入れによって投資需要に等しくなることを意味しています。このように財市場で財の総供給＝総需要が成立するとき、資金市場では貯蓄＝投資が成立しています。このことから (4-18) 式は **IS バランス式**と呼ばれます[11]。

　説明の簡単化のため $T - G = 0$ として、IS バランス式の導出過程を直観的にとらえてみましょう。今、生産した財がすべて売れて、企業がその収入をすべて家計に分配したと仮定します。家計は分配された所得を消費か貯蓄に振り分けますが、この段階では経済全体で貯蓄分だけ生産された財への需要が不足し、財の総生産量＝総需要量を仮定したことに矛盾します。しかし、貯蓄が資金市場を通じて投資にまわれば、その投資需要が経済全体で足りない需要を埋め合わせるはずです。このようにして、財市場において財の総供給＝総需要が成立することは、資金市場において貸付資金の総供給＝総需要、すなわち貯蓄＝投資が成立することと同じでなければなりません。

　ところで 2 章および本章の脚注 5 で議論したように、国民経済計算では在庫ストックの意図せざる増減を考慮することで、$S \equiv I$ という関係が恒等的に成立しています。一方、古典派経済学やケインズ経済学の理論では、貯蓄＝投資は需給均衡式です。この需給均衡式について説明するために、ここでまず貯蓄関数を導いておきましょう（投資関数 $I = I(r)$ についてはすでに導入済みです）。

---

11)　IS バランス式は、$S = I + (G - T)$ と表して「民間の貯蓄は民間が借り入れて投資にまわすか政府が借り入れて投資あるいは消費にまわす」と表現されることもありますし、$S - I = G - T$ と表して「民間の貯蓄超過は政府の財政赤字に等しくなる」と表現されることもあります。総需要に純輸出（＝輸出 − 輸入）を含む開放経済の IS バランス式については、7 章 1 節を参照してください。

（4-17）式から貯蓄は $S = (Y-T) - C$ によって与えられますが、ケインズ型消費関数から消費は $C = c_0 + c_1(Y-T)$ なので、この2式から貯蓄関数

$$S = -c_0 + (1-c_1)(Y-T) \tag{4-19}$$

を得ます。消費関数と貯蓄関数は表裏一体の関係にあって、ともに可処分所得の関数になること、限界消費性向が c_1 のとき限界貯蓄性向は $1-c_1$ になることを確認してください。また、貯蓄関数を一般的な形で表す場合には、

$$S = S(Y-T) \tag{4-20}$$
$$(+)$$

と表記します。

倹約の精神と国民所得：古典派経済学の分析

　財市場の均衡を資金市場の均衡として分析するメリットの1つは、貸付資金の供給という形で貯蓄が均衡式の中に明示されることです。したがってここでは、家計貯蓄の増加が国民所得にどのような影響を与えるのかについて考えていきましょう。

　まずは古典派経済学の分析から始めます。政策変数の G と T は一定、また古典派経済学では、生産要素市場均衡および生産関数から Y 一定のもとで、$Y = C(Y-T) + I(r) + G$ となるように r が調整したことを思い出してください。この式と $Y = C(Y-T) + S(Y-T) + T$ を用いると

$$S(Y-T) + (T-G) = I(r) \tag{4-21}$$

を満たすように r が決定するといっても同じことです。つまり古典派経済学では、生産要素市場均衡および生産関数から財の総生産量（＝国民所得）が与えられれば貯蓄量が決定し、その貯蓄量に等しくなるよう利子率が調整して投資量も決定すると考えるわけです。このように資産フローの需給が一致するように利子率が決定するという古典派経済学の考え方を、**貸付資金説**と呼んでいます。

　縦軸に利子率、横軸に投資と国民貯蓄をとった図4-4において、$S_1 + (T-G)$ と $I(r)$ の交点 E_1 で均衡利子率 r_1^* が決定しています。

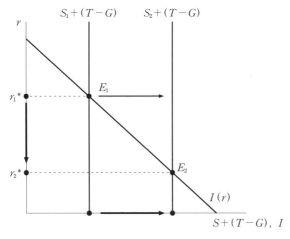

図 4-4 貸付資金説 $(S_1 < S_2)$

　この図から、今期貯蓄の増大は利子率の下落を通じて今期投資を増大させることがわかります（図 4-4 の E_1 から E_2 への動き）[12]。また 14 章で説明しますが、今期投資の増大は来期資本ストックの増加をもたらすため、生産関数を通じて来期の国民所得を増加させます。このように古典派経済学では、人々が将来のために倹約に励めば将来の国民所得は増加すると考えます[13]。

　ちなみに、デフレ不況下の日本の貯蓄過剰経済にこの主張を適用することは妥当でしょうか。この時期の日本の名目利子率水準は、ほぼ0％の水準にありました。つまり貯蓄過剰が解消されないまま、名目利子率はこれ以上下落できない状況にあったわけです（厳密には 5 章 5 節で導入する実質利子率の概念で考えなければなりませんが、この場合でもデフレによって実質利子率はむしろ上昇していると考えられます）。このような状況下では、さらなる貯蓄の増大が投資の増大を通じて経済成長をもたらすという古典派経済学の理論的帰結には、疑

12) 政府の需要喚起政策が利子率を上昇させて投資需要を完全にクラウド・アウト（相殺）するという 2 節の結果についても、図 4-4 を用いて確認してください。
13) もちろん倹約に励むということは今期の消費を犠牲にしているわけですから、貯蓄が多いほど人々の効用が上昇すると主張しているわけではありません。人々の効用を最大にするような消費貯蓄計画に関する議論は、14 章 4 節を参照してください。

問が生じます。

倹約の精神と国民所得：ケインズ経済学の分析

　それでは、ケインズ経済学は貯蓄＝投資の需給均衡式をどのようにとらえているのでしょうか。政策変数の G と T は一定、またケインズ経済学では、独立投資を仮定することにより $Y=C(Y-T)+I+G$ となるように Y が決定したことを思い出してください。この式と $Y=C(Y-T)+S(Y-T)+T$ を用いると

$$S(Y-T)=I+(G-T) \qquad\qquad (4\text{-}22)$$

を満たすように Y が決定するといっても同じことです。つまりケインズ経済学では、経済全体の投資需要量が与えられれば、貯蓄量は総生産量（＝国民所得）の調整によって与えられた投資需要量に等しくなると考えます。縦軸に貯蓄と投資需要（借り入れによる政府支出を含む）をとり、横軸に国民所得をとった図4-5において、$S_1(Y-T)$ と $I+(G-T)$ の交点 E_1 で均衡国民所得 $Y_1{}^*$ が決定しています。

　今、バブル経済の崩壊によって家計の保有する資産価値が減少し、人々が

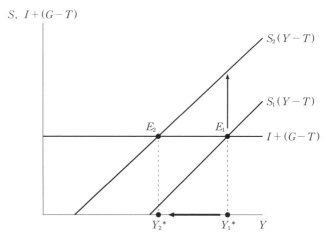

図4-5　貯蓄のパラドクス（$S_1<S_2$）

将来に備えて一時的に貯蓄意欲を増大させたとしましょう。図 4-5 において、たとえば c_0 が低下して貯蓄関数が S_1 から S_2 にシフトする状況を考えます[14]。このとき均衡点は E_1 から E_2 に移動するため、家計の貯蓄意欲の増大は国民所得を減少させるのみで実際の家計貯蓄に影響を与えないことがわかります。

　ケインズ経済学では、なぜこのような現象が生じるのでしょうか。貯蓄の増大とは、消費の減少がもたらす総需要の減少を意味しています。総需要量が国民所得を決定するケインズ経済学にとって貯蓄の増大とは、総需要の減少を通じた国民所得の減少を意味するわけです。各個人にとっては将来消費のために貯蓄を増大することが合理的な行動であったとしても、すべての家計が同じように貯蓄を増大させようとすると、総需要の減少を通じて国民所得が減少し、実際の貯蓄は変化しないという現象が生じるのです。これは**貯蓄（倹約）のパラドクス**と呼ばれます。

　一般に景気低迷時には、民間部門は将来に対して悲観的になり将来に備えてさらに貯蓄に励もうとしますが、貯蓄のパラドクスが示唆するように、各個人のこのような行動は各個人の貯蓄を変化させないどころか所得をさらに減少させてしまうため、すべての個人にとって望ましくないという結果がもたらされます。「一部分について真であることが、そうであるがゆえに全体についても必然的に真である」とみなされる過ちを**合成の誤謬**といい、社会科学を勉強する上で最も重要な概念の 1 つですが、「貯蓄のパラドクス」はこの合成の誤謬の重要な応用例と見ることができます。

　ところで倹約のパラドクスが「パラドクス」であるゆえんは、デフレ不況下において各個人に消費を増大させるインセンティブがないことにあります。各家計が消費を控えているため財が売れず所得が減少している不況下において、ある一家計だけが消費を増大させても総需要は変化せず、したがってその家計の所得も増大しません。すべての家計が同じように考える結果、消費

---

14)　図 4-5 を用いて政府の需要喚起政策の効果についても確認してください。

は低い水準にとどまり不況から脱却できないという（ゲーム理論でいうところ
の）囚人のジレンマの状態に陥るわけです。

　囚人のジレンマでは、プレイヤーとは独立した第三者が介入すれば社会的
厚生が改善する可能性があります。「貯蓄のパラドクス」の場合には、政府
がその第三者の役割を果たすわけです。つまりデフレ不況下では、政府が民
間部門とは逆の行動をとり需要を喚起することが適切な経済政策といえます。
現実には、デフレ不況になると政治家は、「政府自身も倹約の精神に立ち返
ることが重要である」との主張によって国民の支持を得ようとしますが、ケ
インズ経済学の観点からはこれが不況を深刻化させる一因ともなりうるので
す。

　またバブル経済の崩壊以降、「不況が非効率な企業を淘汰することはある
程度仕方のないことであり、企業のリストラを大胆に進めそれに伴う失業や
低消費を国民の一人ひとりが辛抱すれば、いずれは経済が回復に向かう」と
いった主張がしばしば見られました。しかし、これらの主張は古典派経済学
に近い考え方であり、デフレと不況が共存するケインズ的需要制約の状況に
おいては、むしろ悪循環をもたらす可能性が高いといえます。不況がここま
で長引いたのは、企業の経営体質に問題があったというよりも、有効需要が
大幅に不足していたと見ることが適切な判断であったといえるでしょう。

④　財市場均衡と *IS* 曲線

　さて、1節で解説した45度線分析では、投資が利子率とは独立に一定で
あるという単純化の仮定がおかれ、ケインズ経済学の財市場均衡条件である

$$Y = Y^d \equiv C(Y - T) + I + G \tag{4-23}$$

から G、T、I を所与として Y が決定すると考えました。しかしながら投資
が利子率に依存する場合には、財市場均衡条件が

$$Y = Y^d \equiv C(Y - T) + I(r) + G \tag{4-24}$$

になって、1本の方程式で未知数が Y と r の2つになり、数学的にはこれを

一意に解くことができません。したがってこの場合には（4-24）式は、財市場が均衡するもとでの国民所得と利子率の組み合わせを表しています。ところで（4-24）式の財市場均衡が成立することは、資金市場で貯蓄（S）＝投資（I）が成立することと同じですから、（4-24）式はフロー市場である資金市場が均衡するもとでの国民所得と利子率の組み合わせを表していることにもなり、このことから（4-24）式を **IS曲線** と呼んでいます。

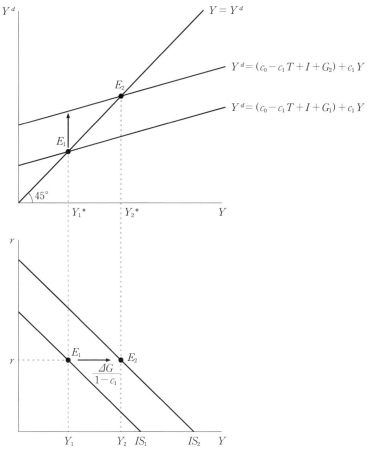

図 4-6　45 度線図（上図）と IS 曲線（下図）（$G_1 < G_2$）

　利子率を縦軸に国民所得を横軸にとると、(4-24) 式は図4-6の下図のように右下がりになります。なぜなら、利子率の下落は、投資需要の増加を通じて財の総需要＝国民所得を増大させるからです[15]。またこの IS 曲線は、財政政策の政策変数（G と T）が与えられたもとで描かれていることに注意してください。政府支出の増大や減税による財政政策は、利子率が一定のもとで総需要を増大させ、IS 曲線を右にシフトさせます。たとえば図4-6のように政府支出が G_1 から G_2 に増大したとすると、財市場均衡点は E_1 から E_2 に移動します。したがって政府支出の増大に伴う IS 曲線のシフト幅は、独立投資を仮定した45度線分析の乗数効果分（$= \Delta G/(1-c_1)$）に等しいことがわかります。IS 曲線を用いた国民所得決定論については、5章の IS-LM 分析のところで解説します。

コラム：短期と長期

　本章の冒頭で、古典派経済学とケインズ経済学の最も重要な相違が市場メカニズムの働きにあることを述べました。したがって現実経済の価格調整がはやいと想定される場合には、短期的にも古典派経済学の均衡について考慮する必要があり、古典派経済学とケインズ経済学の間で意見の相違が生じることになります。実際にマクロ経済においても、あらゆる価格調整が瞬時であるとする考え方が存在し、**リアル・ビジネス・サイクル理論**と呼ばれます。

　一方、市場メカニズムの働きにある程度の時間を要すると想定される場合には、少なくとも1つの市場で価格調整が完全でないケインズ経済学の均衡を、短期的に成立する均衡、すべての市場で価格調整が完全である古典派経済学の均衡を、長期的に成立する均衡と解釈して、それぞれの考え方を分析の時間的視野に応じて使い分けるという柔軟な思考が必要になってきます。このような理由から本章ではケインズ経済学と古典派経済学の統一的な説明を試みています。

---

15)　厳密には、次のような理由により IS 曲線は右下がりになります。まず利子率の下落は投資需要の増加をもたらすため、財市場に超過需要が生じます。このとき総生産量（＝国民所得）の1単位の増大は、消費需要を限界消費性向分しか上昇させないために、財市場の超過需要を解消させる方向に働くことがわかります。このようにして利子率が下落すれば、総生産量（＝国民所得）が増加することで財市場は再び均衡を回復します。

5

資産市場と *IS-LM* 分析

　この章では財市場および資産市場の均衡について、ケインズ経済学の分析を主軸に閉鎖経済に的をしぼって話を進めていきたいと思います[1]。ケインズ経済学の重要な特徴は、需要制約下の経済を分析対象にするということです。民間部門が経済の先行きについて悲観的になり貯蓄意欲を高めることは、経済全体で消費需要の低下を意味します。そして財の需要制約下では、このような消費需要の低下が国民所得の下落を招くという貯蓄のパラドクスが生じます。したがって、民間に代わって政府が支出を増大させたり減税によって民間の消費需要を高めたりといった積極的な需要喚起政策を行うことによって、需要制約下では国民所得が増加します。

　しかしながら現実には政府がこのような支出増大を国債発行でまかなおうとすれば、政府の累積赤字は増大し、やがてはそのような政策に限界がくるでしょう[2]。またそのような懸念によって国会で予算が確定するまでに時間がかかったり、消極的な政策がとられやすくなる可能性もあります。それに

---

1)　開放経済の場合には、総需要の中に純輸出（＝輸出－輸入）という項目が追加されます。また純輸出に影響を与える価格変数は（実質）為替レートです。為替レートについての詳細は16章を参照してください。また開放経済版 *IS-LM* モデルはマンデル＝フレミング・モデルと呼ばれ、変動相場制については7章、固定相場制については15章で解説しています。
2)　日本の財政の現状については9章を参照してください。

対して、政府とは独立の機関である中央銀行（日本銀行）が金融を緩和する、すなわち民間部門の金回りをよくすることで需要を喚起するという政策も考えられます。

　1節では資産市場と貨幣について説明をして、2節でケインズ経済学の資産市場均衡を導く準備をしたいと思います。3節では、IS-LMモデルと呼ばれるケインズ経済学の財市場（ないしは資金市場）および資産市場の同時均衡分析について説明し、財政政策や金融政策が国民所得や利子率に与える影響を見ます。また4節では、古典派経済学の資産市場均衡について概観します。5節では、名目利子率と実質利子率を区別したより一般的なIS-LMモデルを構築して、日本のデフレ不況について考えます。

① 貨幣と資産市場

資産市場均衡とワルラスの法則

　本節では資産市場について説明します。マクロ経済学では資産市場を導入するにあたって、金融政策による貨幣供給量の増減が国民所得にどのように影響するのかに強い関心を持っています。そこで、**資産**を貨幣と貨幣以外の資産に分割し、貨幣以外の資産を一括して**債券**と呼ぶことにしましょう。このとき資産全体に対する予算制約式は

　　　貨幣供給＋債券供給＝貨幣需要＋債券需要　　　　　　　　　　　(5-1)

と表されますが、すべての項目を左辺に移行してまとめると、

　　　（貨幣供給－貨幣需要）＋（債券供給－債券需要）＝0　　　　　　(5-2)

になり、一方の資産需給が均衡している状態では、必ず残りの資産の需給も均衡していることがわかります。これを**ワルラスの法則**といいます。マクロ経済学では、貨幣供給量の変動が実物経済に与える影響に強い関心があって貨幣の需給を明示することが一般的ですが、ワルラスの法則により貨幣の需給が均衡するもとでは債券の需給も同時に均衡していることに注意してください。

貨幣の概念と貨幣供給

　貨幣の供給および需要について説明する前に、まずは貨幣が持つ機能について簡潔にまとめておきましょう。貨幣が持つ最も基本的な機能といえば、**交換手段**（a medium of exchange）としての機能です。貨幣は財と容易に交換できる、すなわち**流動性**が高いという性質を持っていなければなりません。また先ほども触れた通り貨幣は資産の一部であり、**価値保蔵手段**（a store of value）としての機能も有しています。

　このように流動性の高い資産としてまず思いつくのは、家計や企業が保有する現金通貨（紙幣や硬貨）です。さらに光熱費や家賃の自動引き落とし、毎月の給与自動振り込みなどに用いる普通預金口座も流動性の高い資産です。したがって、民間の保有する**現金通貨**と**預金通貨**の合計が最も基本的な貨幣供給の定義であり、*M*1 と呼ばれます[3]。

　貨幣供給量をコントロールする役割は国の中央銀行が担っており、金融政策と呼ばれます。貨幣供給量をコントロールするために中央銀行が最も多用する政策手段は、**公開市場操作**です[4]。公開市場操作とは、中央銀行による債券の売買です。中央銀行が民間から債券を購入する**買いオペ**の際には、中央銀行が民間に現金通貨を支払うことによって貨幣供給量が増加します。逆に中央銀行が民間に債券を売却する**売りオペ**の際には、中央銀行が民間から現金通貨を受け取ることによって貨幣供給量が減少します。

　本章では、中央銀行が貨幣供給量を完全にコントロールできると仮定しましょう[5]。具体的に貨幣供給量 M^S は以下で表されるような中央銀行の政策変数であり、一定の M であると仮定します。

---

3)　日本では、比較的流動性の高い定期性預金や CD（譲渡性預金）も *M*1 に加えた *M*3 を一般に貨幣の指標として用います。このようにさまざまな金融資産が貨幣として用いられますが、どの金融資産を貨幣と定義するのかに関する議論の詳細は、8 章および 10 章を参照してください。

4)　金融政策手段についての詳細は 10 章を参照してください。

5)　厳密には預金者や民間銀行の行動も貨幣供給量の変動に影響を与えます。くわしくは 10 章の信用創造の理論を参照してください。

$$M^S = M \tag{5-3}$$

貨幣保有動機と貨幣需要関数

　次に貨幣の保有動機と貨幣需要関数について考えましょう。貨幣の最も基本的な機能が財との交換手段であることから、取引の動機に基づく貨幣需要が生じることは明らかです。

　そして財の取引額が増大すれば取引動機による貨幣需要も増大すると考えられます。取引には最終財も中間財も含まれるはずですが、ここでは簡単化のため最終財（およびサービス）の取引額が増大すれば貨幣に対する需要も比例的に増大すると仮定しましょう。最終財の取引額は名目国民所得によって表されますので、貨幣の取引動機を考慮した貨幣需要関数を

$$M^d = kPY \tag{5-4}$$

と表します。ここで名目国民所得とは、貨幣の単位で測った国民所得であり、財の単位で測った国民所得である実質国民所得 Y に物価 P を乗じたものです。M^d は貨幣に対する需要、k は比例定数であり**マーシャルの k** と呼ばれます。

　また貨幣は価値を保蔵する手段でもあることから、貨幣の資産としての需要は他の資産との**ポートフォリオ（資産選択）**による影響を受けると考えられます。この章では具体的に、貨幣は流動性が高いが利子の付かない資産であると定義しましょう。一方、債券は財と交換できない代わりに利子が得られる資産であると定義します[6]。

　ここで債券価格の下落と利子率の上昇が同値であることを確認しておきましょう。たとえば、1 年後に 121 万円が償還される債券があるとします[7]。

---

[6]　現実に家計が選択できる資産には、リスク、リターン、流動性などに応じて、貨幣のほかにも社債、国債、株式、投資信託、土地などさまざまな種類があります。株式を含む資産のポートフォリオに関する議論は、11 章を参照してください。

[7]　ここでは説明の簡単化のため 1 年満期の割引債を用いていますが、債券価格と利子率の相反する関係は利付債を用いても成立しています。詳細は 11 章を参照してください。

この債券を 110 万円で購入すれば、1 年後に得られる収益は 11 万円であり利子率は 10%ですが、債券価格が下落して 100 万円になったとすると、1 年後に得られる収益は 21 万円となって利子率は 21%に上昇します。このように利子率の上昇は債券価格の下落と同値であるため、貨幣から債券への需要シフトをもたらします。つまり貨幣の資産需要を考慮すると、貨幣需要は利子率の減少関数になることがわかります。

　本章では取引動機に基づく貨幣需要と貨幣の資産需要の双方を考慮した貨幣需要関数を

$$M^d = k(r)PY \qquad (5\text{-}5)$$
$$(-)$$

と表すことにしましょう。

② 資産市場均衡と *LM* 曲線

　さて 4 章の 4 節で解説をした *IS* 曲線について思い出してください。ケインズ経済学の財市場分析において投資が利子率に依存することを考慮すると、財市場の均衡条件のみでは未知数が国民所得と利子率の 2 つになって、一意に解を得ることができませんでした。つまり *IS* 曲線は財市場（ないしは資金市場）の需給が均衡するもとでの国民所得と利子率の組み合わせを表しているにすぎませんでした。そこで国民所得と利子率の水準を一意に決定するためにはもう 1 本方程式が必要になる、すなわち他の市場の均衡を同時に考慮する必要があります。

　本節ではケインズ経済学の貨幣需給均衡（＝資産市場均衡）について考えていきましょう。$M^S = M^d$ より（5-3）式と（5-5）式を用いて、貨幣の需給均衡条件は $M = k(r)PY$、あるいは貨幣の実質残高に対する需給均衡として

$$\frac{M}{P} = k(r)Y \qquad (5\text{-}6)$$

と表されます。ここで M は中央銀行の政策変数で一定です。

　さらに市場メカニズムの働かない短期を分析対象とするケインズ経済学で
は、少なくとも1つの価格変数を一定とおくことで、需要制約下の分析に焦
点をあてます。45度線モデルでは、利子率一定という暗黙の前提のもと独
立投資が仮定されていました。一方3節で定式化する IS-LM モデルでは、
物価を一定と仮定して利子率を内生化します。

　このようにして（5-6）式の M および P を外生変数とおけば、内生変数
は r および Y になります。つまり（5-6）式は、貨幣の需給が均衡するも
とでの利子率と国民所得の組み合わせを表しているわけです。ところで
（5-6）式の右辺は、貨幣という流動性（Liquidity）の高い資産に対する実質
残高需要（$=M^d/P$）を表し、一般には $l(r, Y)$ のような関数で表されます。
このことから貨幣の需給が均衡するときの利子率と国民所得の組み合わせを
表す（5-6）式を、**LM 曲線**と呼んでいます。貨幣の需給が均衡している
LM 曲線上では、ワルラスの法則から債券の需給も均衡しているため、貨
幣の需給均衡はストック市場である資産市場全体の均衡をも表していること
に注意してください。

　図 5-1 の右図のように、縦軸に利子率、横軸に国民所得をとると、LM 曲
線は右上がりになります。なぜなら、所得が増加すると取引需要に基づく貨
幣需要によって貨幣の超過需要が生じますが、利子率が上昇（＝債券価格が下
落）すれば、貨幣から債券への需要シフトが生じて貨幣の超過需要は解消さ
れるからです。

　LM 曲線は、金融政策の政策変数（M）が与えられたもとで描かれている
ことに注意してください。図 5-2 の右図では貨幣供給量の増大が、LM 曲線
を下方（E_{11} から E_{21} への動き）、あるいは同じことですが右方（E_{11} から E_{12} への
動き）にシフトさせることが示されています。これは貨幣供給量の増大が貨
幣の超過供給を意味し、貨幣需要が増大して需給均衡が回復するためには、
利子率が下落するか国民所得が増大しなければならないからです。

　ところで、45 度線分析のように有効需要の原理から財市場均衡によって
Y が決定すると考えた場合、貨幣の需給均衡を表す（5-6）式は、Y、M お

よび P が与えられたもとで利子率 r を決定しています。図 5-1 および図 5-2 の左図はこのようにして描かれており、流動性選好図と呼ばれます。実際に ケインズは一般理論において、貨幣の需給均衡式が資産市場における貨幣と 債券のポートフォリオ（資産選択）を反映して利子率を決定すると考え、こ

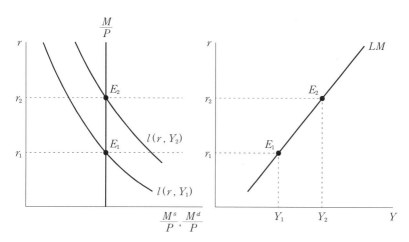

図 5-1　流動性選好図（左）と *LM* 曲線（右）

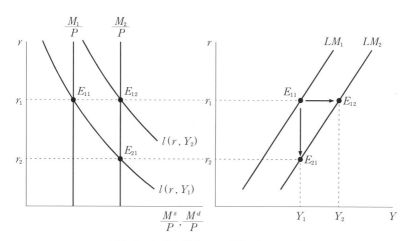

図 5-2　金融政策と *LM* 曲線（$M_1 < M_2$）

の考え方を**流動性選好説**と呼びました。古典派経済学の貸付資金説では資産
フローの需給一致によって利子率が決定しているのに対して、ケインズの流
動性選好説では資産ストックの需給一致によって利子率が決定すると考える
わけです[8]。

　3節で説明するように、IS-LM モデルは、財市場と資産市場の需給均衡
によって国民所得と利子率が同時に決定するという数学的構造を持っていま
す。しかしながら IS-LM モデルは、ケインズが一般理論で展開した独創的
発想をもとにヒックスが構築したモデルであり[9]、有効需要の原理により財
市場から国民所得が決定し、流動性選好説により資産市場均衡から利子率が
決定するという、ケインズの一般理論の思想が反映されている点にも注意が
必要です。読者の皆さんは、図5-1 および図5-2 を自ら描いてみて、流動性
選好図と LM 曲線の関係について確認してください。

③　*IS-LM* 均衡と財政金融政策の効果

財市場と資産市場の同時均衡

　本節では、フロー市場である財市場（ないしは資金市場）とストック市場で
ある資産市場の、需要制約下における同時均衡を定式化した、IS-LM モデ
ルについて解説しましょう。海外との取引を捨象した閉鎖経済モデルにおい
て、国民所得と利子率を決定する2本の方程式は

$$Y = C(Y - T) + I(r) + G \quad \text{：財市場均衡} \tag{5-7}$$

$$\frac{M}{P} = k(r)\,Y \quad \text{：資産市場均衡} \tag{5-8}$$

で表されます。

　財政政策の政策変数である T と G および金融政策の政策変数である M は

---

8)　金融資産市場の制度について詳細は11章を参照してください。
9)　原典は Hicks（1937）を参照してください。

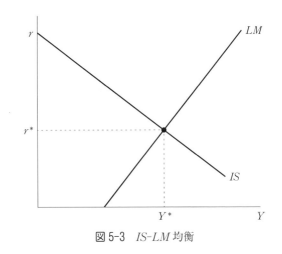

図 5-3　*IS-LM* 均衡

外生変数、さらに *IS-LM* モデルでは価格変数の 1 つである *P* も外生変数と
します。これらの仮定のもとで、*IS* 曲線はフロー市場である財市場（あるい
は資金市場）の均衡をもたらす国民所得と利子率の組み合わせを表し、*LM* 曲
線はストック市場である資産市場の均衡をもたらす国民所得と利子率の組み
合わせを表しています。そして *IS-LM* モデルの均衡は、図 5-3 に示される
ような両曲線の交点において、フロー市場とストック市場を同時に均衡させ
る国民所得と利子率の水準として決定します。

財政政策の需要創出効果

　政策の変化が均衡における国民所得と利子率にどのような影響を与えるの
か、比較静学分析を用いて明らかにしていきましょう。まずは財政政策から
始めます。ここでは政府支出の増大（＝ΔG）について考えましょう。財政政
策を行う前の *IS-LM* 均衡が E_{11} で表されています（減税政策〔$-\Delta T$〕について
も定性的に同じ議論が成立します。読者自ら確認してください）。

　まず 45 度線モデルを考えると、投資は利子率に依存しない独立投資が仮
定されていたので、ΔG は利子率一定のもとで $\Delta G/(1-c_1)$ の国民所得増大

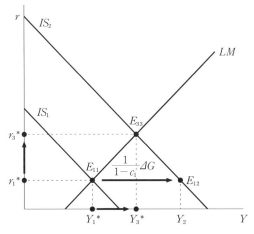

図5-4　財政政策の需要創出効果

をもたらします。これを *IS-LM* モデルで考えると、図5-4において *IS* 曲線が右に $\Delta G/(1-c_1)$ だけシフトした E_{12} が達成されたことになります。

　しかし *IS-LM* 分析では、フロー市場の均衡する E_{12} においてストック市場が均衡していません。これは、国民所得の増大によって貨幣の取引需要が増大し、貨幣が超過需要の状態にあるからです。

　貨幣の超過需要が解消されるためには、利子率が上昇して貨幣から債券への需要シフトが生じる必要があります。そして利子率の上昇は、財市場において投資需要を抑制するという**投資のクラウディング・アウト効果**が働くため、国民所得は、独立投資を仮定した45度線分析のときよりも減少します。新たな *IS-LM* 均衡の E_{33} では、財政政策が行われる前に比べて国民所得と利子率がともに増加しています。

金融政策の需要創出効果

　次に金融政策の需要創出効果について考えましょう。1節で議論した公開市場操作について思い出してください。*IS-LM* モデルにおいて買いオペとは、政府が民間から債券を購入して民間に貨幣を供給する政策をいいます。

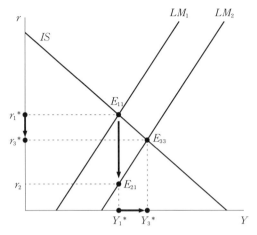

図 5-5　金融政策の需要創出効果

つまり買いオペによって貨幣は超過供給の状態になり、債券は超過需要の状態になるはずです。

　このような債券の超過需要によって債券の価格は上昇し、債券から貨幣への需要シフトが生じます。このようにして貨幣および債券の新たな需給均衡が達成されたもとでは、債券価格の上昇＝利子率の下落が生じているために、*LM* 曲線は下方にシフトしています（図 5-5 における $E_{11} \rightarrow E_{21}$ への動き）。そして利子率の下落が投資需要を刺激するため、今度は国民所得が増大します（図 5-5 における $E_{21} \rightarrow E_{33}$ への動き）。

　このように最も標準的な *IS-LM* モデルのもとでは、金融緩和は利子率を下落させて実物経済に影響を及ぼすのですが、均衡利子率が 0％ に到達してしまうとそれ以上利子率を低下させることができず、金融政策の需要創出効果は無効になってしまいます [10]。この点については、インフレ予想を含むよう *IS-LM* モデルを一般化したのちにもう一度議論したいと思います。

---

10)　また利子率が低下するとしても、投資の利子弾力性が低い場合には、金融政策が国民所得に与える影響は限定されます。

④　古典派経済学と資産市場：概論

　さてインフレ予想について考察する準備として、この節では、古典派経済
学の枠組みを用いた貨幣の需給均衡の概要を紹介して、金融政策が長期のマ
クロ経済にもたらす影響について整理したいと思います。古典派経済学の貨
幣需給均衡に関するより詳細で広範な解説は、8 章を参照してください。

　まずは古典派経済学について前章で学んだことを簡単に復習しておきま
しょう。古典派経済学では、労働量や財の生産量（＝国民所得）などの実物変
数は、生産要素市場均衡と生産関数から決定しています。そして財市場では、
利子率の調整による投資需要の変動を通じて総生産量＝総需要量が成立する
という、セーの法則が成立します。これは貯蓄＝投資という資金市場の均衡
から利子率が決定することに等しく、貸付資金説と呼ばれることを 4 章 3 節
で学びました。

　このように古典派経済学では、資金市場で利子率が決定するため、ケイン
ズ経済学のように貨幣の資産需要を持ち出して資産市場における利子決定を
論ずることはしません。古典派経済学では、貨幣保有の動機として取引動機
がまず重視されます [11]。したがって、取引動機のみに基づきマーシャルの k
が一定である貨幣需要関数（5-4）式と貨幣供給の（5-3）式を用いて、古
典派経済学における貨幣の需給均衡条件は、

$$\frac{M}{P} = kY \tag{5-9}$$

のように表されます。（5-9）式の右辺は、マーシャルの k が一定かつ生産

---

11)　利子率と国民所得の双方に依存する貨幣需要関数は、古典派経済学の考え方と矛盾
　するわけではありません。ただしその場合でも、古典派経済学では資金市場で利子率が
　決定し、生産要素市場均衡から生産関数を通じて総生産量（＝国民所得）も決定してい
　ますから、実質貨幣残高に対する需要（$\equiv k(r)Y$）は一定であるという扱いをします。
　古典派経済学でインフレ期待を考慮する場合の貨幣需給均衡については、脚注 17 を参
　照してください。

関数を通じて Y も一定なので、定数になっています。また M についても中央銀行の政策変数で一定です。したがって古典派経済学では、(5-9) 式の貨幣の需給均衡条件から物価が決定すると考えます。

　重要なのでもう少し補足しておきます。(5-9) 式を

$$MV = PY \tag{5-10}$$

と変形しましょう。ここで V は、**貨幣の所得〔流通〕速度**と呼ばれるもので k の逆数に等しく一定です。この式から貨幣供給量の変動は貨幣の所得〔流通〕速度一定のもとで名目国民所得の変動を規定する、という考え方を**貨幣数量説**といいます。さらに古典派経済学において財の総生産量（＝実質国民所得）は生産関数によって規定されているので、貨幣数量説とあわせて貨幣の需給均衡が物価を決定すると考えるわけです。

　以上の説明から明らかなように、古典派経済学では、中央銀行が貨幣供給量を増加させると (5-9) 式の貨幣需給均衡条件から物価が上昇することがわかります。これは**貨幣の中立性**とも呼ばれ、古典派経済学において名目変数の影響は実質変数にまったく影響を及ぼさないという、名目変数と実質変数の二分法が成立することを意味します[12]。ケインズ経済学において金融緩和政策が実質国民所得を増大させると考えていたのとは、対照的な結果であることに注意してください。

⑤　日本のデフレ不況と *IS-LM* モデル

　この節では、1990 年代以降の日本の不況要因が、財の総需要に起因するのかそれとも財の総供給に起因するのかについて考えたいと思います。1990

---

[12]　4 章の脚注 9 では、古典派経済学の労働市場均衡において実質賃金 (W/P) が決まると述べました。またこの節では、貨幣の需給均衡において古典派経済学では物価 (P) が決まると述べました。これら 2 つの結果から、古典派経済学では名目賃金 (W) が導かれます。したがって労働市場も考慮した場合、古典派経済学の貨幣の中立性命題は、「貨幣供給量の増大は物価および名目賃金を上昇させる」と要約できます。

年代半ば以降を中心に日本経済で生じた不況の特徴は、デフレを伴っていた
ということです。**デフレ不況**とは、物価の下落と国民所得の減少が同時に起
こる現象を指していますが、これは、経済全体で財やサービスに対する需要
が不足している兆候を表すにほかなりません[13]。またこの時期の所得減少
は利子率の急激な下落を伴っています。需要制約下の財市場と資産市場の同
時均衡を扱う *IS-LM* 分析を用いると、これは *IS* 曲線の左方向へのシフト
で説明されます。このようなシフトは、需要不足が不況をもたらしたとする
デフレ不況とも整合的です。

　デフレ不況を特徴づけるその他の重要なマクロ変数として、バブル経済崩
壊後の急激な貨幣供給量の減少が挙げられます[14]。*IS-LM* モデルを用いる
と、貨幣供給量の減少は *LM* 曲線が上方へシフトしたとの解釈が可能です。
しかしこれだけでは国民所得の減少が利子率の上昇を伴っていなければなら
ず、事実と矛盾します。では、貨幣供給量の減少はどのような経路を通じて
国民所得を下落させたと考えるのが適切なのでしょうか。

　実はこれまでに説明してきた *IS-LM* モデルでは物価は一定であり、さら
に将来の予想物価上昇率についてもゼロであるという暗黙の仮定がおかれて
いました。しかし現実には貨幣供給量の急激な減少は、人々に将来の**デフレ
期待**を形成させる可能性があります。古典派経済学の貨幣数量説からも明ら
かなように、貨幣供給量の減少は長期的には物価の下落につながると考えら
れるからです。本節では、このような期待物価上昇率の低下が国民所得に与

---

13)　読者の皆さんは、縦軸に物価、横軸に財の需要量と供給量をとって、右上がりの供
　　給曲線と右下がりの需要曲線を描き、デフレ不況が財の需要不足と整合的であることを
　　確認してください。ところで、このように物価の下落を伴うケインズモデルは総需要―
　　総供給モデルと呼ばれ、そこでは物価の変動を認める代わりに名目賃金の下方硬直性を
　　仮定して、労働市場の需要制約が想定されます。そして政策変数および名目賃金を一定
　　として、財市場均衡、資産市場均衡、労働需要関数および生産関数の4本の方程式から
　　国民所得、利子率、物価および労働雇用量が決定する体系になっています。実質賃金に
　　ついては、外生的に与えられた名目賃金と内生的に決定された物価水準によって導かれ
　　ます。総需要―総供給モデルについての詳細は、6章を参照してください。
14)　バブル経済の崩壊とともになぜ貨幣供給量が減少したのかについては、10章の信用
　　〔創造〕乗数の理論を参照してください。

える影響を分析できるよう、*IS-LM* モデルの枠組みを一般化します。

名目利子率と実質利子率

　IS-LM モデルで期待物価上昇率を明示的に考慮する際には、実質利子率と名目利子率の区別が重要になってきます。そこでこの項では、まず名目利子率と実質利子率について説明するところから始めたいと思います。

　まず**名目利子率**とは、私たちが日々新聞などで目にする利子率であり、今期もう1円を保有しようとすれば、その見返りとして将来何円支払う必要があるのかを表しています。t 期の名目利子率を i_t とすれば、今年資金を1円借りるということは、来年に $1+i_t$ 円返済しなければならないことを意味します。流動性選好説を説明した際に、貨幣需要は利子率に依存すると説明しましたが、この利子率とは厳密には名目利子率を表しています。

　この点について確認するために、貨幣と債券のポートフォリオ（資産選択）についてもう一度考えてみましょう。貨幣はそれ自体では利子を生まない一方で、債券を購入すれば、来期には名目利子率の分だけ貨幣で測った価値が増大します。つまり貨幣を1単位保有することの機会費用は名目利子率によって表され、このことから貨幣需要が名目利子率に依存することがわかります。ケインズ経済学では、流動性選好説から貨幣の需給が均衡するように名目利子率が決定する、と考えているわけです。

　一方、企業が投資をする際に考慮する利子率は、名目利子率ではなく実質利子率です。たとえば、企業が今期1単位投資を増大させるために P_t 円の借り入れを行ったとします。このとき来期の返済額は $(1+i)P_t$ 円になりますが、この返済をするために来期何単位の投資財を売却しなければならないかを表しているのが実質利子率です。つまり、**実質利子率**とは財単位で測った利子率のことであり、今期1単位分の投資財を借り入れる場合には、来期に投資財で測って何単位分を返済しなければならないのかを表していることになります[15]。

　そして来期投資財で測った返済額は、来期投資財の t 期時点における予想

価格を P^e_{t+1} とすると、$(1+i_t)P_t/P^e_{t+1}$ です。つまり t 期の実質利子率 r_t は

$$1+r_t \equiv (1+i_t)\frac{P_t}{P^e_{t+1}} \tag{5-11}$$

と定義できます。脚注16から（5-11）式は近似的に

$$r_t \equiv i_t - \pi^e_t \tag{5-12}$$

に等しくなります[16]。このように、実質利子率は、名目利子率と期待物価上昇率の差をとることで、近似的に求められることがわかります。

　以下では、投資需要が名目利子率ではなく実質利子率に依存することを、いくつかの状況を想定して考えてみましょう。たとえば、名目利子率と期待物価上昇率が同じ率だけ上昇して実質利子率が一定にとどまるケースでは、投資需要は変化しないと考えられます。なぜなら1単位の追加投資のために必要な来期の返済額（＝名目利子率）は、その追加的な投資財を来期に売却することで得られる予想収益と完全に相殺されるからです。また名目利子率は変わらず期待物価上昇率だけが上昇するために実質利子率が低下しているケースでは、投資需要は増大すると考えられます。なぜなら、追加的投資のために必要な来期の返済額（＝名目利子率）は変化しない一方で、その追加的な投資財を来期に売却することで得られる予想収益は上昇するからです。

---

15)　ここでは、財は投資財にも消費財にも使えると仮定しているので、投資財は消費財と読み換えることも可能です。

16)　t 期の期待物価上昇率 $\pi^e_t \equiv (P^e_{t+1}-P_t)/P_t$ を用いて（5-11）式を変形すると

$$1+r_t \equiv \frac{1+i_t}{1+\pi^e_t}$$

になります。この式から実質利子率 r_t は

$$r_t \equiv \frac{i_t - \pi^e_t}{1+\pi^e_t}$$

と表されますが、π^e_t が十分に小さいとき分母は1に近づくため、上式は近似的に

$$r_t \equiv i_t - \pi^e_t$$

に等しくなります。

デフレ期待と *IS-LM* モデル

　前項では、投資需要は実質利子率に依存し、貨幣需要は名目利子率に依存することを学びました。以下ではこれらを *IS-LM* モデルに取り入れて、デフレ予想が国民所得に与える影響を分析しましょう。

　モデル化の出発点として、ケインズ経済学の利子決定論を思い出してください。ケインズ経済学では、流動性選好説から貨幣と債券のポートフォリオによって利子率が決定すると考えました。そして資産市場均衡で決定する利子率は名目利子率です。つまりケインズ経済学では、資産市場均衡によってまず名目利子率が決定し、投資決定の基準となる実質利子率については、(5-12) 式の $r = i - \pi^e$ から名目利子率と期待物価上昇率の差として計算される、と考えるのが妥当です[17]。

　この点に注意して投資関数に (5-12) 式を代入すると、期待物価上昇率も含めて一般化された *IS-LM* モデルは、以下のように表されます。

$$Y = C(Y - T) + I(i - \pi^e) + G : \text{財市場均衡} \tag{5-13}$$

$$\frac{M}{P} = l(i, Y) : \text{資産市場均衡} \tag{5-14}$$

---

17)　一方、古典派経済学では財市場均衡においてまず実質利子率が決定します。そして名目利子率は、(5-12) 式を

$$i = r + \pi^e$$

に変形した**フィッシャー方程式**を用いて、財市場均衡で決定した実質利子率と外生的に与えられた予想インフレ率の和として求められます。したがって、古典派経済学においてデフレ予想は、実質利子率 r を与えられたもとで名目利子率 i を低下させる、と考えます（これに関連して、インフレ率と名目利子率の正の相関は**フィッシャー効果**と呼ばれます）。

　また名目利子率を含めた場合の古典派経済学の貨幣需要関数は、フィッシャー方程式を用いて

$$\frac{M}{P} = k(r + \pi^e) Y$$

と書けます。この式からデフレ予想による名目利子率 i の低下は、政策変数の M および生産関数から Y を一定として、物価 P の下落をもたらすことがわかります。つまり古典派経済学では、貨幣供給量の実際の減少だけでなく、将来に貨幣供給量が減少することに伴うデフレ予想の形成によってさえも、今期の物価が下落すると考えていることになります。

　このモデルの外生変数は T、G、M、P、π^e であり、2本の方程式から未知数 Y、i が内生的に決定します。また名目利子率が決まれば、(5-12) 式から名目利子率と期待物価上昇率の差として実質利子率も求まります。

　それでは実際に比較静学を行ってみましょう。私たちの関心は、民間のデフレ予想が国民所得にどのような影響をもたらすのかという点です。そしてこの比較静学のポイントは、期待物価上昇率が実質利子率を通じて投資関数に入ってくることです。つまり、デフレ予想は投資コストである実質利子率を上昇させて投資需要を減少させるのです。したがって、IS 曲線は左方あるいは下方にシフトして国民所得が下落するであろう、との予想がつきます。

　実際に IS 曲線と LM 曲線を描いてデフレ予想が国民所得や利子率に与える影響を分析しましょう。分析を簡単にするため、まずは期待物価上昇率が0のケースから始めます。このときの均衡が IS_1 と LM の交点 E_{11} として図 5-6 に描かれており、均衡国民所得水準 Y_1 のもとで、名目利子率＝実質利子率（$i_1 = r_1$）が成立しています。

　次に、人々がデフレを予想して π^e が負になったと仮定しましょう。このとき IS 曲線は、どちらの方向にどれだけシフトするでしょうか。このモデ

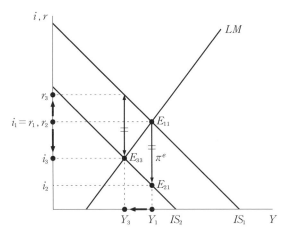

図 5-6　デフレ予想と IS-LM 分析

ルにおける *IS* 曲線は、政策変数である *G* と *T* および期待物価上昇率の π^e が与えられたもとで、財市場が均衡するときの国民所得と名目利子率の組み合わせを表しています。ここで π^e の下落に対して、国民所得を不変として名目利子率の調整のみによって財市場の均衡を回復させようとするならば、実質利子率を一定に保って投資需要が不変になる、すなわち名目利子率が π^e と同じだけ下落しなければならないことがわかります。このようにして、*IS* 曲線は π^e の分だけ下にシフトして、$r_2 > i_2$ になることがわかります。

しかし名目利子率が下落すると、今度は貨幣の超過需要が生じます。そしてこの貨幣の超過需要は、名目利子率が再び上昇することに伴う実質利子率の上昇が総需要（＝国民所得）を減少させることによって、財市場の均衡を保ちつつ解消されていきます。このようにして新たな均衡 (i_3, Y_3) は、IS_2 と *LM* の交点 E_{33} で達成されます。(5-12) 式から、名目利子率の水準が i_3 のとき、実質利子率の水準も r_3 に決定しています。つまり、デフレ予想が生じる前と比較すると、国民所得と名目利子率は低下し（$i_1 > i_3, Y_1 > Y_3$）、実質利子率は上昇する（$r_1 < r_3$）という結果が得られます。

このようにデフレ予想が国民所得を下落させるのは、*IS* 曲線が下方（左方）にシフトするからです。そもそも私たちはバブル経済崩壊後の急激な貨幣供給量の減少に関心を持っていましたが、それがデフレ予想につながる場合には、実質利子率上昇による投資需要の低下によって国民所得が減少する、つまり *IS* 曲線が左にシフトするという新たな経路が浮上してくるわけです。貨幣供給量の変動が *LM* 曲線をシフトさせる、通常の金融政策の議論とは異なることに注意してください。このようなデフレ予想を通じた経路を重視して、中央銀行が貨幣供給量の減少に早期から責任を持って対処していれば、*IS* 曲線がこれほど左にシフトすることはなかったであろう、との論争も存在しています。

以上、物価や利子率の下落、貨幣供給量の急激な減少など、バブル経済崩壊後の不況に生じたさまざまな主要マクロ変数の動きについて考えてきました。これらのマクロ変数の動きは *IS* 曲線の左へのシフトと理論的に整合的

であり、このことからデフレ不況の主要因が需要不足にあることを理解していただけると思います。

流動性の罠と金融政策

　さて最後になりましたが、金融政策の需要喚起効果についてもう一度考えてみましょう。3節では、LM曲線を下方にシフトさせる通常の金融政策が、名目利子率の低下を通じて実物経済に波及することを学びました。しかしながら、バブル経済崩壊後の日本経済は名目利子率が急激に低下したため、さらなる名目利子率の低下によって景気を刺激する余地はなかったといっても過言ではないでしょう。図5-7を用いると、総需要の急激な減少によってIS曲線が大きく左にシフトし（IS_0からIS_1への動き）、均衡点はE_0からE_1に移動したと考えられます。E_1ではLM曲線が水平の状態になっていることに注意してください。

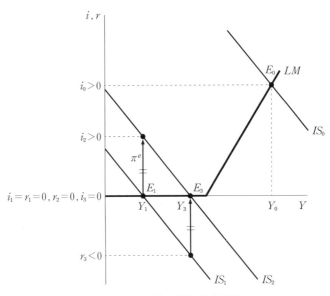

図5-7　流動性の罠と金融政策

　貨幣の需給均衡状態から国民所得が減少して、取引のために保有しておきたい以上の貨幣供給が存在すると、通常は名目利子率が下がって均衡が回復します。しかしながら、名目利子率が十分に低くなり、したがってもうこれ以上名目利子率は下落しないと確信するようになると、人々は債券とさほど収益率の変わらない資産として供給過剰になっている貨幣を保有してもよいと考えるようになり、名目利子率が下がることなく貨幣の需給が再び均衡して、LM 曲線が水平の状態になるのです。

　より専門的な表現を用いると、貨幣需要の利子弾力性が（マイナス）無限大になる**流動性の罠**に陥ってしまうのです。図 5-7 から、流動性の罠に陥ってしまうと金融政策によって LM 曲線が右にシフトしても、国民所得が増加しないことは明らかです。つまり、流動性の罠に陥ると、通常の金融政策は無効になってしまうわけです。このような理由から、バブル経済の崩壊当初、日本銀行は金融政策が基本的に無効であるとの立場をとってきました。

　しかしながら、金融政策が民間のインフレ予想に影響を与えることができるならば、図 5-7 の E_1 から E_3 への動きで示されるように、国民所得は増大します。たとえば期待インフレ率を 0% から π^e%（>0）に引き上げることができるなら、名目利子率が 0% でも実質利子率は 0% から $-\pi^e$%（<0）に下落して投資需要が刺激されます。したがって IS 曲線が図 5-7 の IS_1 から IS_2 のように右へシフトしますから、流動性の罠に陥って LM 曲線が水平になっていても、国民所得は Y_1 から Y_3 へと増加するのです。

　クルーグマン教授の提案する**インフレターゲット政策**では、「中央銀行は民間の期待インフレ率を引き上げるようアナウンスせよ」との提言を行っています[18]。この政策提言は、中央銀行のアナウンスだけで民間の期待インフレ率を引き上げられるのかと懸念する声もあるものの、実際に継続的な貨幣拡張政策が実施され続ければ、そうでない場合よりも、民間のインフレ期

18）　デフレ不況下のインフレターゲット政策について関心のある読者は 13 章を参照してください。

待を高める方向に働くと考えられます。

　このように、財政政策も金融政策も、それらが IS 曲線を右にシフトさせて需要を喚起する効果が期待されているという点は、日本のデフレ不況脱却を考える上で重要なポイントです。現在の日本政府が抱える巨額の累積赤字を考えると、財政政策のさらなる規模拡大には慎重にならざるを得ませんが、金融政策もフル動員することでデフレ不況からの脱却となるのか、世界が日本のマクロ経済のゆくえに注目しています。

コラム：長期停滞論

　長期停滞（Secular Stagnation）とは、大恐慌後の 1938 年、ハーバード大学のハンセン教授がアメリカ経済学会の会長講演で用いた言葉です。この言葉を現在（2013 年）に復活させたのは、同じくハーバード大学のサマーズ教授です。彼らの基本的な主張のひとつに、労働力人口が減少するもとでは、投資需要も減少しやすく、慢性的な需要不足による長期停滞の状態に陥りやすい、というものがあります。この長期停滞論と真剣に向き合わなくてはならないのは、少子高齢化の中、長い間ゼロ金利を維持し続けてなお、デフレ不況からの脱却に苦しんでいる日本であることは言うまでもないでしょう。サマーズ教授は、長期停滞の状況における金融政策の効果には限界があるとして、積極的な財政政策の有効性を主張しています。

6

総需要―総供給分析

　これまではケインズ経済学の視点に基づいて、需要サイドの分析を中心に
行ってきました。この章では *IS-LM* 分析から総需要曲線を導出し、さらに
労働市場を含む供給サイドの分析から総供給曲線を導出して、雇用や所得、
物価水準がどのようにして決まるのかを見ていきます。その中で、これまで
簡単に触れてきた新古典派経済学の視点の特徴を、総供給曲線の形状の違い
によってケインズ経済学の視点と比較する、という方法でより詳細に見てい
きましょう。

[1]　総需要曲線と総供給曲線

　1章のイントロダクションで述べたように、経済学における分析の中心は、
需要と供給を分析することです。ミクロ経済学では価格と需要量や供給量の
関係を、需要曲線と供給曲線として表して分析します。マクロ経済学でも同
じように分析しますが、経済全体の需要と供給を扱うので、**総需要曲線**
（*AD*：Aggregate Demand Curve）と**総供給曲線**（*AS*：Aggregate Supply Curve）と
呼びます。

　総需要曲線 *AD* は個々の需要曲線を集計したもので、それぞれの物価水準
に対して、人々が買いたいと考える財・サービスの合計である総需要の水準

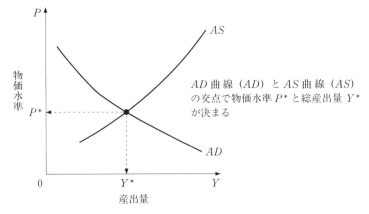

図 6-1　総需要曲線と総供給曲線（一般的）

を示します。経済全体の総需要は、個々の財・サービスの価格ではなく、それらを集計した物価水準に反応すると考えられるので、物価水準としてはGDP デフレーターを考えてください。

　総供給曲線 AS は個々の企業の供給曲線を集計して 1 本の供給曲線にしたもので、物価水準と総産出量（総供給量）の関係を示します。通常は個々の供給曲線と同じように右上がりの曲線と考えられますが、後で見るようにケインズ経済学と新古典派経済学、あるいは想定する期間によって形が異なってきます。

　総需要と総供給が等しくなることによって、経済全体の総産出量と物価水準が決まると考えられますが、グラフで表すと図 6-1 のように総需要曲線と総供給曲線が交わる点で GDP と物価水準が決まるというようにとらえることができます。なお、ここでは議論を簡単化するために、閉鎖経済を考えます。

総需要曲線

　ここで 5 章の IS-LM 分析から総需要曲線を導出してみましょう。IS-LM 分析では物価水準 P は一定でしたが、何らかの理由で P が変化したとしま

しょう。そうすると実質貨幣供給量 M/P が変化しますので、LM 曲線がシフトし、利子率が変化して、総需要が変化します。たとえば、物価水準が下落したとすると（$P\downarrow$）、実質貨幣供給量は増加し（$(M/P)\uparrow$）、貨幣市場は超過供給、債券市場は超過需要になって、利子率は下落（$r\downarrow$）します。そうすると、投資が増加（$I\uparrow$）するので、総需要は増えます（$Y^d\uparrow$）。したがって、物価水準が下落すれば、総需要は増えるので、総需要曲線は右下がりになることがわかります。

このように総需要曲線は、ミクロ経済学で考える需要曲線と同じように右下がりの曲線になりますが、GDE の各需要項目の分析を行った IS-LM 分析から導かれます。そして 5 章の議論からわかるように、物価水準以外にも総需要に影響する要因があるので、それらの要因が変化すると総需要曲線全体がシフトすることになります。物価水準の変化による総需要の変化（曲線上の動きで表されます）と、それ以外の要因が変化したことによる総需要曲線全体のシフトの違いに注意してください。

② 労働市場と自然産出量

総供給曲線については論争のあるところです。くわしく見るために、雇用量が決まる労働市場について見ていきましょう。雇用量が供給量を決める大きな要素だからです。

労働の需要

労働需要曲線 N^d は**実質賃金**の減少関数と考えられます。**名目賃金** W を**物価水準** P で割ったものが実質賃金 W/P で、人々の購買力を示しています[1]。2 章の名目 GDP と実質 GDP の関係のところで示したように、名目値

---

1) この章では説明の便宜上、物価水準として GDP デフレーターを想定していますが、実際に労働者が直面している物価水準としては消費者物価指数（CPI）のほうが適当です。

を実質値で割ると、物価水準を表すGDPデフレーターが求められました（100を掛けるのは簡略化のために省いておきます）。この関係から、名目値を物価水準で割ると実質値が求められるということがわかります。

　企業は、実質賃金が低いほど労働者を多く雇おうとすると考えられます。企業は利潤最大化行動を行い、最適条件として限界収入＝限界費用となるように雇用量を決めます。企業にとっての限界費用が実質賃金です。実質賃金が低いほど労働者を多く雇おうとするので、労働需要曲線は実質賃金の減少関数になり、次の式で表されます。

$$N^d = N^d(W/P) \quad\quad (6\text{-}1)$$
$$(-)$$

　労働需要曲線上では常に、限界収入＝限界費用という企業の利潤最大化条件が満たされており、ケインズはこのような労働需要を**古典派の第1公準**と呼びました[2]。

労働の供給

　労働供給曲線 N^s は実質賃金の増加関数と考えられます。家計は働けば収入が得られますが、その同じ時間で余暇を満喫することはできません。家計は労働と余暇の選択を迫られる中で、効用最大化行動を行う結果、実質賃金が高いほど多く働こうとします。家計にとっての効用最大化は、最適条件として限界収入＝労働の限界不効用となるように労働時間を決めることです。家計にとっての限界収入が実質賃金です。実質賃金が高いほど多く働こうとするので、労働供給曲線は実質賃金の増加関数になり、次の式で表されます。

$$N^s = N^s(W/P) \quad\quad (6\text{-}2)$$
$$(+)$$

　労働供給曲線上では常に、限界収入＝労働の限界不効用という家計の効用

[2]　ケインズは自分以前の経済学を「古典派」と呼んだので、「古典派の第1公準」といいます。一般には新古典派経済学と呼ばれていますが、その違いについては8章を参照してください。

最大化条件が満たされており、ケインズはこのような労働供給を**古典派の第
2公準**と呼びました。

労働市場の均衡

　労働市場が均衡しているのは、図6-2で示されるように、労働の需要と供
給が等しくなっている状態です（点1）。このときの雇用量は**自然雇用水準**
（natural level of employment）N_n と呼ばれます[3]。自然雇用水準とは、現行の
実質賃金で働きたいと思う人が全員雇用された状態を意味しています。家計
は最適化行動の結果、労働市場を均衡させている現行の賃金のもとで働きた
いと思っている人が働けています。また、現行の賃金では働きたくない自発
的失業者や産業構造の転換に伴って転職先を探している人（**摩擦的失業者**とい
います）なども存在しています。労働市場が均衡している状態での失業率は
自然失業率（natural rate of unemployment）u_n と呼ばれています。経済にとっ

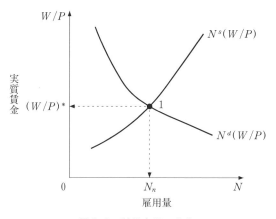

図6-2　労働市場の均衡

---

3)　このような自然雇用水準を完全雇用と呼ぶこともあります。この場合、注意しなけれ
　　ばいけないのは、「完全」雇用という言葉が使われていますが、失業者が存在するとい
　　うことです。完全雇用とは「非」自発的失業者が1人もいない状態のことで、失業率が
　　0％のことではありません。

て産業構造の転換は避けて通れません。それに伴って、雇用にも流動性が求められ、離職者がいる一方で就職者もいます。そのバランスが自然失業率と考えられます。

生産関数と産出量の決定

　経済全体の産出量は、そのときの技術水準の下で、資本ストック K と労働 L という生産要素を使って生産されることによって実現されます。経済学ではそのような技術的な関係を**生産関数**として表します。資本ストックが増えると産出量も増えますし、労働が増えると産出量も増えますので、産出量 Y は資本ストックと労働の増加関数になります。

　しかし、ここで今考えているのは、資本ストックの量が変化するような期間（超長期）ではないので、資本ストック K は一定と考えます（資本ストックの量が変化する場合は 14 章の経済成長を扱う章で採りあげます）。そうすると、生産関数は次のように、雇用量 N だけの増加関数になり、図 6-3 のように表されます。

$$Y = \zeta(N) \tag{6-3}$$
$$(\,+\,)$$

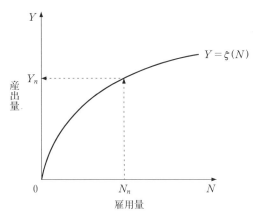

図 6-3　生　産　関　数

ζ（ゼータ、fのギリシア文字）は生産関数を表す記号で、(6-3) 式は、雇用量が決まれば産出量が決まることを意味しています。

労働市場で労働の需給が一致するように雇用量が自然雇用水準 N_n に決まると、それを生産関数に代入すれば、自然雇用水準の下での産出量 Y_n が次のように求められます。

$$Y_n = \zeta(N_n) \tag{6-4}$$

この Y_n は**自然産出量**（natural level of output）と呼ばれます。

③ ケインズ経済学と新古典派経済学の総供給曲線

数量調整と価格調整、「短期」と「長期」

市場で需給が不一致なとき、需給の調整方法としては、ミクロ経済学で想定されているような、価格が変化して調整されるという**価格調整**（price adjustment）があります。しかし、もう1つ、価格を固定しておいて、数量を変化させて調整するという**数量調整**（quantity adjustment）という方法もあります。実際はどうでしょうか。図6-4は、製造工業を採りあげて、価格の変化と数量の変化を見たものです。

価格として**消費者物価指数**（CPI：Consumer Price Index）の中から工業製品の価格指数を取り出して縦軸に、数量として**鉱工業生産指数**（IIP：Index of Industrial Production）の中から製造工業の生産指数を取り出して横軸にした散布図を描き、それぞれの点を結んであります。期間が1978年から2017年までの月次データです。図6-4を見ると、1ヶ月ごとの動きとしては横方向の動きが中心になっていることがわかります。すなわち、「短期」では数量調整が主流ということです。しかし、長い期間で見ると、縦方向の動き、すなわち「長期」になると価格の変化が起こっていることもわかります。

ケインズ経済学の総供給曲線と産出量の決定

「短期」の経済分析を重要視するケインズ経済学の考え方は、硬直的な価

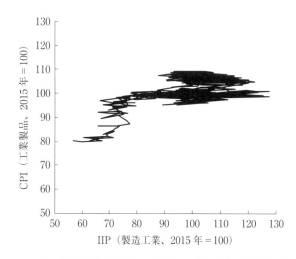

―― IIP（鉱工業生産指数、製造工業、横軸）と CPI（消費
者物価指数、工業製品、縦軸）（1978.01 ～ 2017.12）

図 6-4　価格の変化と数量の変化

出所）経済産業省『鉱工業指数 統計表一覧』（https://www.meti.go.jp/statistics/tyo/iip/
b2015_result-2.html）、総務省『消費者物価指数（CPI）結果』（https://www.stat.
go.jp/data/cpi/1.html）より作成。

格を想定しており、物価水準も硬直的になります。その理由として考えられ
るのは、短期では価格調整のコストが大きいということです。発達した経済
では工業製品やサービスが取引の中心であり、そのようなものは短期的に価
格が変化して需給を調整するには、価格交渉のコストや価格メニューを書き
換えるなどのコストがあると考えられるからです。そのような状況では、固
定された価格のもとで産出量が変化するという数量調整が中心になります。
したがって、総供給曲線は図 6-5 のように水平な直線になります。遊休して
いる資本ストックや非自発的失業者が存在していて、固定された価格のもと
で需要に応じて柔軟に生産できる状態を想定しているからです。そして、4
章などで見たように、総需要の大きさによって GDP が決まります（有効需要
の原理）。総需要―総供給分析では、硬直的な物価水準のもとで水平になる総

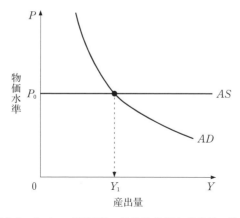

図 6-5　ケインズ経済学の総供給曲線と産出量の決定

供給曲線と右下がりの総需要曲線との交点で均衡 GDP が決まるという形で表すことができます。そして、均衡 GDP が自然産出量を下回っていても、総需要と総供給が等しいのでそこから動く誘因はなく、自然産出量は実現しないことになります。

　しかし、もし何らかの要因（たとえば拡張的な財政政策や金融政策）で総需要曲線が右にシフトしたとすると、物価水準は変わらずに、GDP が増加します。

新古典派経済学の総供給曲線と物価の決定

　賃金を含む価格が伸縮的で、需給の不一致を調整すると想定している新古典派経済学の総供給曲線はどのようになるでしょうか。何らかの理由で物価水準が変化したとしましょう。労働市場では名目賃金が変わらなければ実質賃金が変化します。しかし、実質賃金が変化すると労働の需給に不一致が起こり、それは名目賃金の変化をもたらします。結局、名目賃金も物価水準と同じ率だけ変化して労働の需給が調整され、実質賃金は物価水準の変化前を変わらないということになります。したがって、労働市場は常に自然雇用水準状態で均衡しており、労働者は効用を最大化する労働を供給していることになります。つまり、物価水準が変化しても自然雇用水準 N_n および自然産

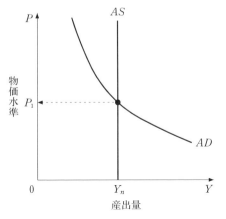

図6-6　新古典派経済学の総供給曲線と物価の決定

出量 Y_n は変化しないことになります。このことを総供給曲線として表せば、物価水準が変化しても産出量が変わらないので、総供給曲線は、図6-6のように自然産出量水準で垂直な直線になります。

　価格調整によって需給が調整される「長期」においては、GDPの水準は総供給の大きさで決まり、総需要の大きさによって物価水準が決まります。総需要―総供給分析では、伸縮的な物価水準のもとで垂直になる総供給曲線と右下がりの総需要曲線との交点で物価水準が決まるという形で表すことができます[4]。

　また、もし何らかの要因で総需要曲線が右にシフトしたとしても、自然産出量は変わらず、物価水準だけが上昇するという結果になります[5]。

---

4)　ここでは資本ストックの変化は考えていませんが、現実には、純投資が行われると資本ストックが増え、生産能力が高まります。これは同じ雇用量でも産出量が増えることを意味し、生産関数が上方にシフトすることと考えられます。したがって、同じ自然雇用水準量でも産出量が増えることになり、垂直な AS 曲線は右へシフトしていくことになります。

5)　垂直な AS 曲線が右へシフトしている状況では、総需要曲線の右へのシフトがあったとしても、AS 曲線のシフトに依存して物価水準 P の上昇率が低くなり、場合によれば変わらない、あるいは下落することも考えられます。

　そしてたとえば、総供給が総需要を上回っている超過供給の状態にあった
としても、価格が十分伸縮的で物価水準が下落すると、総需要が増加して、
結局は自然産出量が実現することになります。これは、「供給はそれ自身の
需要をつくりだす」という「**セーの法則**」（Say's law of market）として知られ
ています。しかしケインズは、上で見たように、物価水準は短期的には硬直
的で変化せず、超過供給のときに物価水準が下落するには時間がかかり、そ
の間も需要不足による「非」自発的失業が続くと、「長期には皆死んでしま
う」として反論しました。

　このように、ケインズ経済学と新古典派経済学の視点の違いは、賃金を含
む価格の需給調整能力に対する見方の違い、あるいは分析対象としている期
間の違いと考えることができ、それは総供給曲線の形の違いとして表すこと
ができます。

④　短期均衡と労働市場

過少生産と過少雇用均衡

　では、賃金や物価が硬直的とするケインズ経済学の考え方では、労働市場
はどのようになるでしょうか。たとえば、均衡 GDP が自然産出量を下回っ
ているとしましょう。産出量が少ないので、生産関数を考えると企業による
労働需要も少なくなります。この状況は図 6-7 のように示されます。労働市
場の状況は図 6-8 で示されるように、労働需要が少なくなっても、賃金や物
価が硬直的なので、実質賃金も硬直的になります。需給が一致していないと
きには、少ない方で雇用量が決まると考えるのが自然です（**ショートサイドの
原則**といいます）。したがって、この場合、実質賃金が高いまま、少ない労働
需要の水準に雇用量が決まってしまいます（点2)。「古典派の第 2 公準」は
成り立っていません。労働市場の需給は実質賃金によっては調整されず、自
然雇用水準は達成されません。したがって、「非」自発的失業が発生してい
る**過少雇用均衡**になります。

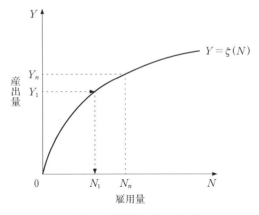

図6-7　生産関数（過少生産）

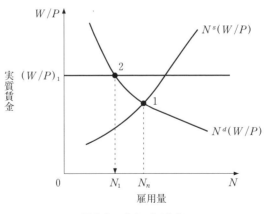

図6-8　過少雇用均衡

⑤　現実的な短期の総供給曲線

右上がりの短期総供給曲線

　ケインズ経済学の考え方では総供給曲線は水平でしたが、短期でもまった
く実質賃金が硬直的で変化しないとするのは、極端な考え方です。非自発的

失業者が存在しているような、産出量が少なくて労働市場で超過供給という不均衡がある場合は、名目賃金率がゆっくりであっても下落すると考えられます。その結果、物価水準もゆっくり下落すると考えられます。産出量が少ないときに物価水準が下落するということは、短期の総供給曲線が右上がりになるということです。

　もう少し、右上がりになる理由をくわしく見ていきましょう。まず、ミクロ経済学では、資本ストックが所与のもとで個々の企業が利潤最大化を行った結果として、右上がりの限界費用（実質賃金になります）曲線に等しいという形で右上がりの供給曲線が導かれます。総供給曲線は、個々の供給曲線を合計したものと考えると、右上がりになると考えられます。マクロ経済で名目賃金が変わらずに物価水準が上昇したとすると、企業が生産するときの限界費用である実質賃金が低下するので、企業は労働需要を増やして産出量を増やそうとしますから、総供給曲線も右上がりになると考えられます。

硬直的賃金モデルと硬直的価格モデル

　そのほかにも、長期との関係を考慮したさまざまなモデルがあります。たとえば、賃金と価格の調整にズレがある可能性があります。名目賃金は、雇用契約の中である程度の期間は一定として契約されます（春闘による賃上げ交渉や年1回のボーナス交渉など）。これは、労働者が賃金の頻繁な変動を嫌うからとも考えられます（また、従業員の給与は、会計上では固定費とされています）。この場合、物価水準が上昇したとしても、コストである名目賃金が上昇しないので企業の利潤が増加し、産出量を増やそうとするでしょう。次の賃金交渉までは、物価水準の上昇と産出量の増加が観察されるので、短期的には総供給曲線が右上がりになります。このように想定するモデルを**硬直的賃金モデル**といいます。

　企業間で価格設定の期間にズレがあるときも同じようなことが起こります。価格を変更するコスト（価格交渉やメニュー書換のコストなど）が存在し、価格を頻繁に変えないほうが企業としてはコストが小さくて最適な場合がありま

す。サービス価格や一定期間内での供給契約などがこれに当たります。その
ような産業があった場合、全体としての物価水準の動きはゆるやかになると
考えられます。このように想定するモデルを**硬直的価格モデル**といいます。
自然雇用水準が達成されない原因が、労働市場にあるのか財市場にあるのか
でモデルが違いますが、いずれも短期の総供給曲線は右上がりになります[6]。

⑥　長期均衡への調整過程と総需要管理政策の効果

長期均衡への調整過程

　いずれにしても、現実的な短期 AS 曲線は右上がりになると考えられます。
しかし、「長期」の新古典派経済学の考え方による総供給曲線は垂直でした。
それらの関係はどうなるでしょうか。たとえば、何らかの理由で総需要が減
少したとしましょう。このような状況は図6-9のようになります。右上がり

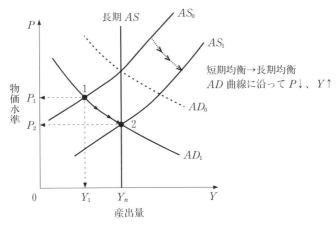

図 6-9　物価水準と産出量の決定
（短期と長期の関係、$Y < Y_n$ の場合）

---

6)　そのほかにも情報の不完全性・非対称性に基づく錯覚や、期待を考慮するモデルがあ
　りますが、くわしくは13章を見てください。

の短期 AS 曲線と総需要曲線の交点が短期均衡です。総需要が少ないので、自然雇用水準が達成されず、雇用量は自然雇用水準を下回っていて、非自発的失業が存在していることになります。短期均衡は、労働市場は不均衡（超過供給）なので一時的な均衡です。やがて、たとえ物価水準が変わらないとしても名目賃金は下落していき、実質賃金も低下していくので、企業は雇用量を増やそうとするでしょう。したがって、同じ物価水準でも企業は産出量を増やそうとします。このことは短期 AS 曲線が右にシフトすることを意味します。このようなシフトは自然雇用水準が達成されるまで続きます。そして長期では、短期 AS 曲線がシフトしていった結果、自然雇用水準が達成され、垂直な長期 AS 曲線と AD 曲線の交点で物価水準が決まることになります。

　したがって、短期均衡の状態からゆっくりと価格調整が起こることによって、長期均衡の状態である自然雇用水準と自然産出量が達成されるように動いていくことになります。図6-9では短期 AS 曲線が右にシフトしていくことによって、短期均衡（点1）から長期均衡（点2）へ AD 曲線に沿って物価水準（P）が下落しながら、GDP（Y）が増えていくことを示しています。問題は自然産出量（Y_n）が達成されるまでの時間です。非常に短時間で達成されるのであれば、問題はありません。財政金融政策などの総需要管理政策を行う必要はありません。しかし、価格が完全に伸縮的でなければ、政策による対応が必要になるケースも出てきます。

財政政策・金融政策の短期的効果

　物価水準の変化による調整が不十分な短期を念頭に、総需要 - 総供給分析で財政政策や金融政策の効果を見てみましょう。図6-10を見てください。拡張的な財政政策や金融政策を行うと総需要が増加しますが、これは総需要曲線の右へのシフトとしてとらえることができます。その結果、① GDP（Y）や雇用量（N）が増大し、②物価水準（P）が上昇します。ただし、拡張的な財政政策による総需要の増加は、③利子率（r）が上昇し、したがって投資

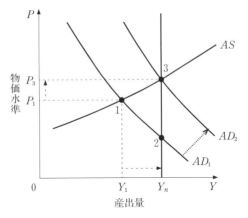

図6-10　総需要管理政策の短期的効果：*AD-AS*分析

(I) は減少します。それに対して、拡張的な金融政策による総需要の増加は、財政政策の場合と反対に③利子率 (r) が下落し、したがって投資 (I) は増加します。また、ここで注意しなければならないのは、物価水準が下落することによる自然雇用水準の達成（点2）と違って、総需要管理政策を行った場合には、物価水準が上昇するということです（点3）。したがって、問題は「価格の調整速度」がどれくらい早いかということと、物価水準下落による自然雇用水準の達成がよいのかどうか、ということになります。物価の下落による自然雇用水準の達成（点2）が望ましくないと考えられたときも、総需要管理政策が必要となります。

コラム：デフレはよい現象？

　2章で見たように、デフレは同じお金で買える財・サービスの量が増加することを意味します。これはよい現象でしょうか。この章では、物価水準とGDPの水準がどのように決まるのかを見てきましたが、インフレやデフレという持続的に物価水準が変化するという現象も、縦軸の物価水準を少し操作して変化率に直せば、基本的にはほぼ同じように考えられます。一般的に、デフレは不況（GDPの減少、あるいは低い経済成長率）を伴い（デフレの定義の中に不況の状態を含

める場合もあります）、インフレは好況を伴います（インフレで不況〔スタグネーション〕の状態はスタグフレーションと呼ばれます）。「他の条件が等しければ」（賃金や所得が同じであれば）、デフレはよい現象と思われますが、通常は不況を伴い、賃金が下落し所得も減少して、買える財・サービスの量が減少してしまいます。同じ品質を保ちながら（あるいは品質が向上して）個々の財・サービスの価格が下がるのは、それらの財・サービスを買いたいと思っている人にはよい現象でしょうが、経済全体として物価水準が下がることは、国民・市民全員に影響する不況を伴うので悪い現象になります。これも4章3節で見た「合成の誤謬」の一例です。

AD 曲線のシフトと *AS* 曲線のシフト

　短期 *AS* 曲線は、自然産出量が達成されていなければ自動的にシフトしますが、それ以外に技術革新や産業政策によってもシフトします。たとえば、技術革新は生産関数を上方にシフトさせますが、同じ物価水準のもとで供給可能な量が増えると、短期 *AS* 曲線も右にシフトさせます。また、規制緩和政策が行われると、競争の促進によって供給可能な量が増えると考えられるので、これも短期 *AS* 曲線を右にシフトさせる要因になります。したがって、現実は総需要曲線が変動して供給を決めるという面がある一方で、短期 *AS* 曲線も安定的ではありません。そのために、GDPや物価水準がどのように

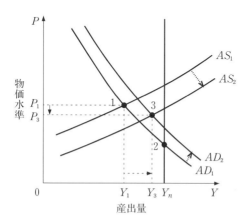

図 6-11 *AD* 曲線のシフトと *AS* 曲線のシフト

変動するのか、量的な予測は難しくなります。図 6-11 は両曲線ともシフトするケースを示しています。このケースは、たとえば 2002 年 2 月以降の景気回復の過程で見られました。規制緩和政策や金融機関が抱える不良債権と企業の過剰債務の強制的な処理が行われた結果として AS 曲線が右に大きくシフトし、一方でアメリカや中国向けの輸出が増加するという形で外需が増加します。やがて、老朽化した設備投資の更新が行われ、また消費も堅調になって内需の拡大につながりましたが、財政赤字ではあるものの、公共投資の削減などによって、AD 曲線の相対的なシフト幅が小さかった、というような状況です。結果として、ゆるやかな物価水準の下落と GDP の増加が達成されたことになります。現実の経済についてのこのような説明が本当に正しいかは、より詳細に検討しなければなりませんが、読者の皆さんは、少なくとも、どのような要因がどちらの曲線をどの方向にシフトさせるのか、よく考えて理解してください。そうすれば、現実の経済を見る眼と分析能力が高まります。

垂直な総需要曲線

　価格が伸縮的でも、非自発的失業がなくならないケースもあります。5 章の IS-LM 分析で見たように、①**流動性の罠**に陥っている場合や、②**投資が利子に非弾力的**な場合です。このような場合、総需要曲線は垂直になります。通常の総需要曲線は、その導出過程で見たように、たとえば物価水準が下落する（$P\downarrow$）と、実質貨幣供給が増加し（$(M/P)\uparrow$）、LM 曲線が右下にシフトするので、利子率が下落し（$r\downarrow$）投資が増加して（$I\uparrow$）、総需要が増えます（$Y^d\uparrow$）。したがって、AD 曲線は右下がりになります。しかし、①流動性の罠に陥っている場合は、LM 曲線が水平になってしまってシフトせず、利子率が下落しません。したがって、それ以後の効果が消えてしまいます。また、②投資が利子に非弾力的な場合は、利子率が下落しても投資がそれに反応せず、増加しないという状況です。1995 年以降の日本経済は超低金利の時代でした。（名目金利と実質金利を区別しなければなりませんが、）利子率はゼロ以下

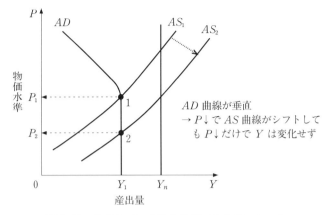

図6-12 垂直な *AD* 曲線と短期 *AS* 曲線のシフト

には下がらないので、流動性の罠の状態であったと思われます。また、現実の GDP が自然産出量を下回る長い不況が続いて、経営者はいくら利子率が低くても資金を借りて投資しようとはせず、過剰債務を抱えているので、その債務を返済するのを優先するような状況でした。投資をしても収益が得られるのは先の期間です。将来への展望が開けない状況では投資をしようとする経営者は少ないでしょう。

　このようなときは、物価水準が下落しても総需要が増えないわけですから、総需要曲線は垂直になります（図6-12）。したがって、短期 *AS* 曲線が右にシフトしたとしても、総需要は増えず、いつまでたっても自然雇用水準および自然産出量は実現されません。それどころか、短期 *AS* 曲線がシフトし続ければ、物価水準 *P* は永久に下がり続けるという異常事態になってしまいます。このようなときに自然雇用水準および自然産出量を実現するには、総需要管理政策が必要となります。

7

変動為替相場制のもとでの
マンデル＝フレミング・モデル

　2章では、国民経済計算の中に純輸出という需要項目があることを紹介しました。しかし、6章までの理論モデルでは、議論を単純化するために、海外との取引がない閉鎖経済のみを扱ってきました。この章では、ケインズ経済学の考え方の中で、海外との取引がどのようなものに影響されて純輸出が変化するのかを考慮した、開放経済を考えていきます。

① 国際収支の構造と外国為替制度

国際収支とは

　国際収支（balance of payment）とは、モノやサービスの輸出・輸入、海外工場建設などの対外直接投資、証券に対する投資などの非居住者との資金の貸借等、居住者と非居住者の間の対外経済取引を体系的に分類・集計して記録したフローの統計で、国際収支を種類別に分類し、内容をまとめたものが国際収支表です。**国際収支表**は国際連合がマニュアルを定めていて、現在は第6版（BPM 6）に準拠して表7-1のような体系にまとめられています。

　表からわかるように、**経常収支**（current account）は大きく**貿易・サービス収支、第一次所得収支、第二次所得収支**に分かれます。貿易・サービス収支は2章の純輸出に対応しており、さらに**貿易収支**と**サービス収支**に分かれま

表7-1 国際収支表（BPM 6 準拠）

・経常収支	・資本移転等収支
―貿易・サービス収支	・金融収支
・貿易収支	―直接投資
―輸出	―証券投資
―輸入	―金融派生商品
・サービス収支	―その他投資
―輸送	―外貨準備
―旅行	・誤差脱漏
―その他サービス	
―第一次所得収支	（参考：BPM 5 準拠との関係）
・雇用者報酬	第一次所得収支←所得収支
・投資収益	第二次所得収支←経常移転収支
・その他第一次所得	資本移転等収支←その他資本収支
―第二次所得収支	金融収支←投資収支＋外貨準備増減

備考）金融収支のプラス（＋）は純資産の増加、マイナス（－）は純資産の減少を示す。
出所）日本銀行国際局（https://www.boj.or.jp/research/brp/ron_2013/data/ron131008a.pdf）、財務総合政策研究所『財政金融統計月報』（国際収支特集）より作成。

す。貿易・サービス収支は、財とサービスの対外取引の収支尻であり、国際収支の中心部分です。収支ですので、日本の居住者が受け取るお金（収入）と支払うお金（支出）があります。したがって各項目には受取と支払の項目があり（たとえば、輸出は受取、輸入は支払）、受取と支払の差額がプラスなら黒字で、マイナスなら赤字になります。サービス収支は、海外旅行に伴う外貨の流出や、海外からの観光客がわが国で落とす外貨など、貿易以外の活動に付随した取引を記録したもので、輸送、旅行、その他サービスという3つの項目からなっています。第一次所得収支は、労働サービスや資金供給というサービスの提供に対する対価の支払いであり、2章で見た GDP と GNI の違いである**海外からの純所得**に対応していて、さらに雇用者報酬と投資収益、その他第一次所得に分かれます。第二次所得収支は、官民の贈与や送金など対価を伴わない受け払いを記録したもので、国際機関への拠出金や消費財関係の無償資金援助などもここに記録されます。

　海外の株式や国債の取得、海外に工場を建てるための資金の送金など、日

本から海外にお金が出ていくことは、それらを資産として取得するということであり、**資本の流出**と呼ばれます。逆に、海外から日本企業が資金を調達したり、海外の人が日本企業の株を購入したりするのは**資本の流入**と呼ばれます。**金融収支**（financial account）はこの差額です。国際収支表では、**直接投資**、**証券投資**、**金融派生商品**、**その他投資**、**外貨準備**の5項目に分かれています。このうち直接投資は、経営参加や技術提携を目的として、ある国の企業が外国の企業の株式を取得したり、資金を貸し付けたりする行為のことです。これに対して証券投資とは、株式の値上がりや配当を目的とした**間接投資**です。なお、直接投資という用語は、日本からの株式の取得や資金の貸付を示しており、現地法人が独自に現地で資金調達を行って事業を拡大する場合は直接投資には含まれません。**外貨準備**（reserve assets）は政府による外貨保有です。**資本移転等収支**（capital account）はODA（政府開発援助）などによる対価の受領を伴わない固定資産の受け払いを記録したものです。

経常収支と資本勘定

　資本勘定とは金融収支と資本移転等収支を合わせたものですが、誤差脱漏を無視すると、国際収支表の各項目には次のような関係があります。

　　経常収支＋資本移転等収支－金融収支≡0

　　経常収支≡－資本移転等収支＋金融収支

これは、経常収支の黒字が資本移転等収支の赤字と外貨準備の増加を含む金融収支の黒字に対応していることを示しています。金融収支の黒字とは、収益を求めて日本からお金が海外に出ていくことで、対外債権が増加することを意味します。外貨準備は政府が外貨を保有していることですが、外貨といっても通常はドル紙幣やユーロ紙幣ではなく、ドル建てやユーロ建ての国債で保有しており、この増加も対外債権が増加することを意味します。資本移転等収支の赤字は資本の流出を意味します。図7-1に国際収支の推移、図7-2に経常収支の内訳の推移を示しておきます。

　最近の経常収支は黒字基調で、金融収支も2013年度を除いて黒字基調で

（千億円）

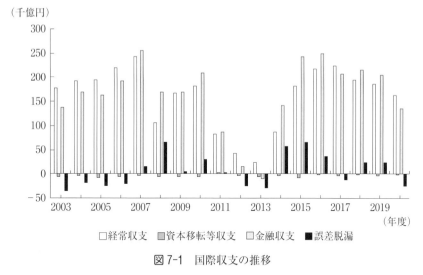

図 7-1　国際収支の推移

出所）財 務 省 ホ ー ム ペ ー ジ（https://www.mof.go.jp/international_policy/reference/
balance_of_payments/bpnet.htm）より作成。

す[1]。経常収支の内訳を見ると、貿易収支は 2010 年度まで黒字基調でした
が、2011 年から 2014 年まで赤字が続き、その後は黒字基調に再転換してい
ます。サービス収支は、運輸、旅行、その他サービスともに赤字基調で、し
たがってサービス収支全体としても赤字基調です。第一次所得収支は、日本
が金融収支の黒字、すなわち「資本の流出」の結果として世界最大の純債権
国になったことにより、その対外純資産からの投資収益の増大が進んでいる
ことから、大幅な黒字基調が続いています。最近では、貿易・サービス収支
の黒字額を上回るようになってきました。第二次所得収支は赤字基調です。

1）　2013 年度は金融収支が赤字でした。これは日本への資金流入が多いことを意味します。
　　アベノミクスの結果として円安になり、輸出企業を中心とした企業収益の改善が期待さ
　　れて、海外から日本の株式を買う流れが大きくなったことによります。結果として日本
　　の株価は大幅に上昇しました。

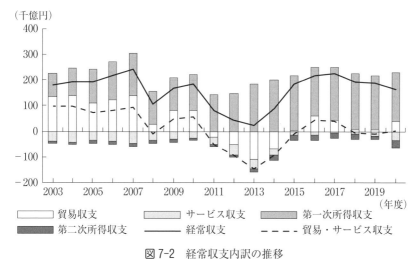

図 7-2　経常収支内訳の推移

出所）財務省ホームページ（https://www.mof.go.jp/international_policy/reference/ balance_of_payments/bpnet.htm）より作成。

IS バランスと資本勘定

　ここで、第一次所得収支と第二次所得収支を無視して、GDP の「三面等価の原則」を考えると、

　　　［生産面］　$Y \equiv C + S + T$　［分配面］

　　　　　　　　　$\equiv C + I + G + NX$　［支出面］

という関係から、

　　　$C + S + T \equiv Y = Y^d \equiv C + I + G + EX - IM$

となることがわかります。同じ記号 I を使っていますが、三面等価の原則から導かれているここでの I は、意図せざる在庫投資を含んだ事後的な概念ですので、注意してください。両辺の消費 C は共通ですので除いて、この関係を整理すると、

　　　$(S - I) = (G - T) + (EX - IM)$

となります。これは、民間貯蓄超過＝財政赤字＋貿易・サービス収支黒字を示しています。さらに整理すると、

$$(S-I)+(T-G)=(EX-IM)$$

となります。これは、左辺が民間と政府を合わせた日本の貯蓄超過、右辺が貿易・サービス収支黒字です。貿易・サービス収支の黒字は金融収支の黒字を意味していたので、日本全体の貯蓄超過は、資本が流出するという形で対外債権を増加させていることを示しています。このように、民間の IS バランス、あるいは民間と政府を合わせた日本の IS バランスと国際資本市場の流れには関係があります。

コラム：アブソープション・アプローチ

　国際資本市場での資本の流れは財市場での資金の流れに対応していますが、さらにもう一度「三面等価の原則」に戻って、

$$Y=C+I+G+EX-IM$$

を変形してみると、

$$NX=Y-(C+I+G)$$

となります。ここで、$C+I+G$ はアブソープションと呼ばれていて、国内での国産品・輸入品を問わない財・サービスに対する支出を意味しています。したがって、

$$NX=Y-アブソープション$$

すなわち、貿易・サービス収支＝GDP－アブソープション、という関係が導かれます。さらに、両辺に海外からの純所得を足すと、

$$NX+海外からの純所得=Y+海外からの純所得-アブソープション$$

すなわち、

貿易・サービス収支＋第一次所得収支＝国民総所得－アブソープション

という関係が導かれます。この関係からさらに、第二次所得収支を無視すると、

経常収支＝国民総所得－アブソープション

という関係が導かれます。これらの関係を、左辺が右辺を決める、つまり GDP とアブソープションの差として貿易・サービス収支が決まり、GNI とアブソープションの差として経常収支が決まる、と考えるのが**アブソープション・アプローチ**です。ただし、このアブソープション・アプローチでは、GDP や GNI がどのように決まっているのかは明らかではありません。総需要が GDP を決めるというケインジアン的な考え方からすると、あくまで事後的な会計的関係でしかないとも考えられます。

固定為替相場制と変動為替相場制 [2]

　為替レート（exchange rate）あるいは**為替相場**とは、異なる通貨間の交換比率を表したものです [3]。現在の日本は為替レートが市場の需給によって日々変動する**変動為替相場制**（flexible exchange rate system）を採用していますが、1973 年 2 月までは、先進国すべてが**ブレトンウッズ体制**と呼ばれる**固定為替相場制**（fixed exchange rate system）でした。ブレトンウッズ体制では各国通貨間の交換比率が固定され、日本円の場合は 1 ドル＝360 円でした。固定為替相場制の特徴は、このようなたとえば 1 ドル＝360 円という為替レートが何の努力もなしに維持されているのではなく、中央銀行が外国為替の需給のアンバランスに対応する分の外貨を売買して交換比率を維持する義務がある、ということです。維持できなくなったときには、固定レートの切り上げや切り下げといった措置が採られます。

　変動為替相場制は、先進主要国間を中心に 1973 年 2 月から採用されました。通貨間の需給によって為替レートが決定し、中央銀行は需給に合わせて外貨を売買する義務はありません。ちなみに、中国は制度上変動為替相場制ですが、中国人民銀行という中国の中央銀行が常に政策意図を持って外国為替市場に介入してレートを誘導しています。このような制度を、**マネージド・フロート**（managed float）（あるいは**ダーティ・フロート**〔dirty float〕）と呼んでいます。現在でも変動為替相場制を採用している国は先進国が中心で、発展途上国である中南米諸国などはドル、アフリカ諸国はユーロなどに連動させていて、事実上固定為替相場制の国が多くあります。ちなみに 1997 年〜98 年のアジア通貨・経済危機は、タイの経済危機を発端に、事実上固定為替相場制の国で発生しました。

---

2)　くわしくは、15 章および 16 章を参照してください。
3)　「為替」とは、「替えることを為す」という意味で、遠隔地間の決済が必要なときに現金を輸送することなく金融機関を通じて行う方法のことをいいます。さらに外国との決済では通貨を交換する必要がありますので、その交換比率が外国為替レートになります。

② マンデル＝フレミング・モデルの基礎

財市場の均衡：*IS* 曲線

　マンデル＝フレミング・モデルは、海外部門を組み込んだ固定価格の *IS-LM* モデルです。マンデル＝フレミング・モデルによる分析を行うために、まず輸出と輸入がどのような変数に依存しているのかを見ていく必要があります。

　財市場の均衡は、

$$Y = C + I + G + EX - IM \tag{7-1}$$

で表されました。まず輸出関数を見ていきます。輸出 *EX* は、海外の所得水準 Y^* の増加関数、為替レート E の増加関数と考えられます[4]。

$$EX = EX(Y^*,\ E) \tag{7-2}$$
$$\quad\quad (+)\ \ (+)$$

ここで Y^* は海外の所得水準で、海外の所得水準が上がるほど日本からの輸出は増えると考えられるので、輸出 *EX* は Y^* の増加関数になります。E は為替レートで、1ドル＝○円と表される**自国通貨建て**です。1ドル＝○円という自国通貨建てで表されていることがポイントで、E の値が大きくなると円安（通貨の価値が低くなることを「減価」といいます）を意味します。円安になると輸出しやすくなるので、輸出 *EX* は E の増加関数になります（1円＝△ドルと表す**外国通貨建て**の場合は逆の減少関数になりますので注意してください）。

　次に輸入関数ですが、輸入 *IM* は、国内の可処分所得 $Y - T$ の増加関数、為替レート E の減少関数と考えられます。

4）　ここでの為替レート E は名目為替レートですが、本来は実質為替レート ε（イプシロン）の関数になります。この章では簡単化のために、名目為替レートと実質為替レートが等しいとして分析を続けます。実質為替レートの定義など、くわしくは15章および16章を参照してください。

$$IM = IM(Y - T,\ E) \tag{7-3}$$
$$(+)\ (-)$$

　国内の可処分所得が増えるほど、日本の消費者が海外からの輸入品を買う量が増えると考えられるので、輸入 IM は国内の可処分所得の増加関数になります。また、円安になると輸入しにくくなるので、輸入 IM は E の減少関数になります。

　以上のことから、輸出から輸入を引いた純輸出 NX は次のようになります。

$$NX \equiv EX(Y^*,\ E) - IM(Y - T,\ E) = NX(Y - T,\ Y^*,\ E) \tag{7-4}$$
$$(-)\ (+)\ (+)$$

　以上より、財市場の均衡を表している開放経済における IS 曲線は次のようになります。

$$Y = C(Y - T) + I(r) + G + NX(Y - T,\ Y^*,\ E) \tag{7-5}$$
$$(+)\qquad (-)\qquad\qquad (-)\ (+)\ (+)$$

貨幣市場の均衡：LM 曲線

　開放経済における LM 曲線は、閉鎖経済のときと形式上は同じです。特に変動為替相場制下の LM 曲線は、上でも見たように、中央銀行が外国為替市場の需給に合わせて外貨を売買する義務はないので、貨幣供給量 M は外生変数になります。このことは、M を操作する金融政策を行うことが可能であることを意味します。ちなみに、固定為替相場制下では、中央銀行は需給のアンバランスに対応する分の外貨を売買して交換比率を維持する義務があるので、介入を通じて外貨と自国通貨が交換されることによって、市場で流通している日本円の量が増減します。このことは、貨幣供給量 M が内生変数になって、金融政策を行う自由度がなくなってしまうこと意味します[5]。その結果、LM 曲線は為替市場への介入で自動的にシフトしてしまいます。

コラム：不胎化（中立化）政策

　固定為替相場制の国でも、ある程度は金融政策を行うことができます。外貨準備の増減による市場で流通している日本円の量の増減を公開市場操作で相殺する政策を行えばよいのです。このような政策を不胎化（中立化）政策と呼びます。たとえば、市場でのドル買い円売り圧力に対して、ドル売り円買い介入を行うと、市場で流通している日本円の量が少なくなります。それを防ぐために債券買いオペを行って日本円の量を増やすことで、変動を相殺できます。しかし、外貨準備が底をついてしまえば、このような介入と不胎化政策を行うことはできません。逆のドル買い円売り介入の場合でも、外貨準備が増えていく一方で債券を売り続けなければならないので、保有債券が底をつけば不胎化政策を行うことはできません。したがって、いずれにしても長期にわたる不胎化（中立化）政策は不可能になります。介入を続けると、いずれ外貨準備や保有債券が底をついて、当局は固定為替レートを変更せざるをえなくなる、ということがわかっているので、固定為替相場制を採用している国の通貨は、通貨攻撃に遭いやすいのです。

資本移動と利子率の決定

　ここで自国のおかれている状況を考えます。この国は小国、すなわち自国が世界全体の中で占める割合が無視できるほど小さいとします。このような想定は小国モデルと呼ばれ、ミクロ経済学における完全競争下での経済主体のような想定になります。

　次に開放経済を考えると、資本（お金）が国境を越えて移動する状況の影響についても考えなければなりません。ここでは資本については自由に移動させることが可能で、お金は債券利子率 r の高いところへ大量に移動すると考えます。r^* を世界利子率（全世界の資金の需給で決まる利子率）とすると、もし国内の債券利子率 r が r^* より高ければ、この国に資本が流入します。逆に r が r^* より低ければ、この国から資本が流出します。この結果、小国モデルと資本移動の自由を合わせて考えると、国内利子率は世界利子率に常に

---

5)　マネタリーベースという概念があり、これが外国為替市場への介入で変動します。マネタリーベースと貨幣供給量の概念と関係については、10章を参照してください。

等しくなります。

$$r = r^* \tag{7-6}$$

　小国モデルは、自国の貨幣市場の状況が世界利子率に影響を与えない、ということを意味しています。閉鎖経済では、自国で利子率が決まりました。その違いに注意してください。なお、大国モデルもあります。大国モデルは、閉鎖経済と小国モデルの中間と考えてよく、自国の貨幣市場の状況が世界利子率に部分的な影響を与えます。

③　変動為替相場制のもとでのマンデル＝フレミング・モデル

　以上で、変動為替相場制のもとでのマンデル＝フレミング・モデルによる分析を行う基礎が整いました。モデルで表すと、次のようになります。

$$IS : Y = C(Y - T) + I(r) + G + NX(Y - T,\ Y^*,\ E) \tag{7-5}$$

$$LM : \frac{M}{P} = k(r)\,Y \tag{7-7}$$

　　小国の仮定＋資本移動の自由：$r = r^*$ $\tag{7-6}$

　ここで、モデルの外で決まっている外生変数は P、T、G、M、Y^*、r^* の6変数、モデルの中で決まる内生変数は Y、r、E の3変数で、式が3本で決定されます。物価水準 P が固定されていて変わらないということが、ケインジアン・モデルの拡張であることを意味しています。E が内生変数であることは変動為替相場制であること、M が外生変数であることは変動為替相場制のもとで金融政策に自由度があることを、それぞれ意味しています。

　このようなマンデル＝フレミング・モデルでは、最初に、小国の仮定＋資本移動の自由という仮定により、債券利子率が $r = r^*$ と決定されます。次に、r が決まると $M = M_0$ を所与として、LM 曲線の等号が成り立つように、Y が決定されます。最後に、r と Y が決まると、T と G を所与として IS 曲線の等号が成り立つように E が決定されます。以上のことを図で表すと図 7-3

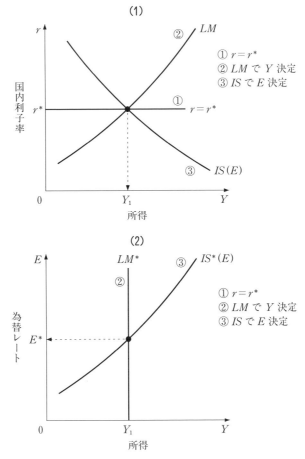

図 7-3　変動相場制のもとでのマンデル＝フレミング・モデル

のようになります。図 7-3（1）は、5章の *IS-LM* 分析と同じように、縦軸
を債券利子率 *r* として表した図です。一方、図 7-3（2）は、縦軸を為替レー
ト *E* として、GDP が *LM* 曲線の位置によって決まり、為替レートが *IS* 曲
線の位置によって決まることを表した図です。*IS** と *LM** は縦軸を為替レー
トとしたことによって図 7-3（1）の *IS* 曲線および *LM* 曲線と形が異なるの
で、混乱しないようにアスタリスク（*）をつけて表してあります。

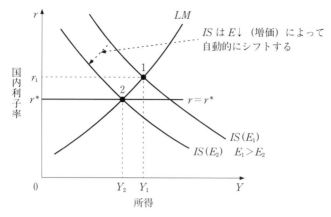

図7-4　国内利子率 $r >$ 世界利子率 r^* のとき

　ではもし、3つの内生変数が均衡値でなければどうなるでしょうか。IS-LM 分析による図7-4で見てみましょう。

　変動為替相場制ですので、資本の流出入があると為替市場で通貨の売買が発生し、為替レートが変化します。たとえば、もし国内利子率 r が世界利子率 r^* よりも高いとすると（点1、閉鎖経済ではこの点が均衡点です）、高い国内利子率でお金を運用しようと資本が流入してきます。これは自国通貨に対する需要が増えることを意味し、円高になります（$E\downarrow$〔増価〕）。円高になると純輸出が減少し（$NX\downarrow$）、このことは総需要の減少を意味しますので、IS 曲線が左下にシフトします。このような動きは、IS 曲線と LM 曲線が $r=r^*$ で交わるようになるまで続き（点2）、E が下落（増価）し続け、IS 曲線がシフトし続けます。このような動きがこのモデルの基本的メカニズムで、結局、図7-3のような均衡状態に落ち着くのです。もちろん国内利子率 r が世界利子率 r^* より低いときは逆のメカニズムが働きます。

④ マクロ経済政策の効果

　ここで、変動為替相場制のマンデル＝フレミング・モデルを考えたときの、さまざまなマクロ経済政策の効果を見ていきましょう。閉鎖経済の場合とどのように違うでしょうか。

財政政策の効果

　拡張的財政政策（$G\uparrow$）が採られたとしましょう。このことは IS 曲線を右上にシフトさせます。図7-5（1）では①の動きになります。その結果、国内利子率が上昇し、世界利子率を上回ることになります（点2：$r>r^*$）。そうすると、基本メカニズムのように、資本が流入して自国通貨に対する需要が増え、円高になって（$E\downarrow$〔増価〕）純輸出が減り（$NX\downarrow$）、このことは IS 曲線を左下にシフトさせます。図7-5（1）では②の動きになって元に戻ります。結局、$r=r^*$ に戻って、Y も元のままです（点3）。すなわち、GDP に対する効果として財政政策は無効ということになります。図7-5（2）では IS^* 曲線の右下への動きになり、E が増価して、GDP は変わらないことがわかります。

金融政策の効果

　次に金融政策の効果です。拡張的金融政策（$M\uparrow$）が採られたとしましょう。このことは LM 曲線を右下にシフトさせます。図7-6（1）の①の動きになります。その結果、国内利子率が下落し、世界利子率を下回ることになります（点2：$r<r^*$）。そうすると、資本が流出して自国通貨に対する需要が減り、円安になって（$E\uparrow$〔減価〕）純輸出が増え（$NX\uparrow$）、このことは IS 曲線を右上にシフトさせます。図7-6（1）の②の動きになります。このシフトは $r=r^*$ に戻るまで続き、その過程で GDP は増えていきます（点3）。すなわち、GDP に対する効果として金融政策は有効で、閉鎖経済よりも強力で

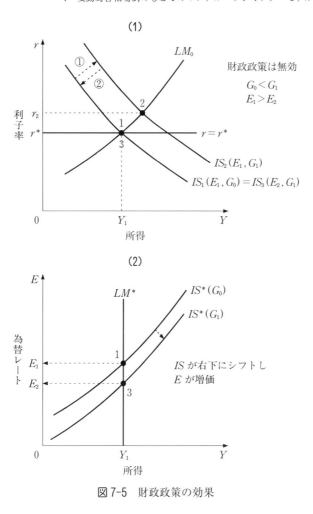

図 7-5　財政政策の効果

あるということがわかります。これは国内利子率が元に戻る過程で円安になり、純輸出が増えるという形で総需要が増えるからです。図 7-6（2）では垂直な LM^* 曲線が右へシフトし、E が減価して GDP が増えることがわかります。

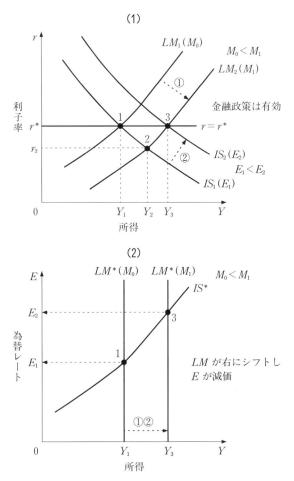

図7-6　金融政策の効果

保護主義的貿易政策の効果

　次に**保護主義的貿易政策**（protectionist policy）の効果を見てみましょう（図7-7）。保護主義的貿易政策とは、輸入制限や関税引き上げなどを行って、純輸出を大きくする政策のことです。海外との競争力が弱い特定の産業を保護しようとして導入されることがよくあります。たとえば、輸入制限（$IM \downarrow$）

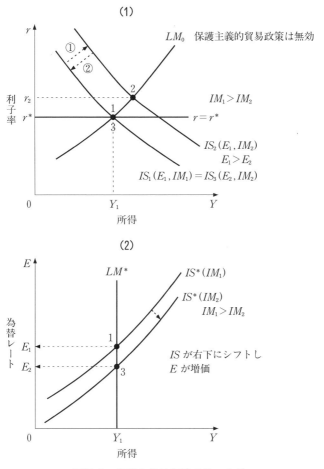

図7-7 保護主義的貿易政策の効果

が採られて純輸出が増加したとしましょう。このことは IS 曲線を右上にシフトさせます（点2）。保護主義的貿易政策が IS 曲線を右上にシフトさせる政策であることがわかれば、GDP に対する効果は財政政策の効果と同じになります。変動為替相場制のもとでは IS 曲線を動かすことにつながる政策は、為替レートの変動で相殺されてしまい、GDP に対する効果は無効です。当初の輸入制限による純輸出の増加が、円高（$E\downarrow$〔増価〕）による純輸出の

減少によって打ち消されてしまい、Y は変わらないのです（点3）。すなわち、GDP に対する効果として保護主義的貿易政策は無効ということになります。もっとも、保護された産業と、円高によって輸出が減少する産業が異なることから、資源配分上には変化が生じます。

変動為替相場制下における政策効果（Y への効果）のまとめ

　以上より、財政政策は無効、金融政策は有効、保護主義的貿易政策は無効ということがわかりました。ただし、この結果は、小国の仮定＋資本移動の自由という、極端な状況を想定したからです。現実には、たとえば日本は小国ではありませんし、各国の利子率は等しくなってはいません。為替レートの変動が純輸出を調整するにしても、モデルのように強力には IS 曲線をシフトさせてはいません。しかし、変動為替相場制の開放経済を考えた場合、閉鎖経済よりも財政政策や保護主義的貿易政策の効果が小さく、金融政策の効果が大きいという性質は残ります。

　なお、固定為替相場制と変動為替相場制で、政策効果は逆になります。固定為替相場制では金融政策の自由度がないので、貨幣供給量 M が内生変数になってしまい、LM 曲線の位置を政策的に決めることができなくなるからです。くわしくは15章を参照してください。

第 2 部
応 用 編

8

新古典派経済学

　新古典派経済学という名称は、もともとはマーシャルおよびマーシャル流の経済学をさす言葉として使われ始めたのですが、ヒックスやスティグラーなどの経済学者がその内容を拡張し、アダム・スミスやデービッド・リカード等に代表される古典派経済学をより洗練させ、限界主義に対応したものに言い換えたものを表すようになりました。したがって、今では古典派と新古典派ははっきり区別されていますが、ほんらい両者には密接なつながりがあったといえます。

　また、たとえば20世紀を代表する最も有名な経済学者の1人に挙げられるJ. M. ケインズは、彼の代表的な著作である『雇用・利子・および貨幣の一般理論』の中で、マーシャル、エッジワース、ピグーなど自分と同時代の経済学者でも、リカード派の経済理論を採用し、完成させた人々を、新古典派とは呼ばずに、あえて古典派と呼んでいます。

　そこでこの章では、古典派と新古典派の区別にはあまりこだわることなく、古典派経済学と新古典派経済学の両方を含む形で説明を進めたいと思います。

セーの法則と古典派経済学

　ところで古典派の経済学者たちは、いったいどのようなことを主張していたのでしょうか。まず古典派理論全体の根底にある考え方として、**セーの法**

則という名で知られる有名な法則を、第一に挙げなければなりません。J. B.
セーは18世紀から19世紀にかけて活躍したフランスの経済学者ですが、
「供給はそれ自身の需要をつくりだす」と主張し、のちの経済学者はもう少
し洗練された形においてではあるけれども、この教義を広く受け入れるよう
になりました。

　もう少しくわしく述べると、セーは経済のいかなる部門でも超過供給が生
じないと主張したわけではなく、経済において全般的な超過供給が発生する
ことを否定した、と理解するほうが正しいのですが、経済における供給サイ
ドの重要性を強調する役割を果たしたことは、間違いないといえるでしょう。

　供給サイドが経済で支配的な役割を果たすという考え方は、その後1980
年代のアメリカにおけるレーガン政権で行われた経済政策の理論的裏づけと
なった「**サプライサイド・エコノミックス**」や、シカゴ大学のロバート・
ルーカスを中心に1970年代から起こってきた「**新しい古典派**（ニュー・クラ
シカル・スクール）」の学者たちによっても、受け入れられてきました。

　しかしこういった考え方と反対に、経済の需要サイドに支配的な役割を与
え、古典派や新古典派の経済学者たちの主張を退けたのが、ケインズならび
にその後継者であるケインジアン、およびニュー・ケインジアンたちです。
そしてその主張の核心に位置するのが、「**有効需要の原理**」とケインズが名
づけた考え方にほかなりません。

　またこれ以外の論点としては、労働市場の特性と、そこで発生する失業を
どうとらえるかという点に関する相違も、きわめて重要です。ケインズが、
労働市場は需要と供給が一致しない不均衡の状態にあるほうがむしろ一般的
であると考え、彼が非自発的失業と名づけた失業の存在を主張したのに対し
て、古典派や新古典派の理論ではそのような失業の存在を認めないところに、
きわだった特徴があります。

　古典派経済学の考え方で重要なもう一つのものに、貨幣数量説があります。
この貨幣数量説のルーツをさかのぼると古典派経済学者のデービッド・
ヒュームにたどりつきますが、それをより具体的な形で発展させたのはアー

ビング・フィッシャーであり、それがさらにヴァイナーなどによる旧シカゴ学派のマネタリズムをへて、ミルトン・フリードマンの著作に代表的に示されるような新しいマネタリズム（以下ではこれを**正統派マネタリズム**と呼びます[1]）に結実したといえるでしょう。以下では、この貨幣数量説とマネタリズムを中心に説明を行います。

① 貨幣数量説の理論

　経済に存在している貨幣の量が、経済活動と密接な関係を持っているのではないかという考えは、数量説が登場するより前からあったと思われます。そしてこれを具体的に定式化したのが、**フィッシャーの交換方程式**と呼ばれているものです。

　今、ある財の売買取引について見るとき、これを売り手の立場から見ることもできますし、逆に買い手の立場から見ることもできますが、いずれにしてもその額はとうぜん同一でなければならないことは明らかです。すなわちある財の売買取引における販売額と購買額が等しいという関係は、常に成り立つ恒等関係を示しています。このとき販売額は財の販売数量に価格を掛けたものに等しく、一方、買い手がその額だけの貨幣を相手に支払うことに注意して、経済全体におけるすべての取引についてそれらを集計すると、次の関係式が成り立ちます。

$$MV = PT \tag{8-1}$$

ただしここで、T は取引量、V は貨幣の流通速度を表しています。流通速度とは貨幣が一定期間に人手を渡る回数のことで、貨幣が一度だけでなく何度も支払いに使えることを反映したものです。したがって（8-1）式では左辺が購買額を、また右辺が販売額を表しています。

---

1)　古典的マネタリズムという呼び方も、使われています。

恒等式から方程式へ

ところでこの恒等関係から一歩進んで、経済の動きを示せるような方程式にまで持っていくためには、これにいくつかの条件を付け加えなければなりません。まず、貨幣供給量が変わっても、金融制度や支払慣行が変わらなければ、貨幣の流通速度は変わらないということです。次に貨幣供給量が変わっても、取引量はその影響を受けないということが必要で、これらの条件が満たされるときに、左辺の貨幣供給量の変化が原因となって、右辺の物価の変化がもたらされることが説明できます。

ところで分析をより現実的なものにするためには、取引量に代えて実質産出量を用いたほうがより望ましいといえます。なぜなら、たとえば中古自動車の売買を例に考えてみると、自動車を販売するための営業活動はたしかに現在の経済活動を示していますが、自動車の生産自体は過去の経済活動であり、現在の生産活動とは直接結びついていないからです。そうすると（8-1）式よりもむしろ、次の（8-2）式のほうが現在の経済活動を記述するには適切であると考えられます。

$$MV = PY \qquad\qquad (8\text{-}2)$$

この式については、若干の注意が必要です。それはここでは便宜上、同じ記号を使いましたが、取引量を実質産出量に代えたために、流通速度や物価の値が（8-1）式におけるものとは異なっている点です。とくに流通速度については、両者を厳密に区別する必要があるときには、（8-1）式の V を**貨幣の取引速度**、（8-2）式の V を**貨幣の所得〔流通〕速度**といいます。

ところでこれとほぼ同じような内容を持った次の式が、20世紀の初めの英国で、ケンブリッジ学派のマーシャルを中心として示され、**ケンブリッジ方程式**の名で知られています。

$$M = kPY$$

マーシャルの k を含むこの式の説明については、すでに5章でなされていますが、マーシャルの k が所得〔流通〕速度 V の逆数に等しいとすれば、両者の対応関係は明らかです。

流通速度は一定か

ところで貨幣の流通速度については、ほかにも重要なことがあります。それは流通速度がほんとうに一定なのかどうかということです。初期の頃の貨幣数量説では、これまで述べてきたように、貨幣の流通速度は一定であるとみなされていました。しかし旧シカゴ学派のマネタリズムでは、すでに貨幣の流通速度は一定ではなく変化すると考えられるようになっていました。これをより明確に述べたのがミルトン・フリードマンであり、彼は貨幣の流通速度はいくつかの主要な経済変数の安定的な関数であり、変化するとしても、その変化は予見可能であるとしたのです。

じつはこの点は、**貨幣政策の有効性**について考えるときに、ひじょうに重要なポイントになります。くわしいことは2節で説明するとして、ここでは貨幣の流通速度の変化を具体的に、1960年代から2000年までのアメリカ経済について見てみましょう。図8-1から明らかなように、1960年代、1970年代には安定していた流通速度が、1980年代に入るとにわかに不安定になり、その傾向は1990年代になっても続いています。また同じような流通速度の

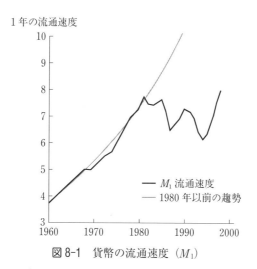

図 8-1　貨幣の流通速度（M_1）

出所）De Long（2000）p. 89.

不安定性は、やはり 1980 年代の英国経済についても知られています。これらはいずれも、この時期になってからは、貨幣と実体経済の関係が、それ以前ほど密接なものでなくなったことを示すものと解釈できるでしょう。

②　貨幣政策はどこまで有効か

　貨幣供給量をコントロールすることにより、経済をコントロールすることができるというのがマネタリストの基本的な立場ですが、これについてはケインズ派の経済学者を中心に、さまざまな意見がこれまでに出てきています。ここではそれらの中から、いくつか主要なものを取り上げて検討してみましょう。

　まず、**貨幣の定義**に関する問題があります。わが国の貨幣には現在 $M1$、$M2$、$M3$、広義流動性の 4 つの指標があり、いずれもマネーストックと呼ばれています（なお 2008 年以前はマネーサプライと呼ばれており、定義も少し異なります）。対象とする貨幣あるいは貨幣発行主体に違いのあるこれらの貨幣は、いつも同じような変化の仕方をしているのでしょうか。もしそうであるのなら、どの貨幣の定義を用いても、大きな相違はないことになりますが、実際にはそうではないのです。

　たとえば、2003 年から 2020 年の間におけるこれらの指標の変化（対前年比％）を示したのが図 8-2 です。$M2$ と $M3$ の変化率は比較的安定していて、その動きもよく似ていることがわかります。しかし、$M1$ の変化率は 2006 年から 2009 年にかけて他の指標と比較すると低い水準であったのに対して 2010 年からは逆に他の指標よりも高い水準を示していて、変化率の振れ幅は大きくなっています。広義流動性の変化率も他の指標の変化率が高くなった年に逆に低くなるような年が数多くあり、また、2004 年から 2007 年は $M2$ や $M3$ よりも高い伸び率でしたが、2008 年からはおおむねそれらよりも低い伸び率になっています。このように貨幣の定義が異なればその増減率はかなり異なったものとなり、貨幣当局がどの定義の貨幣をコントロールす

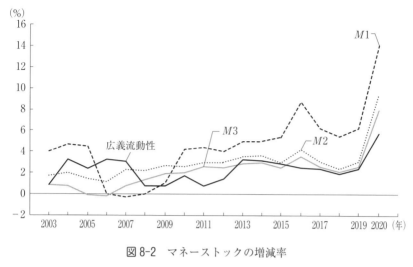

図 8-2 マネーストックの増減率

出所）日本銀行ホームページ（https://www.boj.or.jp/statistics/money/index.htm/）より作成。

ればよいかに頭を悩ませるのも無理はありません。

　この問題が中心となって貨幣政策がうまくいかなくなった例として、1980年代の英国のサッチャー政権を挙げることができます。高いインフレ率を引き下げるために、貨幣供給量の変化率を段階的に引き下げる計画を、マネタリズムに信頼をおくサッチャー政権は発表したのですが、そのときに用いられた貨幣の指標は当初 M_3 でした。しかし 1980 年代前半にこの M_3 と実体経済の関係は希薄なものとなり、そのためコントロールすべき貨幣を、政府は取り急ぎ M_3 から M_0 に変えざるをえなくなりました。そしてまた結果的には、金融政策運営を貨幣以外のものも含めて考え、さらに財政政策とのバランスについても、再考する必要が出てきたのです。

　第二に、**因果関係の方向性**の問題があります。1 節で説明したように、貨幣数量説の主張は、貨幣供給量の変化が原因となって、長期的には物価の等比例的な変化が起こり、また名目産出量に影響が及ぶというものですから、（8-1）式の左辺の M の変化が原因で、その影響が右辺に及ぶと解釈するの

134 第2部 応 用 編

が一般的ですが、ケインズ派の経済学者たちは、因果の方向性はむしろ逆だ
と主張しました。すなわち名目産出量の増大が貨幣に対する需要を増大させ
るため、これに応じるために貨幣供給量が増大するのだと考えるのです。

　この問題は、現在に至るまで多くの経済学者たちによって検討がなされて
きていますが、計量経済学の有力な分析手法の1つである時系列分析の発展
に伴って、さまざまな異なる結果がこれまでに出されています。そしてその
相違の原因としては、テスト方法や貨幣の定義の違いによる点が大きいこと
がわかっているので、最初に述べた貨幣の定義の問題が、この因果関係の方
向性の問題とも密接に関連していることが理解できます。そして場合によっ
ては、単一の方向性だけでなく、双方向的な因果関係の存在も主張されてい
ます。すなわち貨幣供給量の変化は、経済の変化の原因であると同時に、ま
たその結果でもあるという結論も成立しうるのです。

　第三に、1節の終わりに述べた、**貨幣の流通速度の安定性**に関する問題が
あります。フリードマンは、流通速度が一定でなくとも、いくつかの主要な
経済変数の安定した関数であるので、貨幣供給量のコントロールを通じて、
経済のコントロールが可能であるとしたのですが、現実の経済では予期しな
かったような流通速度の変化がこれまでに何度か生じており、その結果景気
の変動を意図しない方向に増大してしまった苦い経験を持っている国々があ
ります。予期しなかった流通速度の変化は、予期しなかった貨幣需要の変化
を同時に意味していますから、貨幣の供給側のコントロールだけでは、必ず
しも経済のコントロールはうまくいかないことを示すものといえるでしょう。

　第四に、**貨幣供給量のコントローラビリティ**の問題があります。貨幣当局
が貨幣供給量をコントロールできるといっても、直接的にコントロールでき
るのは、じつは**マネタリーベース**あるいは**ハイパワード・マネー**といった名
前で呼ばれている、信用創造の元になっている貨幣だけです。最終的な貨幣
供給量はこれに**貨幣乗数**ないし**信用〔創造〕乗数**と呼ばれる乗数を掛けたも
のに等しいので、最終的な貨幣供給量をマネタリーベースのコントロールを
通じてコントロールできるためには、この乗数の値が一定もしくは安定して

いることが必要になります。しかしこの乗数の値は、1つは民間銀行の支払
準備率によって、もう1つは家計の預金・現金比率によって決まるので、こ
れらが変化すれば乗数値も変化します。したがって貨幣当局がマネタリー
ベースを増加させても、そのときに貨幣乗数の低下が同時に起これば、政策
当局が意図したような貨幣供給量の増加は生じないことになってしまいます。

③　貨幣供給量とインフレーション

　経済に出回る貨幣量が増えれば、人々の購買意欲は高まり、それにつれて
景気も上昇すると考えられます。なぜなら短期的には、企業は生産の増大に
よって、需要の増大に対応できるからです。もちろんこのとき多少の物価上
昇は起こるかもしれませんが、生産が増大できないような場合に比較すれば、
その程度はずっと少ないと思われます。
　しかし古典派や新古典派の経済学では、財・サービスの供給量は労働の完
全雇用水準によって決まり、一時的にならその水準を超える生産はできると
しても、長期においては超えられないと考えられています。ただしこれは経
済成長を考慮しないときの話であって、経済が成長経路上にあるときには、
労働の完全雇用に対応する産出量水準もある率で成長します。しかしながら
いずれの場合でも、完全雇用に対応する産出量水準を上回る需要の増大があ
れば、やがて物価は上がらざるをえなくなります。

動学的な交換方程式
　このようなときに、貨幣供給量の変化率が、実質産出量や物価の変化率と
どのように関係するのかを、次に検討してみましょう。そのためにはまず、
貨幣供給量、貨幣の流通速度、物価、実質産出量の水準に関する関係を示し
ていた（8-2）式を、変化率に関する動学的な式に変換することが必要にな
ります。
　今、貨幣供給量が ΔM だけ変化するときに、貨幣の流通速度の変化分を

ΔV、物価の変化分を ΔP、実質産出量の変化分を ΔY とするなら、変化後の各変数の間には、次のような関係が成立していなければなりません。

$$(M + \Delta M)(V + \Delta V) = (P + \Delta P)(Y + \Delta Y) \tag{8-3}$$

この式を括弧をはずして展開すると、

$$MV + V\Delta M + M\Delta V + \Delta M\Delta V = PY + Y\Delta P + P\Delta Y + \Delta P\Delta Y$$

となります。ここで MV と PY の値が等しいという（8-2）式の関係を利用して、上式の左辺を MV で割り、右辺を PY で割って整理すると、次式のようになります。

$$\frac{\Delta M}{M} + \frac{\Delta V}{V} + \frac{\Delta M}{M}\frac{\Delta V}{V} = \frac{\Delta P}{P} + \frac{\Delta Y}{Y} + \frac{\Delta P}{P}\frac{\Delta Y}{Y}$$

この式の左辺の第 3 項（$\Delta M/M$）（$\Delta V/V$）と、右辺の第 3 項（$\Delta P/P$）（$\Delta Y/Y$）は変化率どうしを掛けたものなので、その値はあまり大きくないものとして、無視することが近似的には許されるでしょう。すると私たちの求める次式が最終的に得られます。

$$g_m + g_v = \pi + g_y \tag{8-4}$$

ただしここで $g_m = \Delta M/M$、$g_v = \Delta V/V$、$\pi = \Delta P/P$、$g_y = \Delta Y/Y$ です。

あるいはこの式を、インフレ率に関して書き直すと、

$$\pi = g_m + g_v - g_y \tag{8-5}$$

となります。すなわち貨幣数量説の考えに従えば、インフレ率を規定するのは 3 つの要因、すなわち貨幣供給量の変化率、貨幣の流通速度の変化率、そして実質産出量の変化率であることがわかります。そしてまた貨幣供給量の変化率と貨幣の流通速度の変化率の変化は、いずれもインフレ率に対して、同じだけ同方向に変化させるのに対し、実質産出量の変化率の変化は、絶対値で同じだけ逆方向に変化させることがわかります。

ところでこれらの変数のうちで、政策当局が直接コントロールできるのは貨幣供給量の変化率だけであり、貨幣の流通速度の変化率の長期的な趨勢値は、その国の金融制度や取引慣行によって規定され、また実質産出量の変化率は、長期的には技術進歩の率や内容によって決まると考えられます。その

ようなことから、フリードマンを中心とするマネタリストは、貨幣供給量の変化率をある一定値に固定することを推奨するようになりました。

このことにはまた、のちに13章で言及する人々の**インフレ期待**も関係してきます。貨幣当局が貨幣供給量の増加率をある一定値に固定するということを発表すると、合理的で賢明な経済人なら、上の（8-5）式で記述されたような関係から、現在から将来にわたって生じるインフレ率を予測することができるでしょう。この場合、インフレ率が不安定に変動する場合なら生じるかもしれない流通速度の短期の不安定な動きも、除去されることが期待されます。

ところでこのような貨幣政策の運営方法は、その後「**ルールに基づく政策**」という言葉で呼ばれるようになりました。この点については、次にもう少しくわしく説明してみましょう。

④ ルールに基づく政策

一般的に「ルールに基づく政策」という言葉は、「**裁量的な政策**」という言葉で表される政策運営とは反対の概念を示すものとして用いられています。ケインズ派の経済学者が、景気が過熱しているときには景気引き締めのための緊縮的なマクロ政策を、また反対に景気が減速しているときには景気浮揚のための拡張的なマクロ政策を行うべきだと主張するのに対して、マネタリストはそのような景気変動とは関係なく、とくに貨幣政策に関して一定の貨幣供給量の増加率を維持するような政策を行うべきだと主張してきました。

ラグの問題

その理由の1つとして、まず政策運営に関わる**タイム・ラグ**（時間的な遅れ）の問題が挙げられます。経済政策を発動しなければならないような問題が発生していても、そのことに気づくまでにまず時間的遅れがあり（**認知ラグ**ないし**情報ラグ**と呼ばれます）、その後さらに政策策定のための時間的遅れ（**計**

画ラグ）、政策を決定するまでの時間的遅れ（**決定ラグ**）、そして実行に移すまでの時間的遅れ（**実施ラグ**）があります（これらを全部あわせて**内部ラグ**ともいいます）。ここまでに経過する時間が、合計でたとえば貨幣政策に関して9ヶ月から1年程度という数字がありますが、問題と政策の種類によりこの長さは異なることでしょう。そしてこのあとさらに、政策を実行に移してから、その効果が完全に現れるまでの時間的遅れ（**作用ラグないし外部ラグ**）がこれに付け加わり、しかもそれが長くかつ一定していないために、政策の効果が経済に最終的に及ぶ頃には、当初とは反対の景気局面に移行しているというようなことも、ありえないわけではありません。したがってこのようなことから、マネタリストはケインズ派が主張する裁量的な政策に対して、反対の立場をとりつづけているのです。

　またこれとは別に、ケインズ派が考えるような**景気安定化政策**を実行しないほうが、実質産出量の変動はむしろ少なくなり、経済の安定性はかえって増すという主張をフリードマンはしており、彼の考えはその後多くの支持を得るに至りました。ただし最近では、貨幣供給量の増加率を厳格に一定率に維持する正統派マネタリズムの主張はむしろ少なくなり、今ではある程度は変動の幅を持たせたほうがよいという見解が、**穏健なマネタリズム**では多くなっています。これは前項で述べたようなケインズ派の批判をある程度考慮したからと考えられます。

　ところで従来のマネタリストが「ルールに基づく政策」を主張していたときには、望ましい経済政策のあり方を、異時点間の最適化問題として強く意識していたとは、必ずしもいえないようです。じつはこの問題を政策当局および家計の異時点間の最適化問題としてとらえる方向に議論を拡張したのが、キドランドとプレスコットという2人の経済学者でした。彼らは共同で「**タイム・コンシステントな政策**」、「**タイム・インコンシステントな政策**」という概念を提示し、その後の政策論議に大きな影響を及ぼすことになりました。そこで次に、従来からある「ルールか裁量か」という政策論争を発展させたものとして、この議論を検討してみましょう。

5　タイム・コンシステントな政策と
タイム・インコンシステントな政策

　政策当局が現在から将来までの最適と思われる政策を策定し、実際に途中までその通りに実行していたものとしましょう。しかし途中のある時点で、政府はむしろこの政策を変更したほうがより望ましい結果が得られることに気づき、実際にもその通りに変更してしまうようなことがあります。

　たとえば研究・開発（R&D）を促進したいと思っている政府が、研究・開発から得られる成果に対しては課税しないという方針を最初に立て、それを公表すれば、民間部門では活発な研究・開発活動が行われるようになります。政府が望んでいただけの十分な成果が得られたときに、政府は逆にこんどはこれに対してむしろ課税する方向に政策を変更したほうが、政府収入という観点からは望ましいことに気づき、実際そのように変更する場合がこれに当たります。このようなときに、政府の政策はタイム・インコンシステントであるというのです。

　これは1つの例にすぎませんが、このような政策を行った政府は、国民からしだいに信頼されなくなり、一時的には大きな利益を享受できても、長い目で見ればむしろその利益は減少するかもしれません。すなわち国民の**政府に対する信頼性**や**政府に対する評価**といったものが、長期における政府の望ましいあり方を判断する上では、重要になってくるのです。

　そのような意味では、最初に策定した政策を、予定通りに実行していったほうがよいのかもしれません。キドランドとプレスコットはこの議論を理論的に一般化して説明し、後者のタイプの政策、すなわちタイム・コンシステントな政策のほうが、タイム・インコンシステントな政策よりも優れていると主張しました。

　ところでルールに基づく政策は、タイム・コンシステントな政策に含まれ、一方、裁量的な政策はタイム・インコンシステントな政策に含まれます。し

たがって彼らは、ルールに基づく政策のほうが裁量的な政策よりも望ましいと結論づけ、政策運営の方法という点でマネタリストの立場を支持したことになります。

　ここで貨幣供給量の増加率を一定に維持するような政策について、もう一度考えてみましょう。この政策はいつでもルールに基づく政策なのでしょうか。これが、必ずしもそうとばかりはいい切れないのです。もし各期に最適と思われる貨幣政策を決めて実行し、それを後で振り返ったときに貨幣供給量の増加率がたまたま一定であったような場合は、むしろ裁量的な政策ということになります。したがって、結果だけからいずれのタイプの政策であったかを判断することは、難しいといわなければならないでしょう。

　ところでキドランドとプレスコット以外にも、タイム・コンシステントな政策のほうがより効率的だと考えている経済学者が多くいます。なぜならその場合には、常に現在から将来にわたる全体を見渡して最適化を図っているわけですから、ある意味で効率的であることは当然のようにも思われます。しかしこれは当初予期しなかったような事象が何も起こらない場合のことで、逆に予期しなかったような事象が発生した場合には、予定していた政策を変更したほうが、国民の厚生水準を高める可能性はむしろ高いことでしょう。それゆえタイム・コンシステントな政策は、効率性に優れる一方で、フレキシビリティを欠くために、ときによっては裁量的な政策よりも望ましくない結果を導く可能性を持つことになります。

　最後に、以上に述べたことを総合していえることは、マネタリストとケインズ派の間の論争として始まったルール対裁量という政策論争は、その装いを新たにしたものの、まだ決着がついたわけではなく、これからも引き続き考察を続けなければならない問題であるということです。

コラム：フリードマンと大恐慌

　フリードマンがラトガース大学を卒業したのは 1932 年、ちょうどアメリカが大恐慌のさなかのことでした。大学では初めは保険計理士を目指したのですが、その後彼は経済学で奨学金が得られるシカゴ大学の大学院に進学したのです。その当時の状況について、何人かの経済学者が彼にインタビューをしてたずね、その返答をそれぞれの著書に記述しているのですが、それはおおむね共通して次のような内容でした。

　すなわち、大恐慌が過去の拡大政策の弊害として起こったとする考えは間違いであって、その原因は金融システムの誤った運用にあった。またケインズの『一般理論』が出版されたのは 1936 年になってからのことであり、たしかにそれは多くの人に受け入れられはしたが、シカゴ大学は例外であった。そして『一般理論』が果たした役割はある程度評価するけれども、ケインズの業績の中では、むしろ 1923 年に公刊された『貨幣改革論』のほうが説得力がある、というものでした（くわしくは、パーカー〔2002〕、スノードン・ヴェイン〔1999〕、などを見てください）。

9

財　　政

　マクロ経済に対して影響を与える経済政策としては、中央政府が実施する財政政策と、中央銀行が実施する金融政策があります。本章では、財政政策について考察を行います。財政政策としては、政府支出の拡大や減税政策などが挙げられます。

① 日本の財政の現状

　財政政策について考察をする前に、日本の財政に関わる現状を認識することから始めます。政策を実施するためには、その原資（財源）が必要となります。まず、日本の中央政府[1]の原資たる予算は、一般の歳入歳出を経理する**一般会計予算**、特定の事業を行うための**特別会計予算**、政府が全額出資する法人に対する**政府関係機関予算**、郵便貯金や厚生年金の保険料などから集まった資金を政策目的に運用する**財政投融資計画**があります。2021（令和3）年度の一般会計の当初予算は、約 106 兆 6097 億円の規模があります。歳入の約 57 兆 4480 億円（約 54%）が税収で、約 43 兆 5970 億円（約 41%）が政府の発行する債券によってまかなわれています。一方、歳出の約 66 兆 9020

---

1)　以下、表記の簡単化のため中央政府を政府と記します。

億円（約 63%）は社会保障、公共事業などのいわゆる一般歳出への支出、約
23 兆 7588 億円（約 22%）が国債等の利子支払いや、償還などへの支出、約
15 兆 9489 億円（約 15%）が地方交付税交付金等への支出にあてられています。
詳細は図 9-1 を参照してください。このことからわかることは、歳入に対す
る国債等の比率が高く、そのことが問題となっています。図 9-2 に歳入の公
債（国債）に対する依存度を示しました。また、累積される公債の残高も
2020（令和 2）年度で約 985 兆円となり、残存する公債に対する利子支払いや
償還金の額が大きくなっており、歳入をそれらのためにあてなければならず、
一般歳出への割合が低下し、財政の硬直化に対する懸念が大きくなっていま
す。図 9-3 に公債残高の推移を示しました。なお、政府が発行する公債は、

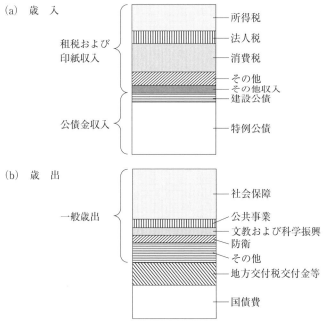

図 9-1　令和 3 年度一般会計当初予算（約 106 兆 6097 億円）

注）「その他」には新型コロナ対策予備費 5 兆円が含まれる。
出所）財務省「日本の財政関係資料（令和 3 年 4 月）」（https://www.mof.go.jp/policy/
budget/fiscal_condition/related_data/202104.html）より作成。

公共事業や出資金などの財源を目的とした**建設国債**と、税収や建設国債の発行でも不足する歳入を補うために発行される**特例国債**（赤字国債）等があり

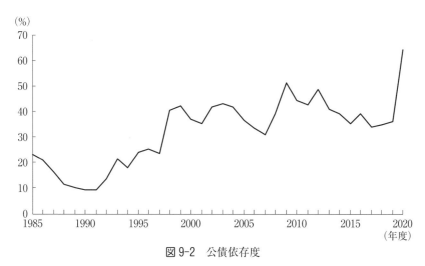

図 9-2　公債依存度

出所）財務省主計局『我が国の財政事情(令和3年度予算政府案)』（https://www.mof.go.jp/policy/budget/budger_workflow/budget/fy2021/seifuan2021/04.pdf）より作成。

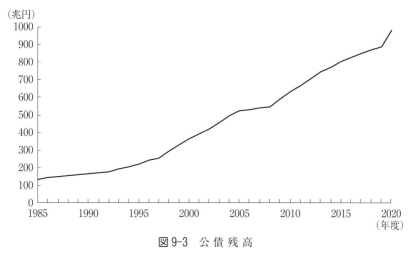

図 9-3　公　債　残　高

出所）図 9-2 と同じ。

ます。詳細に関しては、財務省『我が国の財政事情』を参照するとよいでしょう。図9-2、図9-3から、いわゆる「失われた30年」の間に、数々の景気対策や歳入不足を補うため、国債の発行が増え、日本の財政状態は悪化の一途をたどっていることがわかります。

歳　　入	歳　　出
国　　債	利子支払い、償還費
	赤　　字
税収等	一般歳出等

図 9-4　基礎的財政収支

基礎的財政収支が赤字の状態を例として示している。

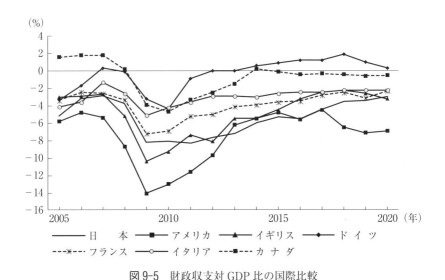

図 9-5　財政収支対 GDP 比の国際比較

出所）財務省ホームページ（https://www.mof.go.jp/tax_policy/summary/condition/a02.
htm）より作成。

　このような財政の問題への対策として、日本政府は財政健全化を重要課題として位置づけ、2025年に**基礎的財政収支**（**プライマリーバランス**）を黒字化することを目指していました。しかし、新型コロナウィルス対策の歳出が増え、2020年7月に閣議決定された『経済財政運営と改革の基本方針2020』[2] では、この目標に関する記述がなくなりました。基礎的財政収支とは、歳入と歳出から公債に関係する項目を控除した財政収支のことです。このことを図 9-4 に示しました。また、図 9-5 に財政収支の対 GDP 比の国際比較を示しました。

　もし、基礎的財政収支が均衡すれば、一般歳出等を税収等でまかなうことができます。ただし、図 9-4 を見れば明らかなように、公債に対する利払いや償還金は、新規に公債を発行してまかなう必要があります。図 9-6 に公債残高の対 GDP 比の国際比較を示しました。

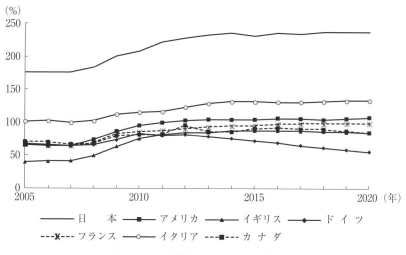

図 9-6　公債残高対 GDP 比の国際比較

出所）図 9-5 と同じ。

---

2)　詳しくは、内閣府ホームページを参照してください。URL：https://www5.cao.go.jp/ keizai-shimon/kaigi/cabinet/2020/decision0717.html

　このように、日本の財政は悪化していますが、その原因となった、景気対策としての財政政策について、次節以降で考察します。

② 財政政策の乗数効果

　4章の45度線分析において、財政政策として政府支出の増加 ΔG によって国民所得がどれぐらい変化するかを考察しました。本章では、もう1つの代表的な財政政策である減税の国民所得への影響を考察します。

　総需要が次で与えられているとします。

$$Y^d = C(Y, T) + I + G \tag{9-1}$$

　(9-1) 式の消費関数 $C(Y, T)$ を、ケインズ型の消費関数

$$C(Y, T) = c_0 + c_1(Y - T) \tag{9-2}$$

と仮定します。ただし、T は税を表し、本節では所得に課税される所得税を表すとします。したがって、(9-1) は

$$Y^d = c_0 + c_1(Y - T) + I + G \tag{9-3}$$

となります。総需要と総供給が一致する均衡において、(9-3) 式の左辺は国民所得を表す $Y(= Y^s = Y^d)$ となりますので、(9-3) 式の左辺を Y と置き換え Y について解くと、次が得られます。

$$Y = \frac{1}{1 - c_1}(c_0 - c_1 T + I + G) \tag{9-4}$$

　今、減税が実施され、所得税が $T - \Delta T$ となり、その結果、国民所得が ΔY 増加するとします。すると、

$$Y + \Delta Y = \frac{1}{1 - c_1}(c_0 - c_1(T - \Delta T) + I + G) \tag{9-5}$$

となるので、減税による国民所得の変化は

$$\Delta Y = \frac{c_1}{1 - c_1}\Delta T \tag{9-6}$$

となります。したがって、減税の $c_1/(1 - c_1)$ 倍の国民所得が増えることが

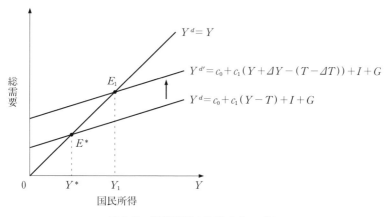

図9-7　所得減税の乗数メカニズム

わかります。この $c_1/(1-c_1)$ が、減税の**乗数**となります。もし、限界消費性向 c_1 が 0.7 とし、政府が 1 兆円の所得減税を実施したとすると、国民所得は約 2.33（＝0.7/0.3）倍の約 2.33 兆円増加します。所得減税の乗数効果を図9-7 に示しました。

ビルトイン・スタビライザー

　次に、所得税が所得の大きさに依存している場合を考察します。所得税が

$$T = \tau Y \tag{9-7}$$

と与えられているとします。ただし、$0 < \tau$（タウ）< 1 は、**限界税率**を表します。したがって、ケインズ型の消費関数が、

$$C(Y, T) = c_0 + c_1(1-\tau)Y \tag{9-8}$$

となります。（9-8）式を（9-1）式に代入し、（9-4）式を求めたときと同様にして解くと、次が求まります。

$$Y = \frac{1}{1 - c_1(1-\tau)}(c_0 + I + G) \tag{9-9}$$

　今、財政政策として政府支出を $\varDelta G$ 増加させたとすると、国民所得の増加 $\varDelta Y$ は、次のように求まります。

$$\Delta Y = \frac{1}{1 - c_1(1 - \tau)} \Delta G \tag{9-10}$$

したがって、政府支出の乗数は、$1/(1 - c_1(1 - \tau))$ となります。この乗数は、4章で求めた政府支出の乗数 $1/(1 - c_1)$ より、限界消費性向と限界税率の積 $c_1\tau$ だけ乗数の分母が大きくなっているので、政府支出の国民所得に与える影響が小さくなっていることがわかります。もし、限界消費性向 c_1 が0.7、限界税率 τ が0.2 だとし、政府が1兆円の政府支出の増加を実施したとすると、国民所得は約2.27（$=1/(1-0.7(1-0.2))$）倍の約2.27兆円増加します。もし $\tau=0$ だとすると、国民所得は約3.33（$=1/(1-0.7)$）倍の約3.33兆円増加します。このように、Y に比例した税制（累進課税）が導入されると、乗数が小さくなり財政政策の実施や投資 I の増大などによる国民所得の変化が小さくなります。税のこのような機能を**自動安定化機能**（ビルトイン・スタビライザー）と呼びます。

コラム：所得税について

　日本の所得税は、平成27年分以降から表9-1のようになっています。
　表9-1より、限界税率 τ は7段階に分かれていることになります。このような課税方法を**累進課税**といいます。もし、所得が500万円だとすると、500万円×0.2－42.75万円＝57.25万円の所得税を支払うこととなります。

表9-1　所得税の税率（平成27年分以降）

課税所得金額	税率	控除額
0.1万円から194.9万円まで	5%	0円
195万円から329.9万円まで	10%	97,500円
330万円から694.9万円まで	20%	427,500円
695万円から899.9万円まで	23%	636,000円
900万円から1799.9万円まで	33%	1,536,000円
1,800万円から3,999.9万円まで	40%	2,796,000円
4,000万円以上	45%	4,796,000円

注）1,000円未満の端数金額を切り捨てた後の金額。
出所）国税庁ホームページ（https://www.nta.go.jp/taxes/shiraberu/taxanswer/shotoku/2260.htm）

③ *IS-LM* 分析による財政政策

2 節では、45 度線分析を用いて財政政策について考察をしました。本節では、7 章の *IS-LM* 分析を用いて、財政政策の実施が総需要にどのように影響を与えるかを考察します。

7 章で、財市場を均衡させる *IS* 曲線と、資産市場を均衡させる *LM* 曲線の式が、それぞれ次のように求まりました。

$$IS 曲線：Y = C(Y, T) + I(r) + G \qquad\qquad (9\text{-}11)$$

$$LM 曲線：\frac{M}{P} = l(Y, r) \qquad\qquad (9\text{-}12)$$

ただし、$l(Y, r)$ は貨幣の需要関数を表します[3]。(9-1) 式と (9-11) 式の違いは、投資 I が利子率 r に依存していることを考慮しているか否かの違

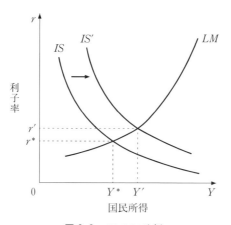

図 9-8 *IS-LM* 分析

---

3) 4 章では、消費関数は可処分所得 $Y - T$ に依存して消費が決まる $C(Y, T) = C$
$(Y - T)$、として表記されていました。一方、貨幣需要関数は、取引動機に基づく貨幣需要と貨幣の資産需要の双方を考慮した貨幣需要関数 $l(Y, r) = k(r)Y$ として表されていました。

いです。今、財政政策として政府支出 G を ΔG だけ増加させたとします。
すると、財市場で利子率がそのままだとすると、超過需要が発生しますので、
国民所得 Y も増加します。したがって、IS 曲線は、右側にシフトします。
一方の LM 曲線は（9-2）式から明らかなように、そのまま変化しません。
この結果、国民所得と利子率が上昇します。この関係を図9-8に表しました。
なお、財政政策として減税 ΔT が実施されたとしても、程度の違いは別とし
て同様の効果を得ることができます。

クラウディング・アウト効果

　財政政策による利子率の上昇をもう少しくわしく説明すると次のようにな
ります。財政政策により国民所得が増加し、財市場で超過需要が発生すると、
貨幣に対する需要も増加します。したがって、資産市場を均衡させるため、
利子率が上昇して貨幣需要を抑えることで資産市場が均衡します。

　（9-11）式より投資 I は利子率の関数となっていることがわかります。投
資は利子率が上昇すると抑制され、利子率が低下すると増加します。つまり、
投資は利子率の減少関数となっています。式で表すと、$I'(r)<0$ となります。
したがって、財政政策が実施されることで利子率が上昇すると投資が抑制さ

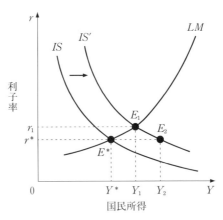

図9-9　クラウディング・アウト

れます。投資が抑制されると、財市場での総需要も抑制されます。図9-9に
このことを示しました。

　このように、財政政策の実施のために投資（この場合は民間の投資を意味して
います）が抑制されることを、**クラウディング・アウト効果**と呼びます。図
9-8では、まず、財政政策の実施により国民所得が Y^* から Y_2 に増加します。
しかし、利子率が r^* から r_1 に上昇することで民間の投資が**クラウド・アウ
ト**され、国民所得が Y_2 から Y_1 に減少します。この $Y_2 - Y_1$ だけ、民間の
投資がクラウド・アウトされています。

④　リカードの等価定理・バローの中立命題

リカードの等価定理

　財政政策として政府支出を拡大するためには、その資金をどのように調達
するか（財源）を考えなければなりません。考えられる資金調達の方法とし
ては、政府の発行する債券である国債の発行による方法と、税による方法が
あります。このように2種類の資金調達の方法がある場合に考えなければな
らない問題は、資金の調達方法によって、財政政策の影響が異なるのか否か、
という問題です。この問題を分析するために、財政政策の2つの資金調達方
法が、家計の消費行動にどのように影響するかを考察します。

　政府が国債を発行して資金調達を行ったとすると、政府は国債の償還まで
の利子の支払いと、償還時の元本の支払いを行わなければなりません。した
がって、国債の発行による財政の影響を調べるためには、時間を考慮した分
析をしなければなりません。そこで、12章で考察する異時点間の家計の消
費問題を解くことで、財政政策の影響を調べます。したがって、本節を理解
するためには、12章1節を合わせて読む必要があります。簡単化のために、
現在（今期）と将来（来期）からなる2期間モデルを採用します。まず、税に
よって財政政策の財源を全額調達をする場合を考察します。次に、減税を実
施し減少した財源を国債の発行によって調達をする場合を考察します。これ

ら2つの結果を比較することで、資金調達の違いによる財政政策の影響について調べます。

　税による資金調達の結果、政府支出が実施されているとします。このとき、政府は調達された額と同額の政府支出を実施するとします。したがって、今期と来期の政府の予算制約は、それぞれ次となります。

$$G_1 = T_1 \tag{9-13}$$
$$G_2 = T_2 \tag{9-14}$$

ただし、G_1、G_2は今期と来期の政府支出を、T_1、T_2は今期と来期の税をそれぞれ表します。一方、今期の家計の予算制約は次となります。

$$C_1 + S_1 = Y_1 - T_1 \tag{9-15}$$

　12章の（12-7）式と比較するとT_1の大きさだけ所得が小さくなっています。来期の家計の予算制約は

$$C_2 = (1+i)S_1 + Y_2 - T_2 \tag{9-16}$$

となります。家計は予算制約（9-15）式、（9-16）式のもと、2期間にわたる消費から得られる効用 $U(C_1, C_2)$ を最大にするように、各期の消費 C_1、C_2を選択します。12章と同様にして、（9-15）式、（9-16）式から貯蓄S_1を消去し、家計の予算制約を1つにまとめます。

$$C_2 = -(1+i)C_1 + (1+i)Y_1 + Y_2 - (1+i)T_1 - T_2 \tag{9-17}$$

　家計の効用を最大とする各期の消費は、予算線（9-17）と効用関数から導き出される無差別曲線が接するところ（C_1^*, C_2^*）で決まります。この関係を図9-10に示しました。

　次に、減税を実施し減少した財源を、国債の発行によって調達し、政府支出が実施されているとします。政府支出の大きさは税で全額調達される場合と同じであるとします。また、減税が実施されるのは今期だけだとします。したがって、国債が発行されるのも今期だけだとします。発行された国債は来期に償還されるとします。償還時には元本と利子が支払われることになります。ここで、簡単化のため、利子率は家計と企業の問題を考えるときの利子率iと等しいとします。また、重要な仮定として、家計は減税が実施され

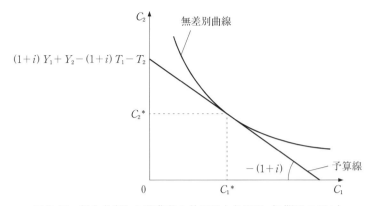

図9-10　税を考慮した消費者の効用最大化問題（2期間モデル）

るのは今期だけであること、来期には国債の償還のために増税が実施される
ことを予想しているとします。

　今期の政府の予算制約は、

$$G_1 = (T_1 - B_1) + B_1 \tag{9-18}$$

となります。ただし、B_1 は減税額、つまり国債の発行額を表します。

　一方、来期の予算制約は、

$$G_2 + (1+i)B_1 = T_2 + (1+i)B_1 \tag{9-19}$$

となります。左辺の $(1+i)B_1$ は、来期に政府が支払う元本 B_1 と利子 iB_1
の合計を表します。右辺の $(1+i)B_1$ は、国債の償還に必要な額 $(1+i)B_1$
を支払うために、同額の増税を必要とすることを表します。

　今期の家計の予算制約は次となります。

$$C_1 + S_1 = Y_1 - (T_1 - B_1) \tag{9-20}$$

　減税が実施されるため、可処分所得が（9-15）式と比べ増加しているこ
とがわかります。一方、来期の家計の予算制約は

$$C_2 = (1+i)S_1 + Y_2 - (T_2 + (1+i)B_1) \tag{9-21}$$

となります。増税が実施されるため、可処分所得が（9-16）式と比べ減少
していることがわかります。家計の効用最大化問題を税だけのときと同様に

して解きます。家計の予算線は、

$$C_2 = -(1+i)C_1 + (1+i)Y_1 + Y_2 - (1+i)T_1 - T_2 \qquad (9\text{-}22)$$

と求まります。税だけで資金調達をされたときの予算線（9-17）式と、国債の発行がなされたときの予算線（9-22）式が等しくなります。したがって、消費者の効用を最大とする各期の消費が、同一の (C_1^*, C_2^*) となります。以上より、今期減税により増加した可処分所得はすべて貯蓄にあてられ、来期の増税分を貯蓄の増加分で補うことがわかります。

　このように、政府支出のための資金調達が税金でなされようが国債の発行でなされようが、家計の行動に与える影響は変わらないことを**リカードの等価定理**といいます。ここで、リカードの等価定理の前提となっている、家計の来期に対する予想が重要な役割を果たしていることに注意してください。家計がもし、来期の増税を予想していなければ、当然、異なる消費行動を取ることとなります。もし予想をしていたとしても、将来としての来期が家計の生存期間を超えていれば、家計は今期の消費を増加させるかもしれません。そのことについて、次で考察します。

バローの中立命題

　リカードの等価定理の前提となっている家計の将来に対する予想について、子供や孫といった将来世代のことを考慮して考察を行います。

　子供や孫がいる多くの人にとって、子供や孫に遺産を残すことは自然なことのように思われます。将来の増税が予想されているのであればなおさらです。このような人々の**遺産動機**をリカードの等価定理に応用したのがバローです。

　簡単化のために、C_1 を親の消費、C_2 を子の消費とします。親は子供が消費することからも満足を得られるとします。すると、今まで議論をしてきた家計の効用関数 $U(C_1, C_2)$ が、そのまま親の効用関数として適応できます。したがって、もし家計が将来にわたり子、孫、ひ孫……と続いていくとすると、たとえある世代の間に増税がなかったとしても、将来ある世代で増税が

なされると予想するなら、リカードの等価定理が成り立つことがわかります。これを**バローの中立命題**と呼びます。

10

マネーストックと利子率

　5章で貨幣の需要と供給について簡単に見ましたが、この章では貨幣の概念や、貨幣が供給されるメカニズムと利子率の関係など、**マネーストック** (money stock) をめぐる問題についてもう少し詳細に見ていきましょう [1]。

1　貨幣とは何か（貨幣の概念）

　5章では貨幣を利子が付かない資産として分析を進めましたが、実際には貨幣の概念は1つではありません。現金通貨という最もモノやサービスに交換できる可能性が高い、すなわち「流動性」の高い**法貨**（法律で強制通用力を与えられている貨幣、legal tender）への変換しやすさの程度に応じて、いくつかの概念があります。図10-1に日本銀行によるマネーストック統計を示しておきますので参照してください [2]。

　図から、さまざまな金融商品があって、マネーストック（貨幣残高、または通貨残高）にもいくつかの定義があることがわかりますが、マネーストックは、

---

1)　5章では貨幣供給量（money supply）と呼びましたが、日本では 2008 年 6 月から統計用語として従来マネーサプライと呼んでいたものをマネーストックと呼ぶようになりました。本書では日本の統計を意識する場合はマネーストックと呼び、理論的な説明を行う場合は貨幣供給量と呼ぶことにします。

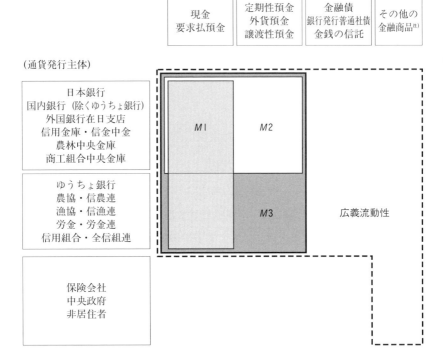

（金融商品）

| 現金 要求払預金 | 定期性預金 外貨預金 譲渡性預金 | 金融債 銀行発行普通社債 金銭の信託 | その他の 金融商品^{注)} |

（通貨発行主体）

日本銀行
国内銀行（除くゆうちょ銀行）
外国銀行在日支店
信用金庫・信金中金
農林中央金庫
商工組合中央金庫

ゆうちょ銀行
農協・信農連
漁協・信漁連
労金・労金連
信用組合・全信組連

保険会社
中央政府
非居住者

図 10-1　マネーストック統計

注）金融機関発行 CP（Commercial Paper）、投資信託（公募・私募）、国債、外債。
出所）日本銀行調査統計局（2014）「マネーストック統計の解説」
　　　http://www.boj.or.jp/statistics/outline/exp/data/exms01.pdf

基本的に、金融機関以外の企業、個人、地方公共団体などが保有している貨

幣量の残高です（金融機関や中央政府が保有する預金などは対象となっていません）。

貨幣は日本銀行のみが発行しているのではなく、さまざまな金融機関も発行

2）　経済学者は money を「貨幣」と呼んでいますが、表にある「貨幣流通高」の「貨幣」
　　は硬貨のことです。日本では硬貨のことを法律的には「貨幣」と呼んでいます。その代
　　わり、政府・日本銀行関係者は、経済学者が「貨幣」と呼んでいる概念を「通貨」と呼
　　んでいます。本書では money を「貨幣」としますが、どちらの意味で記述しているの
　　か、混同しないように注意してください。

しています（図では「通貨発行主体」となっています）。統計の対象となっている
金融機関の違いも貨幣の概念の違いに関係してきます。主要なマネーストックの定義は以下の通りです。いずれも通貨発行主体として統計の対象となっている金融機関の保有分を差し引いたものです。

　　現金通貨……日本銀行券発行高および貨幣流通高
　　預金通貨……要求払預金（普通、当座など）
　　準通貨……定期性預金など
　　譲渡性預金（*CD*）……市場で売買できる定期性預金
　　M1 ＝現金通貨＋預金通貨
　　M3 ＝*M*1＋準通貨＋譲渡性預金
　　M2 ＝*M*3のうち従来の対象金融機関分
　　広義流動性……通貨保有主体が保有する現金・預金および現金・預金と
　　　代替性の高い金融資産を幅広く推計・集計した集計量

　さまざまな貨幣の概念がある中で、日本では実体経済活動との関係から、*M3*と広義流動性を重視しています。通常、取引の決済に使われる貨幣として直観的に理解できる*M*1よりも、より広い概念が重要視されていることに注意してください。したがって、5章では貨幣を利子が付かない資産としましたが、*M3*のように貨幣の概念をより広く考えると、厳密には貨幣の中にも定期性預金のように利子が付くものが含まれていることに注意してください。その場合、貨幣保有の機会費用としての利子率とは、債券利子率と定期性預金利子率との金利差（債券利子率−定期性預金利子率）と考えてください。広義流動性は、金融商品間の預け換えによる変動を受けにくいので注目されることが比較的多いのですが、国債などが含まれていることから、本書で考えている貨幣のイメージにはなじみません。また、本書など、マクロ経済学の本では利子率として1つの債券利子率を考えていますが、実際には、図にあるようなさまざまな金融商品ごとに利子率が定義されます。一般的に、利

子率は同じ方向に動くことが多いので、マクロ経済学では1つの利子率で代表させているのですが、もちろん、個々の金融商品ごとに利子率が変動することもあります。たとえば、国債利子率が変化しなくても、倒産する可能性が高くなった企業の社債の利子率が高くなることがあります。

コラム：貨幣の価値尺度としての機能

　当たり前と思われるかもしれませんが、財・サービスの値段は円単位で表現されています。貨幣には財・サービスの価値を表現するという価値尺度としての機能もあります。このことは価格に関する情報コストを削減しています。もし貨幣がなければ、1つの財の価値は、さまざまな他の財・サービスとの交換比率（相対価格）によって表現する必要があります。たとえば、たかだか10個の財・サービスであったとしても、1つの財に対して相対価格は9個必要ですので、すべての財・サービスでは、相対価格の数は10×9÷2で45個必要になります。それに対して、10個の財・サービスのうち1つが貨幣(ニューメレール：価値尺度財)だとすると、必要な価格の数は全部で9個に減ります。このように、貨幣という価値尺度財があるおかげで、値札のスペースが大いに節約できています。

---

② マネタリーベース（ハイパワード・マネー）

　マネーストックには、民間銀行が提供する預金も含まれています。そのようなマネーストックがどのようにして決まるかを理解するためには、**マネタリーベース**（monetary base）という概念を考える必要があります。図10-2に日本銀行のバランス・シート（貸借対照表）、図10-3に民間銀行のバランス・シートを必要な部分だけ取り出し簡略化して示しました。

　マネタリーベースとは、日本銀行が供給する貨幣のことです。したがって、日本銀行が直接コントロールできる貨幣の量になります。マネタリーベースは**ハイパワード・マネー**（high-powered money）と呼ばれることもあるので、Hという記号で表すとすると、具体的には

資産	負債	
対外資産（短期）（純）	流通現金	
政府向け信用	（現金通貨）	*CC*
民間銀行向け信用	（銀行手元現金）	*VC*
	日銀当座預金	*RE*
	政府預金等	

図 10-2　日本銀行のバランス・シート

資産		負債	
現金　*VC*		預金通貨	*DP*
日銀当座預金　*RE*		準通貨＋*CD*	*DP*
対外資産		対外負債	
政府向け信用（国債等）		通貨当局からの信用	
民間向け信用（貸出等）			

図 10-3　民間銀行のバランス・シート

マネタリーベース（ハイパワード・マネー）H

$\equiv$現金通貨＋銀行手元保有現金＋日銀当座預金

$\equiv$流通現金＋日銀当座預金　　　　　　　　　　　　(10-1)

です。現金通貨が日本銀行券発行高および貨幣流通高から金融機関保有分を差し引いたものでしたので、Hには**銀行手元保有現金**を加え、さらに**日銀当座預金**を加えています。日銀当座預金とは、民間銀行が日本銀行に預けているお金のことです。民間銀行は法律によって、受け入れている預金額の一定割合（**法定準備率**といいます）を日本銀行に預けないといけないことになっています。その預けてあるお金が日銀当座預金です。日銀当座預金は、法定準備率を上回って預けてもよく、上回っている部分は**超過準備**といいます。銀行手元保有現金と日銀当座預金の合計を**支払準備金**という場合もあり、銀行手元保有現金＋日銀当座預金$\equiv$支払準備金です。また、

流通現金$\equiv$現金通貨＋銀行手元保有現金

$\equiv$日本銀行券発行高＋貨幣流通高　　　　　　(10-2)

という**流通現金**という概念もあります。

　ここで、現金通貨（cash currency in circulation）を *CC*、銀行手元保有現金

（<u>v</u>ault <u>c</u>ash）を VC、日銀当座預金（<u>reserves</u>）を RE という記号で表すとすると、$H \equiv CC + VC + RE$ となります。このようなマネタリーベースは、日本銀行が供給する貨幣量で、日本銀行の負債として全体量を直接コントロールできる貨幣量です（ただし、定義からわかるように、内訳まではコントロールできません）。

コラム：中央銀行の機能

　一般に中央銀行には、①発券銀行、②銀行の銀行、③政府の銀行としての機能があります。①発券銀行とは、法貨である日本銀行券を発行する銀行であるということです。しかし、イギリスのスコットランドではイングランド銀行発行の紙幣以外に、バンク・オブ・スコットランド、ロイヤル・バンク・オブ・スコットランド、クライズデール銀行が発行する紙幣も法貨として流通しています。一国内で流通する貨幣は1つの中央銀行が発券している貨幣とは限りません。逆に、ユーロはユーロ圏諸国の法貨です。ユーロ圏内諸国の中央銀行は独自の貨幣を発券していません。貨幣発行という一国の主権の一部を放棄しています。

　②銀行の銀行とは、日本銀行が民間銀行にとっての銀行であるという意味です。日銀当座預金は民間銀行にとって準備金という役割がありますが、それ以上に、民間銀行間の資金決済を行うという機能のほうが平時では重要です。日々、銀行間での資金の決済は、個別銀行間で現金をやりとりするのではなく、各銀行が持っている日銀当座預金間で振り替えることによって決済されています。そのことで、日本銀行は銀行のための銀行という機能を持っています。

　③政府の銀行とは、政府が日本銀行を通じて民間と取引しているという意味です。政府は民間経済主体と直接には取引せず、日本銀行の政府当座預金を通じて取引しています。政府の民間との取引には納税の時期などの季節性があるので、日本銀行はそれらを日々調整していますし、国債の発行・償還事務や、外国為替市場への介入も日本銀行を通して行われています。

---

③ 貨 幣 乗 数

　ここでマネーストックとマネタリーベースの関係を見ていきましょう。マネーストックを M、預金（<u>deposit</u>）を DP とすると、マネーストックは

$$M \equiv CC + DP \qquad\qquad (10\text{-}3)$$

と表せます。M とマネタリーベース H の比をとり、分母分子を DP で割って少し変形すれば、次のような関係になります。

$$\frac{M}{H} \equiv \frac{CC + DP}{CC + VC + RE} = \frac{\dfrac{CC}{DP} + \dfrac{DP}{DP}}{\dfrac{CC}{DP} + \dfrac{VC}{DP} + \dfrac{RE}{DP}}$$

$$= \frac{cc + 1}{cc + vc + re} \equiv m > 1 \qquad\qquad (10\text{-}4)$$

$$cc \equiv \frac{CC}{DP}, \quad vc \equiv \frac{VC}{DP}, \quad re \equiv \frac{RE}{DP}, \quad vc + re < 1$$

　ここで、cc は現金・預金比率、vc は銀行手元現金・預金比率、re は預金準備率と呼ばれていて、それらを使って、M と H の比率である m が定義されます。分母にある $vc + re$ が1より小さいので、m は1よりも大きくなり、**貨幣乗数**（money multiplier）と呼ばれます。cc、vc、re はそれぞれ、現金通貨、銀行手元現金、日銀当座預金を預金に対してどれくらい持つかという比率ですので、民間部門や銀行が決定するものです。したがって、日本銀行は m をコントロールすることはできません（re の法定準備率部分だけがコントロール可能です）。しかしその値は、通常は制度的要因で決まり、変化しにくい（あるいは日本銀行がその変化を予想できる）と考えられます。そうすると、この定義式を $M = mH$ と書き換えることによって、H を決めればその m 倍の貨幣が供給される（M は $M1$、$M3$ など何でもよい）というように考えることができます。つまり、m の値がわかっているという前提で、日本銀行は自らの負債であり、直接コントロールできる H の量を決めることによって、その m 倍である M をコントロールできると考えられるわけです。

　現実のマネタリーベースと貨幣乗数の推移を図10-4に示しました。参考のために広義流動性に対する貨幣乗数も示しました。日本銀行の金融政策が「ゼロ金利政策」、「量的金融緩和政策」、異次元とも呼ばれる「質的・量的金

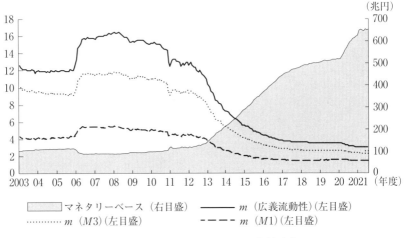

図 10-4　マネタリーベースと貨幣乗数

出所）日本銀行ホームページより作成。
　　　https://www.boj.or.jp/statistics/money/index.htm/
　　　https://www.boj.or.jp/statistics/boj/other/mb/index.htm/

融緩和政策」など、非伝統的な金融政策を採用せざるをえない経済状況が続いているため、各マネーストック指標とも貨幣乗数は安定した値で推移していないことに注意してください[3]。

④　マネタリーベースの供給方法

　では、マネタリーベースはどのようにしてコントロールされるのでしょうか。それはマネタリーベースが市場に供給される方法を見ていけばわかりま

---

3)　貨幣乗数が安定的でない理由は後ほど述べますが、2011 年 3 月 4 月あたりで一時的に急激なマネタリーベースの増加と、貨幣乗数の低下が観察されました。これは、東日本大震災に関連した混乱が広がるのを防ぐために、日本銀行がマネタリーベースを増加させて決済システムの安定性を保ったからです。

す。マネタリーベースの供給方法には、①公開市場操作、②貸出政策（基準
割引率の変更）、③法定準備率操作、④外国為替市場への介入、の４つがあり
ます。

公開市場操作

　公開市場操作（OMO：open market operation）は、金融機関だけでなく、一
般企業なども参加できる公開の債券市場で国債や手形を売買することでH
を管理調整する手段です（金融機関だけが参加できる市場を銀行間市場〔インターバ
ンク市場〕といいます）。必ずしも公開市場で行われずに、相手を指名した相対
で行われることもあるので、日本では債券売買操作と呼ばれることもありま
す。たとえば、債券の買いオペとは、市場に流通している債券を日本銀行が
買って、売った債券保有者に資金を供給することになります。日本銀行が市
場に１プレーヤーとして参加して、Hの供給量や利子率をコントロールす
る方法で、近年、供給手段の主流になってきています。日本銀行は資金需給
の季節変動を受動的に調整するとともに、市場に参加することによって、**市
場との対話**を通じて、他の市場参加者に能動的な金融政策の意図や方向性な
どを伝えようとしています。なお、近年、金融政策の出発点（政策手段）は、
金融機関の資金過不足を調整しているインターバンク市場であるコール市場
で、翌日物（オーバーナイト）のコールレートに影響を与えることが中心に
なってきています。

貸出政策（基準割引率の変更）

　基準割引率および基準貸付利率（basic discount rate and basic loan rate）とは、
日本銀行が民間銀行に資金を貸すときに適用する利子率です。基準割引率と
市場金利の水準を比較して、金融機関は日本銀行から資金を借りるか市場で
調達するかを判断します。以前は公定歩合と呼ばれ市場金利より低い水準で
したが、現在は逆に高くなっています。

　2001年３月から、補完貸付制度（金融機関が、一定の条件のもとで、あらかじめ

差し入れた担保の範囲内で日本銀行から借入を行うことができる制度）で適用される金利という性格になりました。市場金利で資金を調達できなくなった金融機関が日本銀行から借りる際に適用される金利という性格になっていて、基準割引率および基準貸付利率の変更によって民間銀行の日本銀行からの借入量を変化させ、H を変動させるという方法は採られなくなりました。

　コラムで述べたように、中央銀行は銀行の銀行という役割を持っています。民間銀行の経営が危うくなったときに、金融システム全体に影響が及ばないよう民間銀行に対する「最後の貸し手」として機能することが求められ、市場金利で資金を調達できなくなった民間銀行に日本銀行がこの基準割引率で貸し出します。

　規制金利時代には、預金金利等の金利が公定歩合に直接的に連動していたために、公定歩合が金融政策の基本的なスタンスを示す代表的な政策金利でした。しかし、1994 年に金利自由化が完了し、公定歩合と預金金利の直接的な連動性はなくなりました。翌日物コールレートが政策金利となり、公定歩合に政策金利としての意味合いがなくなったため、現在では「公定歩合」の名称も使われていません。

法定準備率操作

　法定準備率を変更すると、一定の預金に対して、日銀当座預金に預けなければならない額が変わります。もしそれが全体としての RE を変化させるのであれば、H が変化します。しかし、この方法はすべての対象金融機関に適用される強力な手段であり、日本の場合は H を変動させる目的ではほとんど用いられません。

外国為替市場への介入

　政府は**外貨準備**を保有していて（外国為替資金特別会計で管理しています）、それを使って外国為替市場に介入し、為替レートを誘導する場合があります。目的は為替レートの誘導ですが、その結果として H が変動してしまいます。

たとえば、円安を阻止するために、ドル売り・円買い介入をしたとしましょう。市場に出回っているドルを売って、円を買うわけですから、市場で流通している円の量が減ります。すなわち H の量が減ります。逆に、ドル買い・円売り介入の場合は、市場で流通している H が増えます。外国為替市場への介入は、日本では財務省の専管事項で、日銀が委託されて介入しますが、結果としてこのように H を変動させることになりますので、マネタリーベースの供給方法の１つになります[4]。

⑤　貨幣乗数の背後にある信用創造のメカニズム

３節では $M = mH$ として H を決めれば、その m 倍の貨幣が供給されるとしました。しかし、もともとの貨幣乗数 m は M を H で割った値であり、定義です。H が増えたときに M が増えるプロセスはどうなっているのでしょうか。その背後には、預金の創出あるいは信用創造といわれるメカニズムがあります。

今、公開市場操作で買いオペが行われ、銀行は債券を売って資金を手に入れたとしましょう。このことは H が増えることを意味します。銀行は手に入れた資金をたとえば、企業に貸し出すとしましょう。企業は借りた資金で取引をします。お金を受け取った企業はどうするでしょうか。現金で保有するか、預金として銀行に預けるか、どちらかです。日本に銀行はたくさんありますが、日本経済全体で見ると、海外にお金が出ていかない限り、どこかの銀行に預金されることになります。日本経済全体に対して、あたかも銀行

---

4)　政府は外国為替市場へ介入した場合、通常は7章のコラムで紹介したような、外貨準備の増減による H の変動を公開市場操作で相殺する不胎化（中立化）政策を行っています。しかし、2003年度は違いました。2003年度は、民間の金融収支が赤字（資本の流入）で円高圧力が強く、これに対して政府は外国為替市場で大量の外貨買い・日本円売りの市場介入を行って円高を阻止しようとしましたが、このとき政府は不胎化（中立化）政策を行わず、介入資金を放置して H が増大することを容認して、金融緩和政策の一環としました。結果として外貨準備は大幅に増え、全体の金融収支も黒字になりました。

が1つしかないように考えればよいので、貸し出された資金の一部は、預金として銀行に戻ってくることになります。すなわち、銀行の預金が増加し、マネーストックが増えます。

　銀行は増えた預金のうち、一部を支払準備として手元に残し、残りを企業に貸し出すことができます。貸出を受けた企業は……というようなプロセスが続いていきます。その結果、預金が増え、マネーストックも増えることになります。したがって、マネーストックが増える背後で、企業への貸出、すなわち企業向けの信用が増えていることになります。このようなメカニズムが背後にあるので、貨幣乗数は**信用**〔**創造**〕**乗数**（credit creation multiplier）と呼ばれることもあります。

6　マネーストックへの利子率の影響

　これまでは M は r に依存しないとしてきましたが、厳密には、cc、vc、re は、いずれも債券利子率 r が変わると変化すると考えられます。現金通貨や銀行手元現金はもちろん、日銀当座預金にも利子は付きません。債券利子率は、利子が付かない現金通貨や銀行手元現金、日銀当座預金を保有する際の**機会費用**（opportunity cost）と考えられるので、r が上昇すると、民間部門や銀行は、できるだけそれらを手元に置かないようにしようとするでしょう。したがって、r が上がると cc、vc、re は低下すると考えられます。そうすると、m の分母の値がより小さくなるので、m は大きくなります。したがって、M は r の増加関数になります。5章では M は r に依存しない金融政策変数であり、定数としていましたので、変更する必要があります。しかし、IS-LM 分析では、M が r に依存しないとしたときよりも、LM 曲線がより水平になるだけで、定性的な性質は変わりません。

7　クレジット・ビュー

　以上はマネーストックのコントロールについての伝統的な経済学による考え方で、**マネー・ビュー**（money view）あるいは**乗数アプローチ**（multiplier approach）と呼ばれています。しかし、異なった考え方もあります。月内変動や季節変動など、日々の金融調節において、日本銀行は受動的に民間の資金需要に対応して、利子率の乱高下を防ぎ、平準化するようにしています。その意味では H は受動的に変動し、したがって、M は内生的に決まるとも考えられます。**内生的貨幣供給**（endogenous money supply）という考え方です。

　ここで、図10-2の日本銀行のバランス・シートと図10-3の民間銀行のバランス・シートを統合すればどうなるでしょうか。日本銀行の資産である民間銀行向け信用と民間銀行の負債である通貨当局からの信用は等しく、また、日銀当座預金は日本銀行にとっての負債であり、民間銀行にとっての資産であって等しいので、「銀行手元現金」と「日銀当座預金」を消すように、2つのバランス・シートを統合します。

　そして、日本銀行と民間銀行が資産として保有している有価証券と対外資産を合計し、右辺の（現金通貨）の項を左辺に移動させて整理すると、次の式が得られます。

（マネーストック）＝（現金通貨）＋（預金）

　　＝（民間向け信用）＋{（対外資産）－（対外負債）}

　　　＋{（政府向け信用）－（政府預金）}　　　　　　　　　　　　（10-5）

資産	負債	
政府向け信用（国債等）	現金通貨	CC
民間向け信用（貸出等）	預金通貨	DP
対外資産	準通貨＋CD	DP
	対外負債	
	政府預金等	

図10-5　日本銀行と民間銀行を統合したバランス・シート

　この式は、日本銀行のバランス・シートと民間銀行のバランス・シートを統合したために、一国全体の金融部門と他の経済主体との取引を表しています。右辺第1項は、「民間向け信用」、右辺第2項は金融部門全体の対外純資産、右辺第3項はネットの「政府向け信用」です。したがって、この式はマネーストックが「民間向け信用」と対外純資産および純「政府向け信用」によって決まると考えることができます。**クレジット・ビュー**（credit view）あるいは**信用アプローチ**（credit approach）と呼ばれる考え方は、マネーストックがこのような要因によって決定されていると考えます。「民間向け信用」と純「政府向け信用」の項は「国内信用」と呼ばれます。したがって、マネーストックの変化は、当局による外国為替市場での介入と国内信用拡張によって生じます。つまり、国内と海外の両方の原因から生じることになります。

　ここで注意すべきことは、マネーストックの決定要因にマネタリーベースが含まれていないという点です。対外純資産の変化および「政府向け信用」もマネーストックを変化させる大きな要因ですが、それ以上に「民間向け信用」が大きな要因です。対外資産の変化および「政府向け信用」に対して、日本銀行はある程度受動的に対応しなければならないとすると、政策的にマネーストックをコントロールするためには「民間向け信用」をコントロールする必要があります。そして、この「民間向け信用」をコントロールするためには、利子率の操作が必要となります。すなわち、クレジット・ビューでは、貨幣乗数で重要視されたマネタリーベースよりも、利子率によるマネーストックのコントロールが重要視されます。上で述べたように近年、公開市場操作を政策手段としてインターバンク市場の利子率をコントロールすることが金融政策の中心になってきており、そこを出発点として各種金融商品の利子率に影響を与えようとする考え方が主流になっています。

バブル経済崩壊、グローバル金融・経済危機とマネーストック

　図10-4でマネタリーベースと貨幣乗数の推移を示しました。貨幣乗数は

安定的ではありませんでした。銀行や金融システムに不安があると、人々は金融機関が破綻して預金が払い戻されないような事態を想定して、あらかじめ預金をおろして現金で保有しようとします。貨幣乗数の定義をみると、このことによって分母と分子にある cc の値は大きくなります。また、民間銀行は預金の払い戻しに備えて、手元現金を多く持ち、日本銀行にも多くの預金を預けておこうとしますので、vc と re は上昇します。分母も分子も大きくなりますが、分母のほうが大きくなる割合が大きいので、m は小さくなります。このように m は一定あるいは予測可能とは限りません。H が増えても M が増えないこともあります。

　1990 年代は、バブル経済が崩壊した後の「失われた 10 年」とも呼ばれています。大恐慌時と同じように、バブル崩壊によって企業は過剰な債務を抱えることになり、債務の返済を優先して、急速に資金需要は低下しました。1997 年頃からは金融システムに対する不安が高まり、預金を引き出して現金で保有したり、2002 年 4 月に定期性預金のペイオフが解禁されたため、要求払い預金に預け替えたりするという行動も見られました。

　日本銀行は 1999 年 2 月から「ゼロ金利政策」[5] を採用しましたが、それ以前は金融機関の超過準備はほとんどありませんでした。2001 年 3 月からは日銀当座預金残高に目標設定する「量的金融緩和政策」がとられ、2001 年 9 月からは金融システム不安への対処として、日銀当座預金の目標額を急速に引き上げて、銀行の準備金が十分にあること（超過準備になります）を民間に周知させたために、マネタリーベースが急速に増加しました。図 10-4 は新しいマネーストック統計になった 2003 年 4 月からのデータですので図にはありませんが、このような結果、貨幣乗数は急速に低下しました。2002 年 2 月から景気回復が続き、この間にペイオフは解禁されましたが、2005 年 4 月からも利子が付かない決済性預金は全額保護されることになったので、金

---

5)　金融機関間市場（インターバンク市場）であるコール市場で、今日借りて明日返すという翌日物（オーバーナイト）の金利をほぼゼロに誘導するという政策です。

融システムに対する不安は遠のきました。デフレ脱却も視野に入ったことか
ら、2006年3月に日本銀行は「量的金融緩和政策」から再び「ゼロ金利政
策」へと移行しました。その結果、日銀当座預金は急減して、図10-4から
もわかるようにマネタリーベースは急減し、貨幣乗数は急上昇しました。さ
らに日本銀行は、2006年7月に「ゼロ金利政策」も解除しました。

　2008年9月のリーマン・ショック後に起きたグローバル金融・経済危機
の際には、各国が異例の金融緩和政策を発動しました。アメリカの中央銀行
であるFRB（Federal Reserve Boad）は「ゼロ金利政策」や「量的金融緩和政
策」など、経験したことのない領域にまで踏み込んだ非伝統的な金融政策を
続け、ようやく2015年12月、7年ぶりに「ゼロ金利政策」を解除しました。
欧州中央銀行（ECB：European Central Bank）は金融緩和を続けたのち、2014
年6月から準備預金にマイナスの金利を課す異例の政策を行い（デンマーク、
スイス、スウェーデンでも行われています）、2015年1月から「量的金融緩和政策」
も行っています。日本銀行は2013年4月、黒田総裁が「量的・質的金融緩
和政策」を発表し、異次元的とも呼ばれる非伝統的な金融政策でマネタリー
ベースを急拡大する方針を示し、図10-4からはそれ以降、マネタリーベー
スが実際に急拡大していることと貨幣乗数が急速に低下していることがわか
ります。貨幣乗数の低下は、マネーストックがマネタリーベースと同じ率で
は伸びておらず信用創造も進んでいないことを示しています。また、日本銀
行も2016年2月から準備預金である日銀当座預金の一部にマイナスの金利
を課す異例の「マイナス金利付き量的・質的金融緩和政策」を導入し、さら
に2016年9月から「長短金利操作付き量的・質的金融緩和」を導入しまし
た。その主な内容の第1は、長短金利の操作を行うイールドカーブ・コント
ロール（Yield Curve Control：YCC）で、これにより長短金利の操作によって
実質金利低下の効果を追求することが金融政策運営の中心になりました。第
2は、消費者物価上昇率の実績値が安定的に2%の「物価安定の目標」を超
えるまでマネタリーベースの拡大方針を継続する「オーバーシュート型コ
ミットメント」を導入したことです。

11

金融と株価

① 金融とは

　これまで学んできた、一国におけるあるいは他国との経済活動は、GDP、消費、投資、そして輸出入といった実質的な経済変数（**実物経済**におけるマクロ変数）によって表されてきました。その背後には必ず資金の流れが存在しています。たとえば、家計は労働の報酬として受け取ったお金の一部を貯蓄に回します。これを源泉とし、企業は設備投資を行うことができます。この家計から企業への資金融通は、どのような方法で行われるのでしょうか。ここでは、マクロ経済の金融的側面（**金融経済**）について考えていきます。

直接金融と間接金融

　資金の融通のことを**金融**といい、各経済主体による現在と将来の異時点間の資金取引（**金融取引**）によって行われます。金融取引には資金の**貸出**と借**入**があり、貸出が借入を上回る経済主体を**黒字主体**（**資金余剰主体**）、資金の借入が貸出を上回る経済主体を**赤字主体**（**資金不足主体**）といいます。通常、黒字主体としては家計が、赤字主体としては企業が考えられています。

　金融取引によって、黒字主体の**貸し手**から赤字主体の**借り手**へと資金は給

付されます（借り手から貸し手へは**反対給付**）。つまり、家計の貯蓄から企業の設備投資資金へとお金は流れていくのです。ここで、資金の借り手の将来時点（満期時）における支払約束を**債務**、資金の貸し手の満期時における受取り権利を**債権**といいます。

　この借り手から貸し手への資金の流れは、**直接金融**と**間接金融**に分類されます。直接金融とは、**（最終的な）貸し手**から**（最終的な）借り手**へと資金が直接流れることをいいます。その際、借り手は貸し手に金額や返済時期等を明記した債券や株式等の証書（**本源的証券**）を発行します。また、証券会社等の**金融促進機関**がその融通の仲立ちを行います。

　これに対し、間接金融とは（最終的な）借り手が発行する本源的証券を銀行等の**金融仲介機関**が引き受け、金融仲介機関が発行する**間接的証券**を（最終的な）貸し手に渡すことで間接的に資金が融通されることをいいます。直接金融と間接金融について簡単にまとめると、図11-1のようになります[1]。

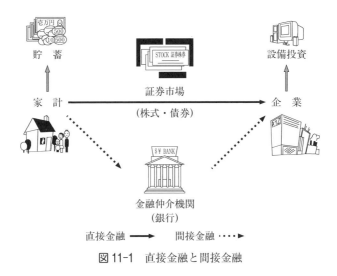

図 11-1　直接金融と間接金融

---

1)　戦後の日本経済においては、高度経済成長期の低金利政策等により間接金融が優位でしたが、近年、大量の国債発行や金融自由化による証券流通市場の整備が行われ、直接金融も伸びてきています。

金融市場の種類

　金融取引が行われる場所を**金融市場**といい、大別すると**相対取引**が行われる市場と**市場取引**が行われる市場に分類することができます。前者の市場では、ある特定の条件の下で特定主体が 1 対 1 で取引を行います。これに対し後者の市場では、取引条件を所与としたもとで不特定多数の主体が競争売買によって取引を行います。相対取引が行われる市場には、貸出市場や預貯金市場があります。一方、市場取引が行われる市場は**狭義の金融市場**と呼ばれ、時間の長さに応じて**短期金融市場**（満期が 1 年未満）か**長期金融市場**（満期が 1 年以上）に分類されます。

　短期金融市場には、金融機関と非金融機関が参加できる**オープン市場**と、金融機関間のみで取引が行われる**インターバンク市場**があります。

　これに対し、長期金融市場には**公社債市場**と**株式市場**があります。ここで、各経済主体は株式や債券といった証券を用いて長期の資金調達や運用を行います。この意味で、長期金融市場のことを**証券市場**（資本市場）と呼んだりします。

　証券市場の機能面に着目すると、**発行市場**と**流通市場**に分類されます。発行市場では、債券の起債や株式の新規公開といった企業の資金調達に関わる新たな証券の発行が行われます。これに対し、発行市場ですでに発行されている証券を売買する市場が流通市場です。これら金融市場の分類は、図 11-2 のようにまとめられます。

　証券流通市場には、いわゆる市場（いちば）の意味を持つ**証券取引所**と、一定の場所を持たない**店頭市場**があります。前者の市場で行われる取引のことを**取引所取引**といい、一定の標準化されたルールに従って証券会社等の取引所会員が売買を行います。具体的には、投資家から注文を受けた証券会社が証券取引所に取り次ぎ、そこで売買の相手を探すことになります。この場合、証券取引所の会員を通じて不特定多数の投資家が取引に参加できることになります。一方、後者の市場で行われる取引は**店頭取引**と呼ばれ、証券会社等の店頭で、あるいはコンピュータや電話といった通信手段を用いて取引が行われます。

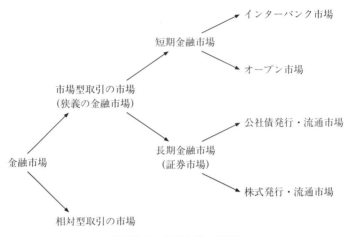

図 11-2　金融市場の種類

先の取引所取引と異なり、店頭取引は特定の顧客（投資家）と証券会社、あるいは証券会社間の相対取引によって売買が行われます。

　債券流通市場はその銘柄数が何万個にも及ぶことから、大部分が店頭取引によって占められています。これに対し、**株式流通市場**には東京、大阪、名古屋、福岡、札幌、ジャスダック（JASDAQ）の6つの証券取引所があります [2]。その9割以上の現物取引が東京証券取引所で行われていて [3]、東京証券取引所は日本の**セントラル・マーケット**としての役割を果たしています。また、これらの株式流通市場には各々、新興企業向けの市場：マザーズ、ヘラクレス、セントレックス、Q-Board、アンビシャスが開設されていて、株式流通市場の裾野を広げています。

　次に、これらの市場で取引される株式と債券について説明していきます。

---

2)　以前は、証券取引所の上場基準に満たない企業の株式を売買する店頭市場がありましたが、2004年12月にジャスダック証券取引所になりました。
3)　株式や債券といった証券、あるいは後の章で説明する為替レートの売買方法には**現物**、**先物**、そして**オプション取引**といったものがあり、通常の売買（決済時期や価格が取引時のもの）を**現物取引**といいます。

② 株式と債券

株　　式

　株式とは、それを発行している企業（**株式会社**）の所有権の持分（**エクィティ**）を表したもので、その所有者（**株主**）の当該株式会社に対する権利を示しています。この株式を表象する有価証券のことを**株券**といい、紙面で流通されていますが、2006年5月より**株券不発行制度**が適用されています[4]。

　株主の権利としては、大きく分けて**自益権**と**共益権**があります。株主は企業の所有者なので、当該企業が一定期間に稼いだ利益を**配当**という形で分配してもらうことができます（**利益配当請求権**）。また、会社が解散したときに残った財産を分配してもらうこともできます（**残余財産分配請求権**）。これら自益権に対し、共益権とは主に**株主総会**に出席して利益処分や役員選任といった会社経営に関与する権利（**議決権**）のことをいいます。これら株主権利の大きさは所有株式枚数で表され、当該株式会社の発行済み株式総数のうち何株を保有しているか、その比率に応じて権利が与えられます。

　株式の種類は、主に取引単位と権利内容によって分類されます。株式を売買するときには**単元株制度**というものがあり、各株式会社が定める単元（100株や1000株といった最低取引単位）で売買が行われます。この単元は、当該企業の株主になる取引単位を示しており、各単元で取引される株式を**単位株**といいます。たとえば、1000株が1単元になっている株式を1株あたりの時価1000円で購入する場合、最低でも100万円（1000×1000＝100万）が必要になってきます。このように、投資家の立場から考えると単位株を購入するためには多額の資金が必要となります。そこで、1995年10月より**株式ミニ投資**という制度ができ、広く個人投資家を増やすことになりました。この株式（ミ

4）　この制度により、株券の発行・不発行は各株式会社によって決めることができるようになり、株券という紙面を用いることなく株式の流通が可能になりました。また、2009年年初をめどに株式の電子登録制（株券電子化）が進められています。

二株）は単元の10分の1の枚数から売買を行うことができ、少額の資金で株式投資を行うことができるというメリットがあります。しかし、ミニ株の名義は証券会社になっていて、ミニ株保有者は株主になることができません。つまり、ミニ株を持っていても当該株式会社の議決権は得られず、また、株主優待も受けることができないのです。しかし、株式分割や配当を受け取る権利はあります。

　株式は、株主の権利内容によって**普通株**、**優先株**、そして**劣後株**に分類することができます。普通株とは株主の権利が限定されておらず、通常の株主権利が与えられた株式をいいます。一般的に、株式といえばこの普通株を指します。これに対し、優先株とは配当金や残余財産の分配が普通株の株主より優先的に受けられる株式をいいます。しかし、優先株の中には**無議決権株式**になっているものがあり、その株主は株主総会での議決権を持たず、経営に口出しをすることはできません。逆に、劣後株とは普通株の株主より遅れて配当金や残余財産の分配が行われる株式をいいます。企業の業績が悪く十分な利益が計上されていない場合、普通株を発行すると配当金を下げることになります。そこで、普通株の株主の利益を守るために経営者や発起人を対象に劣後株が発行されます。

　このほかに様式による分類で、1株あたりの金額が決められている株式（**額面株式**）と決められていない株式（**無額面株式**）があります。また、発行体による分類で、日本国籍の企業が発行する**日本株**と外国国籍の企業が発行する**外国株**があります。

債　券

　債券とは、いわゆる発行者にとっての借用（債務）証書のことで、貸借対照表上**他人資本**（**負債**）に計上される金融資産です[5]。あらかじめ、**元本・額面金額**（いくら借りるか）や**償還期限**（いつ返すか）が決められていて、債券

5）　株式は、**自己資本**（**資本**）に計上されます。

購入者（保有者）には定められた期間に一定の**クーポン**（借りている間の利子）
が支払われます[6]。また、**満期時**（償還期限の到来時）には債券購入者に元本
が償還されます。

　その種類は多様で、期間、発行体、そして機能によって分類されます。満
期時までの期間の長さによる分類では、15 年以上のものを**超長期債**、6 年以
上のものを**長期債**、1 年を超えて 5 年以下のものを**中期債**、そして 1 年以下
のものを**短期債**といいます。

　次に、発行体による分類では国が発行する**国債**（超長期利付国債、長期利付国
債、中期利付国債、割引国債、TB、FB 等）、地方公共団体が発行する**地方債**、外
国政府等海外法人・国際機関が発行する**外国債**（サムライ債、外貨建て外債、
ユーロ債等）、そして一般の企業（株式会社）が発行する**普通社債**（**事業債**）があ
ります。このほかに、公社・公団等が発行する特殊債があり、その中でも特
定の銀行・金庫が発行する債券を**金融債**といいます。

　さらに、利付機能で分類すると、一定期間ごとに発行体によって利子が支
払われる**利付債**と、あらかじめ利息分を元本から割り引いて発行され、満期
時に元本が償還される**割引債**に分かれます。

　このように、株式と異なり債券の種類は豊富で、その銘柄数も数万以上に
及びます。また、毎年さまざまな銘柄が償還を迎えたり、新規に発行された
りしているので、取引所取引を行うことは困難で、前述のように大部分が店
頭取引によって売買されます。その売買方法は、投資家の観点から次の 4 通
りに分類できます。

　①発行時に購入し満期時まで保有する
　②発行時に購入し償還期間の途中で売却する
　③既発行のものを購入し満期時まで保有する
　④既発行のものを購入し償還期間の途中で売却する
　①の方法は元本とクーポンが確定され、株式に比べてより安定的な投資収

---

6)　これは、後で説明する利付債の場合です。

益が獲得できますが、その他の方法は日々変動する債券価格によって、株式同様不安定な投資収益となります。

　さらに、株式と債券を組み合わせた証券があります。たとえば、**転換社債型新株予約権付社債**といったものです。これは、従来（2002年4月以前）の転換社債とワラント債が組み合わされたものです。転換社債とは、発行時に決められた値段（転換価格）で株式に転換できる社債のことです。また、ワラント債とは新株が引き受けられる権利（新株引受権）が通常の社債に付いている債券をいいます。

③　企業の資金調達

　以上の金融市場を通じて、あるいは、株式や債券といった証券を用いて黒字主体の家計から赤字主体の企業へと資金は融通されます。具体的に、家計の貯蓄が源泉となり、企業の莫大な設備投資資金が調達されるのです。この資金調達は、どのような手段で行われるのでしょうか。

　企業の資金調達手段には、大きく分けて2つの種類があります。第一に、企業がすでに保有している資金（**内部資金**）を用いる方法です。具体的には、**内部留保**や**減価償却費**がこれに相当します。企業は、稼いだ利益（税引き後純利益）から役員報酬を控除した残額の一部を企業の所有者である株主に**配当**として還元します。残りの一部は企業の貯蓄として内部に残しておき、内部留保という形で再び投資に向けられます。

　また、企業が所有する機械設備等の減耗分が毎期計上されますが、これは会計上の処理であって、実際に支払われるわけではありません。したがって、減耗分として計上された費用（減価償却費）は企業の貯蓄となり、利用可能な内部資金の一部を構成します。

　第二に、金融市場を通じて新たに企業外部から資金（**外部資金**）を調達する手段があります。その調達方法には銀行等金融機関からの借入といった間接金融を用いる方法と、社債や株式を発行し、広く投資家から資金を集める

といった直接金融を用いる方法があります。

　間接金融による借入（企業にとっての負債）は、特定の金融機関と企業との相対取引で行われるので、**相対型デット・ファイナンス**と呼ばれています。これに対し、直接金融の社債発行は不特定多数の投資家からの資金提供（企業にとっての負債）が行われるので、**市場型デット・ファイナンス**と呼ばれています。また、直接金融の株式発行による資金調達手段は、持分による資金提供という意味で、**エクイティ・ファイナンス**と呼ばれています。通常、企業の資金調達は内部資金を先行的に利用し、不足分を外部資金で補うという形で行われます。しかし、近年においては外部資金の利用法、とりわけ証券市場を用いた直接金融の役割が重要視されてきています[7]。

④　リスクと効率性

安全資産と危険資産

　債券や株式といった証券は、各々の流通市場で日々取引が行われていて、その価格は売買の需給関係によって日々刻々と変化しています。これらの金融商品を用いて資産運用や資金調達を行っている家計や企業にとって、その変動は**不確実**なものであり、**リスク**ととらえることができます。

　たとえば、ある投資家が100万円の資金を銀行に預金した場合（1年満期の定期性預金）、1年後には100万円と利子が戻ってきます。この利子分は、あらかじめ利率が決まっているため確定した収益を意味します。しかし、同じ100万円の資金である企業の株式を購入し1年後に売却した場合、1年後の株価が100万円を下回っていれば100万円以下の資金となり、負の収益を出してしまいます。逆に1年後の株価が100万円を上回っていれば100万円以上の資金となり、正の収益が得られます[8]。株式や債券のように、その価格

---

7)　これらの資金調達手段の優劣については、章末のコラムで紹介します。
8)　この株式による売買差益のほかに、投資家は配当という収益も得ることができます。

が日々変動する金融商品に投資を行った場合、将来得られるであろう資金の収支（**キャッシュ・フロー**）は不確実なものとなるのです。ここで、価格変動に伴う不確実な売買差益の実現を**価格変動リスク**といいます。

このように、将来のキャッシュ・フローに関する不確実性（リスク）の観点から、金融商品は**安全資産**と**危険資産**に分類することができます。将来、市場がどのような状態であっても同一の安定したキャッシュ・フローをもたらす金融商品を安全資産、市場の状態によって不確実なキャッシュ・フローをもたらす金融商品を危険資産といいます。

安全資産には、倒産確率がほぼ0％の銀行における定期性預金や財政破綻の可能性がほぼ0％の国が発行する国債が挙げられます。これに対し、企業業績の良し悪しで価格が変動し、発行体である企業が倒産する可能性のある株式は、危険資産と考えられます。一方、債券は満期時まで保有しておくと元本が償還され一定のクーポンも保証されているので、株式よりリスクは低いと考えられます。しかし、業績悪化によって利子が支払われなかったり、額面金額が償還されなかったり、あるいは、倒産してしまう可能性がある企業の発行する社債は、危険資産と考えられます。ちなみに、このリスクを先の価格変動リスクと区別して、**信用リスク**といったりします。

次に、安全資産と危険資産から得られる収益の違いについて、具体的に説明していきます。

収益率と裁定条件

ある投資家が100万円の投資資金（元本）を安全資産と危険資産に投資する場合を考えましょう。利率1％の1年満期の定期性預金に100万円預けた場合、1年後の収益は1万円（100万×0.01＝1万）となり、収益率は0.01（1万÷100万）となります。この収益率のことを**安全資産利子率**といい R_s で表します[9]。

---

9) 安全資産利子率には、通常日本の長期国債（国債10年物）の利回りが用いられます。

　これに対し、ある投資家が 100 万円で株式を購入し、1 年間で 5000 円の配当金をもらった後、101 万円で売却した場合を考えます。100 万円の資金を危険資産である株式に投資することによって得られた収益（投資収益）は、配当の 5000 円と売買差益の 1 万円です。前者を**インカム・ゲイン**、後者を**キャピタル・ゲイン**といいます[10]。この場合の投資収益率を**危険資産収益率**（R_r）といい、この場合、0.015（(1 万 + 5000) ÷ 100 万）となります。

　また、ある投資家が 100 万円で社債を購入し、1 年間に 5000 円のクーポンを得た後、101 万円で売却（償還）した場合を考えます。100 万円の資金を危険資産である社債に投資することによって得られた投資収益は、利払い：5000 円（インカム・ゲイン）と購入時と売却（償還）時の価格差益：1 万円（キャピタル・ゲイン）です。そして、危険資産収益率（R_r）は 0.015（(1 万 + 5000) ÷ 100 万）となります。

　このように、安全資産利子率（R_s）と危険資産収益率（R_r）は異なる値をとっており、R_r のほうが高くなっています。これは、危険資産がもたらす将来キャッシュ・フローの不確実性（リスク）の対価分が収益率に上乗せされているからです。このリスクに対する価値を**リスクプレミアム**（ρ）といい、安全資産と危険資産の収益率の関係は次のように表されます[11]。

　　R_r =（インカム・ゲイン + キャピタル・ゲイン）÷ 投資元本

　　　 = $R_s + \rho$　　　　　　　　　　　　　　　　　　　　　　（11-1）

　この関係式は、金融市場においてすべての資産の収益率（ρ を含む）が等しくなるように**裁定取引**が行われることで成立し、**裁定条件**と呼ばれています。ここで、裁定取引とは、純投資が 0 の状態で、価格差を利用して確実に正の利益（**利鞘**（りざや））が得られる機会（**裁定機会**）を利用する取引のことです。

　たとえば、R_r を株価収益率、R_s を国債 10 年物の利回りとしましょう。R_r

---

10)　1 年後に 99 万円で売却し、売買差損を出した場合は、**キャピタル・ロス**といいます。
11)　リスクプレミアムは、投資家がリスクを避けようとする概念から生じます。ρ（ロー）>0 の場合、投資家の選好は**リスク回避的**であるといいます。これに対し、$\rho = 0$ の場合は**リスク中立的**な投資家を想定していることになります。

$<R_s+\rho$ ならば、投資家はみんな安全資産である国債10年物を持とうとするでしょう。なぜなら、国債を購入し株式を売却することで、より高い収益を得るという裁定機会が存在しているからです。この裁定取引がすべての投資家によって行われると国債価格は上昇し、株式価格は下落することになります。

　5章でも説明されていたように債券価格と利回り（金利）の間には、1対1の逆比例関係が成立しているので、国債価格の上昇は利回りの下落（$R_s\downarrow$）を意味します。また、株価の下落は株式収益率の上昇（$R_r\uparrow$）を意味するので、先の裁定機会（$R_r<R_s+\rho$）は消滅してしまい、（11-1）式が成立することになります。このように、金融市場に安全資産と危険資産の両方が存在するためには、裁定条件が成立していなければならないのです。

効率的市場

　裁定条件は、（リスクプレミアムを考慮した上で）資産の収益率が等しくなるように取引が行われることを意味していますが、金融市場において必ず成立している関係なのでしょうか。（11-1）式が成立するためには、投資家は債券や株式といった証券の価格に関して、利用可能な情報のすべてを知っておかなければなりません。そして、投資家は証券価格に基づいて取引を行っているので、その情報はすべて証券価格に反映されていなければならないのです。

　たとえば、ある企業が製品開発に成功したという情報があったとしましょう。この情報は当該企業の株価を押し上げますが、現時点の株価がその情報を織り込んでいない場合、株価は低い水準のままです。一部の限られた投資家だけがこの情報を知っていたとすると、現在水準の低い株価で購入し、将来売却するという裁定取引を行うことで得をすることができます[12]。このように情報の伝播が完全でない場合、また、その情報が市場価格に反映され

---

12)　これらの投資家は**市場を出し抜いた**ことになります。

ていない場合、市場にはまだ利用されていない裁定機会が存在することになり、（11-1）式のような均衡式（裁定条件）は成立しません。

　裁定条件が成立している市場のことを**効率的市場**といい、効率的市場においてはもはや利用されていない裁定機会は存在せず、利用可能な情報はすべて市場参加者によって利用しつくされている状態になっています[13]。つまり、効率的市場における証券価格は利用可能な情報のすべてを即座に、かつ正確に反映しているのです。

　効率的市場の概念は、証券価格に反映されている情報の種類によって、次の3つの形式に分類されます。

　①ウィーク・フォーム：現在価格に反映される情報は過去の市場価格
　②セミ・ストロング・フォーム：現在価格に反映されている情報は公開されているすべての情報
　③ストロング・フォーム：現在価格に反映されている情報は未公開情報も含めたすべての情報

　ここで、②は①より広い範囲の情報を、③は②より広い範囲の情報を証券価格が反映していることを示しています。また、①ウィーク・フォームでは効率的市場でも②セミ・ストロング・フォームでは非効率な市場とは、投資家は過去の価格を分析することでは市場を出し抜くことはできず、企業の財務データ等の公開情報を用いれば市場を出し抜けるということを意味します。同様に、②セミ・ストロング・フォームでは効率的市場でも③ストロング・フォームでは非効率な市場の場合、投資家は過去の価格や公開された情報だけを用いても市場を出し抜くことはできず、企業の内部情報等の非公開情報を用いることで市場を出し抜くことができます。

　実際、株式市場や外国為替市場においては、大量の取引が標準化されたルールに基づいて行われていることから、インサイダー取引にあたる非公開な内部者情報以外のすべての情報が即座に正確に反映され、価格形成がなさ

---

13)　裁定機会が存在している市場を**非効率**な市場といいます。

れています。したがって、これらの市場は、②セミ・ストロング・フォーム
の効率的市場であると考えられています。

⑤　危険資産の価格決定理論

　株式や債券は、実物経済における財価格の決定理論と同様、その需給の均
衡関係から価格が変化します。買いが売りを上回る（超過需要）と価格は上
昇し、逆に、売りが買いを上回る（超過供給）と価格は下落します。では、
理論的にどの水準で証券価格は決まってくるのでしょうか。

株式の理論価格

　株価は企業価値を表したものですが、これは理論的にどのように決定され
るのか、**割引配当モデル**という株価決定理論を用いて説明します。

　今、ある投資家が100万円の投資資金を1年間運用することを考えます。
前述のように、投資家が危険資産の株式に投資をするということは、安全資
産利子率以上の収益率を期待していることを意味しています。この（投資家
に期待される）収益率を要求投資収益率といい、先の危険資産の収益率と等し
く、R_rで表します。

　現在（t期）投資を行った投資家の収益は、t期から次の（$t+1$）期までで得
られるであろう配当（インカム・ゲイン）と、t期と（$t+1$）期の価格差益（キャ
ピタル・ゲイン）から成立しているので、（$t+1$）期に期待される株価収益率
（R_r）は（11-1）式と同様、次のように表されます。

$$R_r = \frac{(D_{t+1})^e + (Q_{t+1})^e - Q_t}{Q_t} = R_s + \rho \qquad (11\text{-}2)$$

　ここで、$(D_{t+1})^e$は（$t+1$）期の（期待される）配当、Q_tはt期の株価、そし

14)　現在をt期とすると、（$t+1$）期の将来時点における価格（配当や株価）は確定的な値
　　ではなく、**期待値**の概念でとらえられます。

て $(Q_{t+1})^e$ は $(t+1)$ 期の（期待される）株価を示しています[14]。

この式を t 期の株価 (Q_t) について変形すると、

$$Q_t = \frac{(D_{t+1})^e + (Q_{t+1})^e}{1+R_r} \qquad (11\text{-}3)$$

となります。同様にして、$(t+1)$ 期の予想株価は

$$(Q_{t+1})^e = \frac{(D_{t+2})^e + (Q_{t+2})^e}{1+R_r}$$

と表され、これを（11-3）式に代入すると、

$$Q_t = \frac{(D_{t+1})^e}{1+R_r} + \frac{(D_{t+2})^e}{(1+R_r)^2} + \frac{(Q_{t+2})^e}{(1+R_r)^2}$$

となります。これを T 期まで繰り返すと、

$$Q_t = \sum_{i=1}^{T} \frac{(D_{t+i})^e}{(1+R_r)^i} + \frac{(D_{t+T})^e}{(1+R_r)^T} \qquad (11\text{-}4)$$

となり、T を無限大（∞）にすると次のような式が得られます[15]。

$$Q_t = \sum_{t=1}^{\infty} \frac{(D_t)^e}{(1+R_r)^t} \qquad (11\text{-}5)$$

（11-5）式は、現在の株価が将来期待される配当の**割引現在価値**の総和になっていることを表しているので、割引配当モデルといいます[16]。この式はまた、株価が配当や金利といった**ファンダメンタルズ**（経済の基礎的条件）で決定されることを意味しています。

このモデルは、現在の株価には将来のすべてのキャッシュ・フローが反映されていて、反映の度合い（ウェイト）は近い将来ほど大きくなることを示しています。また、安全資産利子率 (R_s) やリスクプレミアム (ρ) が大きくなり、株主の要求投資収益率 (R_r) が大きくなると、株価 (Q) が下落することも示しています。

---

15)　この式は、企業が永続的に存続することを仮定しています。また、最後の期待価格の項は、$(Q_{t+T})^e$ が有限で、しかも T が十分に大きい場合、ゼロに収束します。
16)　ここで、R_r のことを**割引率**といったりします。

債券の理論価格

　債券の理論価格も株式と同様、将来キャッシュ・フローの割引現在価値の総和として求められます。現在（t期）の債券価格を PB_t、毎期受け取る将来（($t+i$)期）のクーポンを CP_{t+i}、満期時（T期）に受け取る元本を X_T、そして満期時までの利回りを r_y とすると、利付債の価格決定モデルは次のように表されます[17]。

$$PB_t = \sum_{i=1}^{T} \frac{CP_{t+i}}{(1+r_y)^i} + \frac{X_T}{(1+r_y)^T} \tag{11-6}$$

　ここで、債券価格が上がれば利回りは下がり、利回りが上昇すれば債券価格は下落するという、PB_t と r_y のトレード・オフ関係が確認されます。

　なお、満期時における債券価格は元本の額面金額と等しくなりますが（価格変動リスクは0）、残存期間が長い債券価格ほどリスクが大きくなり、額面金額との乖離が大きくなる可能性があります。このリスクは、金利の動向、金融情勢等によって影響を受けることになります。

---

17)　(11-5) 式同様 r_y は割引率を意味し、投資家が債券保有によって生じるリスクに応じて変わってきます。なお、割引債の場合は右辺が第2項のみになります。

コラム：MM 理論

　エクイティ・ファイナンスとデット・ファイナンス、企業にとってより有利な資金調達手段はどちらなのでしょうか。この問題に対して重要な結論を導いた理論として、**MM 理論**というものがあります[18]。この理論は、理想的に完全な市場においては資金調達の方法と企業価値は独立に決まるということを示したものです。ここで、完全な市場とは、税や取引費用が存在せず、利害衝突なしで無制限に借入れが行える市場をいいます。このような市場において、企業が資金調達のためにどのような手段を用いたとしても、また、株式と債券（負債）がどのような資本構成であったとしても、企業の市場価値は変わらないということが証明されたのです。この理論は、当時の企業財務担当者に衝撃を与えました。

　具体的に、税や取引費用が存在せず、無制限に借入を行えるような市場のもとで、同一の期待営業利益を有する 2 つの企業を想定します。1 つは、資金調達を株式のみで行っている企業（A 社）で、もう 1 つは株式と社債で資金調達を行っている企業（B 社）です。直観的に負債の少ない企業、つまり株式のみで資金調達を行っている A 社のほうがその市場価値が高いイメージがあります。

　もし、A 社が負債を持たないことで企業価値を高めることに成功したならば、投資家は市場価値の高い A 社の株式を売却し、負債のある B 社の株式と債券を購入するでしょう。この裁定取引は、A 社株の価格下落を通じて A 社の企業価値を低下させます。逆に、B 社株の価格上昇を通じて B 社の企業価値を高め、両社の企業価値は均衡します。

　逆に、負債を有する B 社の企業価値が高い場合、投資家は割高な B 社の株式を売却し、負債のない A 社の株式を購入するでしょう。この裁定取引は、株価の変動を通じて両社の企業価値を等しくさせます。

　このように、企業が資金調達の手段として用いる株式と債券（負債）の構成比率を変えることで資本コストを低くし企業価値を高めようとしても、投資家がその効果を利用した裁定取引を行うことによって、効果は相殺されてしまうのです。つまり、期待利益が同じ企業の市場価値は、企業の資本構成（株式と社債の比率）と無関係に等しくなるのです[19]。

---

18)　1958 年にモジリアニとミラーという経済学者が発表した論文：Modigliani and Miller（1958）にまとめられています。また、MM 理論のくわしい解説は、野口・藤井（2000）を参照するとよいでしょう。
19)　これを、**MM の第 1 命題**といいます。

12

消費・貯蓄の決定理論、投資の決定理論
（ミクロ的基礎）

　3章では、各家計や企業の最適化行動の結果、決定された消費・貯蓄、投資の集計としてマクロの消費・貯蓄や投資が決定されることについては考察してきませんでした。そこで、本章では、各経済主体の最適化の結果、消費・貯蓄や投資が決定されることを考察します。つまり、消費・貯蓄、投資の決定理論に対して、ミクロ経済学的な基礎付けを行います。

① 消費・貯蓄

　3章の1節では、消費の決定に関する最も基本的な考え方として、所得のある割合が消費されるという考えに従い、ケインズによる消費の決定理論を考察しました。そこでは、今期の消費は今期の所得にのみ依存していると考えていました。しかし、今期に消費されず貯蓄した所得は、来期以降に消費されることとなるので、今期の消費を決定する際には、将来の消費も考慮すべきことがわかります。つまり、時間が経過していく中での消費の決定問題を考察しなければなりません。これを、**異時点間**にわたる消費の決定問題と呼びます。

1 期間モデル

　家計の異時点間にわたる消費の決定問題を考察するために、まず、期間が
1 期間しか存在しない場合を考察します。この場合は、通常のミクロ経済学
の入門で学ぶ、消費者・家計の消費理論の復習となります。期間が 1 期間し
かないので、今期の所得をすべて消費することになることに注意が必要です。
つまり、1 期間モデルでは貯蓄は存在しません。この関係を式で表すと、次
となります[1]。

$$C = Y \tag{12-1}$$

ただし、C は消費額を、Y は所得額を表します。（12-1）式を、**予算制約式**
といいます。簡単化のため、消費財は 2 種類しかないと仮定します。第 1 財
の価格を p_1、消費量を x_1 とし、第 2 財の価格を p_2、消費量を x_2 とします。
家計の消費 C は、次のように書けます。

$$C = p_1 x_1 + p_2 x_2 \tag{12-2}$$

　家計は、消費から得られる効用を最大とするように、各財の消費額を決定
するとします。家計の効用を効用関数 $U(x_1, x_2)$ で表すとすると、家計の問
題は次のように表されます。

$$\max_{x_1, x_2} U(x_1, x_2) \tag{12-3}$$

$$\text{sub to } p_1 x_1 + p_2 x_2 = Y \tag{12-4}$$

（12-3）式の意味は、効用関数 $U(x_1, x_2)$ を最大にする（maximize）ために、
第 1 財と第 2 財の消費量 x_1, x_2 を選択する、ということです。（12-4）式の
意味は、（12-3）式で財の組み合わせを選択する際に、所得 Y をすべて使
い切るような財の組み合わせを選択することを意味します。つまり予算を制
約として（subject to）最適な財の組み合わせを選択をするということです。

---

1)　3 章では t 期の消費と所得として C_t, Y_t とそれぞれ時間を表す t を明記していました
　が、ここでは、期間が 1 期間であるため、時間を表すパラメータ t を省略しています。
　次の 2 期間モデル以降の考察においては、時間を表すパラメータ t が再度必要となって
　きます。

消費者・家計の消費理論の詳細に関しては、標準的なミクロ経済学の教科書、たとえば、西村（1995）や井堀（2004）などを参照するとよいでしょう。なお、予算制約式（12-4）式は、（12-1）式に（12-2）式を代入して求めます。以下、この家計の問題を解いていきます。まず、問題を簡単に解くために、家計の効用が2つの財の消費量に依存しているのを、どちらかの財だけに依存する形にします[2]。（12-4）式を、第2財の消費量 x_2 について解くと、

$$x_2 = -\frac{p_1}{p_2}x_1 + \frac{Y}{p_2} \tag{12-5}$$

となります。（12-5）式を**予算線**と呼びます。家計の効用最大化問題を解くと、無差別曲線と予算線が接するように、財を消費すればよいことがわかります。これを表したのが、図12-1です。この議論の詳細に関しては、たとえば、西村（1995）を参照するとよいでしょう。財の消費の組み合わせ（$x_1{}^*$, $x_2{}^*$）が選ばれたときに、無差別曲線と予算線が接するということは、その

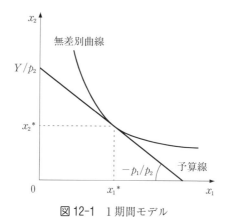

図12-1　1期間モデル

---

2)　数学の言葉を使えば、効用関数を2変数関数から1変数関数にすることに対応します。この利点は、家計の効用最大化問題を解く際に、偏微分を使わなくてはいけなかったのが、微分ですむというところにあります。また、ラグランジュ未定乗数法を使わなくても問題を解くことができます。ラグランジュ未定乗数法については、本章の付録でも少し紹介しますが、くわしくは、藤田他（2000）の4.3.2などを参照するとよいでしょう。

ときに無差別曲線の接線の傾きと予算線の傾き $-p_1/p_2$ が等しくなっているということです。予算線の傾き $-p_1/p_2$ の絶対値 p_1/p_2 は、財の**相対価格**となります。無差別曲線の接線の傾きは、第1財と第2財の交換比率を表す**限界代替率**（**m**arginal **r**ate of **s**ubsutitution：MRS）に等しく、また、限界代替率は、追加的1単位の第1財と第2財の消費から得られる**限界効用**の比率に等しくなります。この関係を式で表すと次となります。

$$\frac{p_1}{p_2} = MRS = \frac{U_1(x_1, x_2)}{U_2(x_1, x_2)} \qquad (12\text{-}6)$$

ただし、$U_1(x_1, x_2)$ は、第1財の限界効用を表し、$U_2(x_1, x_2)$ は、第2財の限界効用を表します。以上、1期間モデルにおける家計の消費問題を考察してきました。そこでは、家計の効用は最大となる財の消費は、（12-6）式より求まります。

2期間モデル

　次に、異時点間にわたる家計の消費問題の最も簡単な場合として、将来が来期のみの特別な場合を考え、期間が今期（第1期：$t=1$）と来期（第2期：$t=2$）の2期間からなる家計の消費問題を考察します。家計は、第1期の所得 Y_1 をすべて消費してしまわずに、来期の消費のために貯蓄することも可能となります。これを式で表すと次となります。

$$C_1 + S_1 = Y_1 \qquad (12\text{-}7)$$

（12-7）式は、第1期の予算制約式となります。次に、第2期において家計は、第2期の所得と第1期の貯蓄が繰り越された額をすべて消費するとします。この貯蓄は金融機関に預け入れられ、第1期に貯蓄された額は、第1期から第2期までの間に利子が付くとします。このときの利子率を $0<i<1$ とすると、第1期の貯蓄額 S_1 は、第2期には $(1+i)S_1$ に増えます。したがって、第2期は、第2期の所得 Y_2 と第1期からの貯蓄の繰り越し $(1+i)S_1$ の合計を消費することとなります。つまり、第2期の予算制約式は次となります。

$$C_2 = (1+i)S_1 + Y_2 \qquad\qquad (12\text{-}8)$$

ここで、第2期に家計は、すべての所得を消費すると仮定していることに注意が必要です。以上より、家計は、予算制約式（12-7）式と（12-8）式のもと、2期間にわたる消費から得られる効用を最大とするように消費を決定するとします。家計の効用を効用関数 $U(C_1, C_2)$ で表すと、家計の問題は次のように与えられます。

$$\max_{C_1, C_2} U(C_1, C_2) \qquad\qquad (12\text{-}9)$$

$$\text{sub to } C_1 + S_1 = Y_1$$

$$C_2 = (1+i) + S_1 = Y_2 \qquad\qquad (12\text{-}10)$$

　家計の問題を解くために、1期間のときと同様に、効用関数 $U(C_1, C_2)$ を第1期か第2期のどちらかの期の消費だけに依存するように変形します。そのために、まず、制約式（12-10）式の2本の式に出てくる第1期の貯蓄 S_1 を消去し、予算制約式を1本にまとめます。

$$C_2 = Y_2 + (1+i)[Y_1 - C_1] \qquad\qquad (12\text{-}11)$$

　家計は、予算制約式（12-11）式のもとで、効用を最大とするように各期の消費を決めます。その結果、1期間モデルと同様に、（12-11）式から導き出される予算線

$$C_2 = -(1+i)C_1 + (1+i)Y_1 + Y_2 \qquad\qquad (12\text{-}12)$$

と効用関数から導き出される無差別曲線が接するところで、家計は各期の消費を選択します。図12-2にこの関係を示しました。図12-2から読み取れることは、家計の**時間選好率** $\theta > 0$（シータ）と利子率が一致するように各期の消費が決定されることです。つまり、

$$MRS = 1 + \theta = 1 + i \qquad\qquad (12\text{-}13)$$

となるように、家計は異時点間の消費を決定するのです。

　モデルの仮定と時間選好率に関して若干の補足を行います。まず、このモデルで第2期にすべての所得を消費すると仮定しましたが、この仮定は、消費者が期間の途中で死ぬことや、第2期に、所得を使い切らず、財産を子供

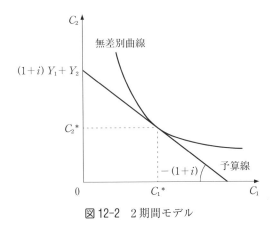

図 12-2　2期間モデル

　に残すことを考えないという意味です。次に、時間選好率に関してです。時間選好率は、第1期の消費を追加的に1単位減らした（増やした）ときに、第2期の消費をどれだけ増やす（減らす）必要があるかを示します。したがって、第1期の消費の限界効用と第2期の消費の交換比率を表す限界代替率（MRS）より求まります。本章では、限界代替率から1を引いた値 $\theta = MRS - 1 = U_1(C_1, C_2)/U_2(C_1, C_2) - 1$ として、時間選好率を定義しています。もし、第1期と第2期の消費が等しい $(C_1 = C_2)$、とすると、消費者の時間に対する選好がより明らかとなります。このときに限界代替率は1より大きい、$MRS > 1$、つまり時間選好率が正、$\theta > 0$、とすると、消費者は、将来の消費より現在の消費のほうを好むことを表します。本章では、このような消費者を仮定しています。時間選好率に関する詳細は、たとえば、西村（1995）や井堀（2004）を参照するとよいでしょう。

　次に、家計の効用が効用関数 $U(C_1, C_2)$ で与えられているとき、2期間モデルの最適な消費の組み合わせを求めます。効用関数 $U(C_1, C_2)$ が、第1期の消費から得られる効用と、第2期の消費から得られる効用を第1期の価値に直した値の総和として与えられるとします。式で表すと次となります。

$$U(C_1, C_2) = U(C_1) + \frac{1}{1+\theta}U(C_2) \qquad (12\text{-}14)$$

右辺の $1/(1+\theta)U(C_2)$ は、第2期の効用 $U(C_2)$ を時間選好率 θ で第1期の価値に直しています。第1期の価値に直すためには、家計の時間に対する好みである時間選好率で第2期の効用を調整する必要があります。本章では異時点間の限界代替率が1より大きい家計を仮定しているので、先に説明したように、時間選好率 θ は正となります。また、家計が最適な消費の組み合わせを決定する期は、現在を意味する第1期です。したがって、家計は第2期の消費より、現在の消費のほうが高い効用が得られます。このことを $1/(1+\theta)U(C_2)$ は表しています。$1/(1+\theta)$ は分母のほうが大きいので、1よりも小さな値となります $(1/(1+\theta)<1)$。したがって、$1/(1+\theta)U(C_2)$ は $U(C_2)$ よりも小さくなります $(1/(1+\theta)U(C_2)<U(C_2))$。このようにして計算した $1/(1+\theta)U(C_2)$ を、第2期の効用 $U(C_2)$ の**現在価値**（present value）といいます。また、第2期の効用を時間選好率で現在価値に調整することを、現在価値に**割り引く**といい、時間選好率を**割引率**とも呼びます。

　家計の問題（12-9）式を制約（12-10）式のもとで解きます。解き方は、まず、制約を効用関数に代入し、次に、効用関数を最大化します。予算制約（12-10）式から、C_1 と C_2 を（12-14）式に代入します。

$$U(C_1, C_2) = U(Y_1 - S_1)$$

$$+ \frac{1}{1+\theta}U((1+i)S_1 + Y_2) \qquad (12\text{-}15)$$

（12-15）式を見ると、消費 C_1 と C_2 が消去され、家計は直接消費を決定するのではなく、貯蓄 S_1 を決定することで消費を決定するという問題に、家計の問題が変更されました。変更されて家計の問題は次となります。

$$\max_{S_1}\left[U(Y_1 - S_1) + \frac{1}{1+\theta}U((1+i)S_1 + Y_2)\right] \qquad (12\text{-}16)$$

（12-16）式が最大となる貯蓄 S_1 は、（12-16）式を S_1 で微分した値がゼロ、となるような S_1 を求めればいいのです。関数の最大値、最小値に関しては、

経済数学のテキスト、たとえば、藤田他 (2000) の 2.5.2 などを参照すると
よいでしょう。(12-16) 式を S_1 で微分した値がゼロとすると、次のように
なります。

$$\frac{d}{dS_1}\Big[U(Y_1 - S_1) + \frac{1}{1+\theta}U((1+i)S_1 + Y_2)\Big] = 0 \tag{12-17}$$

これを計算すると、次となります。

$$-U'(Y_1 - S_1) + \Big(\frac{1+i}{1+\theta}\Big)U'((1+i)S_1 + Y_2) = 0 \tag{12-18}$$

ただし、$U'(Y_1 - S_1)$ は、$d/dS_1[U(Y_1 - S_1)]$ を表し、第 1 期の限界効用で
す。$U'((1+i)S_1 + Y_2)$ は、$d/dS_1[U((1+i)S_1 + Y_1)]$ を表し、第 2 期の限界効
用です。さらに、整理すると次となります。

$$U'(Y_1 - S_1) = \Big(\frac{1+i}{1+\theta}\Big)U'((1+i)S_1 + Y_2) \tag{12-19}$$

(12-19) 式において、制約 (12-10) 式の関係を使い、C_1、C_2 を元に戻
します。

$$U'(C_1) = \Big(\frac{1+i}{1+\theta}\Big)U'(C_2) \tag{12-20}$$

求まった (12-20) 式は、**オイラー方程式**と呼ばれます。オイラー方程式
(12-20) 式が意味することは、第 1 期の消費から得られる限界効用と第 2
期の消費から得られる限界効用が、利子率と時間選好率の比率で調整され等
しくなるように各期の消費が決定される、ということです。もし、利子率と
時間選好率が等しい、$i = \theta$、とすると、(12-20) 式より、次が得られます。

$$U'(C_1) = U'(C_2) \tag{12-21}$$

第 1 期の限界効用と第 2 期の限界効用が等しいことから、利子率と時間選好
率が等しいときには、第 1 期の消費と第 2 期の消費が等しくなります。

$$C_1 = C_2 \tag{12-22}$$

ライフサイクル仮説

　次に、期間が2期間ではなく、家計つまりある消費者の人生の残り期間（余命）の長さまで拡張します。**ライフサイクル仮説**は、家計の消費行動は、彼の人生（生涯）において獲得する所得に依存するという仮説です。多くの人がある年齢に達すると、労働することを止め、人生の余暇を過ごすことになります。このときに、年金などの社会保障で最低限の所得は保障されますが、それだけでは、労働の対価としての所得を得ていたときの生活水準とはかけ離れた生活しか送れない可能性が高いといえます。そのために、人々は若くて働くことができる間に、将来に備えて消費を抑制し資産を蓄える行動を取ります。

恒常所得仮説

　ライフサイクル仮説と同様に、**恒常所得仮説**は、家計の消費行動は、彼の人生において獲得する所得に依存するという仮説です。ライフサイクル仮説との違いは、所得を**恒常所得** Y^P と**変動所得** Y^T の2種類に分け、この恒常所得に依存して家計の消費行動が決定されるとしたことです。恒常所得とは、給与所得のように毎期安定的に獲得される所得を指し、変動所得とは、宝くじにあたると得られる賞金のように、一時的な所得や毎期の変化が大きい所得を指します。この関係を式で表すと次となります。

$$Y_t = Y^P + Y^T_t \tag{12-23}$$

恒常所得は、毎期安定的に獲得される所得であり、時間に依存しないと考えられることから、時間を表すパラメータ t によらず Y^P としています。

　（12-11）式を、第1期と第2期の消費の総和が、第1期と第2期の所得の総和と等しくなるように書き直します。

$$(1+i)C_1 + C_2 = (1+i)Y_1 + Y_2 \tag{12-24}$$

恒常所得仮説は、消費は恒常所得に依存して決定されるので、（12-24）式の Y_t を、Y^P に置き換えます。

$$(1+i)C_1 + C_2 = [(1+i)+1]Y^P \tag{12-25}$$

さらに、両辺を$(1+i)$で割ることで、(12-25) 式の値を現在価値に直します。

$$C_1 + \frac{C_2}{1+i} = \left[1 + \frac{1}{1+i}\right] Y^P \qquad \text{(12-26)}$$

ここで、利子率と時間選好率が等しいときに成立していた (12-22) 式を用いると、(12-26) 式は、次となります。

$$\left[1 + \frac{1}{1+i}\right] C = \left[1 + \frac{1}{1+i}\right] Y^P \qquad \text{(12-27)}$$

ただし、$C = C_1 = C_2$ とおいています。したがって、恒常所得と等しい額を毎期消費するという結果が得られます。

$$C = Y^P \qquad \text{(12-28)}$$

　以上、本節では、家計の効用最大化問題を解くことで、家計の消費を求めてきました。まず、1期間の問題から始まり、2期間、そして家計の生涯にわたる期間まで拡張し、異時点間にわたる家計の問題を考察しました。

② 投　　資

　本節では、企業の設備投資が、企業の利潤最大化行動に基づいて決定される仕組みを解説します。前節と同様に、まず1期間の企業の利潤最大化問題を解き、次いで、2期間に拡張し企業の問題を解くことで、投資決定について考察します。なお、完全競争市場を仮定し、企業は価格受容者（プライステイカー）であるとします。完全競争市場については、たとえば、西村 (1995) 第9章を参照するとよいでしょう。

企業の利潤最大化行動に基づく最適な投資率—1期間モデル—

　3章で考察したように、新古典派の投資決定の理論によると、企業は資本の限界生産と資本の限界費用が等しくなる資本ストックの水準が達成されるように、設備投資を行います。このことを確かめるために、まず最適な資本ストックの水準を導出します。簡単化のために、企業は生産要素として資本

ストック K を用いて、1 種類の財を生産しているとします。その関係を表すのが生産関数 $f(K)$ です。なお、本章では労働 L についてはすでに最適な労働の投入がなされているとし、考察の対象外とします。財の価格を P、生産量を Y とします。

$$Y = f(K) \tag{12-29}$$

　企業が財の生産活動を行い、生産された財を販売することで得られる収入 RV は、財の価格 P と財の生産量 Y の積として求まります。

$$RV(K) = PY = Pf(K) \tag{12-30}$$

一方、財を生産するのに要する費用 W は、財を生産するために投入された資本ストックの水準に依存します（$W(K)$）。企業の利潤 $\pi(K)$ は、企業が行う生産活動の結果得られる収入 $RV(K)$ と、生産活動に必要となる費用 $W(K)$ の差額として求まります。

$$\pi(K) = RV(K) - W(K) \tag{12-31}$$

　したがって、企業の問題は、利潤を最大とするために最適な資本ストックの水準を求めることとなります。

$$\max_{K} \pi(K) = RV(K) - W(K) \tag{12-32}$$

　利潤を最大とするために最適な資本ストックの水準は、$\pi(K)$ を K で微分をした値がゼロとなるような K として求まります。そのような資本ストックの水準を K^* とすると、次と求まります。

$$\frac{d\pi(K)}{dK} = \frac{d}{dK}[RV(K) - W(K)] = 0 \tag{12-33}$$

（12-33）を書き直すと次のようになります。

$$RV'(K^*) = W'(K^*) \tag{12-34}$$

ただし、$RV'(K)$ と $W'(K)$ は RV と W の K に関する微分を表し、それぞれ**限界収入**と**限界費用**を意味します。したがって、企業の利潤は、限界収入と限界費用が等しくなるような資本ストックの水準が達成されたときに最大となります。また、限界収入は、$RV'(K) = Pf'(K)$ と書き直すことができ

ます。ただし、$f'(K)$は**限界生産力**を表します。今、費用関数が次と与えられているとします。

$$W(K) = iK \qquad\qquad (12\text{-}35)$$

ただし、iは資本コストである利子率を表します。簡単化のために定数とします。したがって、限界費用は、$W'(K) = i$となります。今求めた、限界収入と限界費用を代入すると、（12-34）式は次となります。

$$Pf'(K)^* = i \qquad\qquad (12\text{-}36)$$

（12-36）式を書き直します。

$$f'(K)^* = \frac{i}{P} \qquad\qquad (12\text{-}37)$$

したがって、企業の利潤を最大とする資本ストックの水準K^*は、限界生産力が、資本コストと財の価格の比率と等しくなるように求まります。

企業の利潤最大化行動に基づく最適な投資率—2期間モデル—

次に、現在だけでなく将来を考慮した2期間モデルを考察します。1節と同様に、今期を$t=1$、来期を$t=2$とする。資本ストックは、時間の経過とともに減耗し、もし追加的な支出つまり投資I_tがなされると増加します。この関係は次のように表されます。

$$K_{t+1} = I_t + (1-\delta)K_t \qquad\qquad (12\text{-}38)$$

1期間のモデルでは、企業は利潤を最大とするために、資本ストックの水準を決定していました。一方、2期間以上のモデルでは、毎期の資本ストックの水準は、毎期の投資水準と資本減耗率に依存して決まります。このうち、資本減耗率は企業が自ら決定できるものではありません。したがって、2期間以上のモデルにおける企業の問題は、利潤を最大とするために、毎期の最適な投資水準を決めることとなります。

投資があるため、生産活動に必要となる費用は、資本ストックの水準に依存して決まる費用$W(K_t)$と、投資水準に依存して決まる費用$\phi(I_t)$の2種類から構成されます（ϕはファイと読みます）。したがって、企業のt期の利潤

は次となります。

$$\pi(K_t, I_t) = RV(K_t) - [W(K_t) + \phi(I_t)] \tag{12-39}$$

　企業の問題は、資本ストックの蓄積に関する式（12-38）式を条件とし（制約とし）、利潤を最大とするために最適な毎期の投資水準を決めることなので、次のようになります。

$$\max_{I_1, I_2}\left[\pi(K_1, I_1) + \frac{1}{1+i}\pi(K_2, I_2)\right] \tag{12-40}$$

sub to $K_2 = I_1 + (1-\delta)K_1$

$$K_3 = I_2 + (1-\delta)K_2 \tag{12-41}$$

　この問題を解くために、ラグランジュ未定乗数法を使用しますが、この内容は本書の対象者である経済学部の1・2年生には少し難しいと思われますので、導出経過は本章の付録に記述します。ラグランジュ未定乗数法を用いて企業の問題を解くと、各期の最適な投資水準 I^* は次と求まります。

$$I^*_1 = \phi'^{-1}q_1 \tag{12-42}$$
$$I^*_2 = \phi'^{-1}q_2 \tag{12-43}$$

ただし、ϕ'^{-1} は投資の費用関数の逆関数を表し、q は各期のラグランジュ乗数を表し、資本ストックの潜在価格（shadow price）を表します。q に関しては、次の q 理論でくわしく考察します。

q 理論

　（12-38）式の制約のもと、企業の問題（12-40）式を解いた結果、今期と来期の最適な投資水準が、（12-42）式と（12-43）式とそれぞれ求まりました。このときにラグランジュ乗数として用いた q は、3章で考察したトービンの q に対応します。それを式で表すと、

$$q = \frac{企業の時価総額}{資本ストックの再取得額} \tag{12-44}$$

となります。2期間モデルでは、ラグランジュ乗数 q が資本ストックの潜在価格であることを示しました。この両者の関係を考察します。

　投資費用関数 $\phi(I_t)$ が、投資額と投資規模に応じて必要となる費用で構成
されている場合を考えます。この規模に応じてかかる費用を**調整費用**と呼び
ます。調整費用を $\psi(I_t)$ で表すとします（ψ はプサイと読みます）。当然、投資
が実施されないとき、$I_t = 0$ のときは、調整費用もゼロとなります（$\psi(0) = 0$）。
今、投資費用関数を次のように与えられているとします。

$$\phi(I_t) = I_t + \psi(I_t) \tag{12-45}$$

　投資費用関数 $\phi(I_t)$ の導関数を求めると、

$$\phi'(I_t) = 1 + \psi'(I_t) \tag{12-46}$$

となります。ここで、付録の結果、投資の限界費用（$\phi'(I_t)$）は q と等しくな
る、を使うと、

$$\psi'(I_1) = q - 1 \tag{12-47}$$

$$\psi'(I_2) = q - 1 \tag{12-48}$$

が求まります。（12-47）式と（12-48）式が意味することは、企業は q が
1よりも大きいときに投資を実施し、小さいときにマイナスの投資、つまり、
設備の廃棄を実施する、ということです。また、q がゼロのときは何もしな
い、ということになります。この企業の投資行動は、3章で紹介した q 理論、
「株式市場における企業価値の評価を表す時価総額が、企業が保有している
資本ストックの再取得額を上回るなら設備投資を実施し、下回るなら設備を
廃棄する」に対応しています。それらをまとめた、3章（3-14）式に対応
します。

　（12-44）式で定義した q は、企業の株式の時価総額と企業が保有する資
本ストックすべてを再取得する額の比率を表しています。このことは、企業
全体としての金額の比較を行っており、企業の投資行動として、企業に対し
て投資すること、つまり、企業買収などが想定されます。しかし、今考察を
している投資は企業への投資ではなく、設備への投資です。したがって、設
備への投資を実施することで、時価総額で測られる企業の価値の変化と、そ
の投資に必要な費用との比率として q が定義されることとなります。このよ
うな q を**限界の q** と呼びます。式で表すと次となります。

$$限界の\ q = \frac{企業の時価総額の変化分}{資本ストックの再取得額の変化分} \tag{12-49}$$

一方、限界の q と違いを明らかにするために、（12-44）式で定義した q を**平均の q** と呼びます。

これら2つの q は、一般的には異なりますが、生産関数と投資の調整費用関数が一次同次であれば等しくなります。この内容は本書の範囲を超えますので、詳細に関しては、Hayashi（1982）を参照してください。なお、一次同次生産関数とは、各生産要素量を2倍にするとき最終財の生産量も2倍になるような生産関数をいいます。調整費用関数についても、同じ特徴を持ちます。14章で改めて一次同次関数について見ます。

以上、企業の設備投資が、企業の利潤最大化行動に基づいて決定される仕組みについて考察しました。

コラム：企業の設備投資に対する新しい考え

　事業を拡大するために設備投資を実施した企業は、その事業の将来性が確実にわかった上で設備投資を実施したわけではありません。もっとも、将来性がないと考えるのであれば、設備投資などはしないと思いますが。ここで注目すべきは、企業は将来の事業環境が不確実な下で、設備投資の実施という意思決定をしていることです。このような不確実性下における企業の設備投資の問題を分析する手法として、リアルオプション・アプローチがあります。

　将来の事業環境が不確実であるとき、企業の経営者は今すぐ設備投資をするだけではなく、将来の事業環境を見極めようとすることができます。その結果、事業環境が設備投資を実施しても企業に利潤をもたらすほどよい、ということがわかってから、企業は設備投資を実施することができます。つまり、設備投資の意思決定を遅らせることが可能となります。この意思決定を遅らせることの価値を考慮した分析がリアルオプション・アプローチです。そこでは、金融資産から派生して生まれるオプションなどの派生資産を評価する方法が応用されています。興味のある学生は、朱（1995）の第8章を参照するとよいでしょう。さらに、企業経営におけるリアルオプションの応用について興味のある学生は、たとえば Copeland and Antikarov（2001）を参照するとよいでしょう。

A　付　　録

企業の問題（12-40）式の解

$$\max_{I_1, I_2}\left[\pi(K_1, I_1) + \frac{1}{1+i}\pi(K_2, I_2)\right] \tag{12-40}$$

$$\text{sub to } K_2 = I_1 + (1-\delta)K_1$$

$$K_3 = I_2 + (1-\delta)K_2 \tag{12-41}$$

　この問題は、ラグランジュ未定乗数法を用いて解くことができます。ラグランジュ関数 $\Lambda = \Lambda(I_1, I_2, K_1, K_2)$（$\Lambda$ は〔大文字の〕ラムダと読みます）は、次で与えられます。

$$\Lambda = \left[\pi(K_1, I_1) + \frac{1}{1+i}\pi(K_2, I_2)\right]$$

$$- q_1[K_2 - I_1 - (1-\delta)K_1]$$

$$- \frac{q_2}{1+i}[K_3 - I_2 - (1-\delta)K_2] \tag{A-1}$$

ただし、q_1、q_2 は、それぞれ今期と来期のラグランジュ乗数と呼ばれるものです。今期と来期の最適な投資水準は、（A-1）式を各期の投資水準 I_1 と I_2 で偏微分した値をゼロとすれば求まります。

$$\frac{\partial \Lambda}{\partial I_1} = 0 \tag{A-2}$$

$$\frac{\partial \Lambda}{\partial I_2} = 0 \tag{A-3}$$

　（A-2）を計算すると次となります。

$$\frac{\partial \Lambda}{\partial I_1} = -\pi_I(K_1, I_1) + q_1 = 0 \tag{A-4}$$

ここで、（12-39）式を用いて $\pi_I(K_1, I_1)$ を計算すると

$$\phi'(I_1) = q_1 \tag{A-5}$$

と求まります。同様に、（A-3）式を計算すると次となります。

$$\frac{\partial \Lambda}{\partial I_2} = -\frac{1}{1+i}\phi'(I_2) + \frac{1}{1+i}q_2 = 0 \tag{A-6}$$

したがって、次となります。

$$\phi'(I_2) = q_2 \tag{A-7}$$

　投資に要する費用関数を投資 I で微分した値は、投資の限界費用を表すので、ここで、（A-5）式と（A-7）式より、投資の限界費用が各期とも q に等しくなっています。実はこの q は、投資の限界収入を表し、資本ストックの**潜在価格**とも呼ばれます。したがって、企業の利潤最大化の条件である、限界収入と限界費用が等しくなるように投資がなされることを意味します。資本ストックの潜在価格についての議論の詳細については、Blanchard and Fischer (1989) などの中級以上のマクロ経済学のテキストを参照してください。（A-5）式と（A-7）式より、最適な投資水準 I^* は、次と求まります。

$$I^*_1 = \phi'^{-1}q_1 \tag{A-8}$$

$$I^*_2 = \phi'^{-1}q_2 \tag{A-9}$$

ただし、ϕ'^{-1} は投資の費用関数の逆関数を表します。

13

マクロ経済政策

　マクロ経済理論には、多くの異なる考え方がありますが、解決すべき問題については、いつの時代でもある程度共通した理解があったように思われます。戦後の復興期を経て、その後高度経済成長を多くの先進諸国が享受しましたが、1970年代に入るとインフレーションと失業が並存し、かつそれらの値がともに上昇するという、かつて経験したことのない困難な状況に直面することになりました。

　そしてこのときの経験は、21世紀に入った現在でも、インフレーションを伴わない持続的成長の実現を図ろうとするなら、マクロ経済政策の策定者がまず第一に念頭に置かなければならないものになっているのです。そのような意味においても、まずこの時期の問題から、この章の議論を始めることが望ましいように思われます。

　また当時の経験から、期待の果たす役割の重要性が強く認識されたために、政府の経済政策に対して、国民がどう予想しどう反応するのかという、それまでは取り扱われていなかった点に関する、新しい分析の進展を促しました。この章の後半は、これに関係する議論を考察します。

① フィリップス曲線の理論

インフレーションと失業が並存するばかりでなく、それらの値がともに上昇するという 1970 年代の経済状況は、当時の英国の蔵相が命名した**スタグフレーション**（stagflation）という用語で広く知られるようになりました。それまでの人々の通念では、失業が存在するということは景気後退と結びついており、景気後退のときに物価が上昇を続けるということは、ほとんど考えられないことだったのです。

しかしじつはそうではなかったということを、英国に関するデータから見出し、これに経済学的な説明を与えた学者がいました。その名はフィリップスといい、彼は英国に関する 96 年間もの長期にわたるデータから、失業率と貨幣賃金率の上昇率の間に、負の相関関係があることを見出して論文にまとめ、『エコノミカ』という雑誌に発表したのです。

後で説明するように、貨幣賃金率の上昇率とインフレ率の間にはある関係があるので、失業率と貨幣賃金率の上昇率の関係は、その後はむしろ失業率とインフレ率の関係としてとらえられるようになりました。そしてこれらは、いずれも発見者の名前をとって**フィリップス曲線**と呼ばれています。

今、縦軸に貨幣賃金率の変化率（$g_w = \Delta W/W$）をとり、横軸に失業率 u をとるとき、両者の間には図 13-1 に描かれたような、右下がりの曲線で示される負の相関関係が存在します。そしてこの曲線が横軸と交わる点、すなわち貨幣賃金率が上昇も下落もしないときの失業率の値は 5.5% であることがわかります。そして失業率がこの水準よりも低くなると、貨幣賃金率は上昇を始め、失業率がゼロに近づくにつれて、その上昇率は加速的に高まります。また反対に、失業率がこの水準よりも高くなると、貨幣賃金率は下落し始めますが、失業率が高くなるにつれて、下落の程度はしだいに緩やかになります。

ここで考える必要があるのは、失業率がプラスの値であるときに、なぜ貨

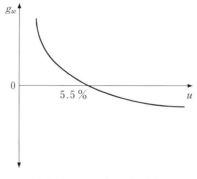

図 13-1 フィリップス曲線

幣賃金率が上昇するようなことが生じるのかということです。この点を説明するためには、私たちはマクロ市場とミクロ市場の関係について、少し立ち入って考える必要があります。

マクロ的均衡とミクロ的不均衡

たとえば労働市場で労働需要と労働供給がマクロ・レベルで一致していれば、労働市場はマクロ的には均衡状態にあるので、失業は発生しないと思われるかもしれません。しかし細かいレベルで労働市場を具体的に見ていけば、そのような状態でも、サービス産業では人手不足の状態で、鉄鋼産業では人手の余剰があるというようなことが実際には起こりえます。すなわち一般化していうと、マクロ的な均衡とミクロ的な不均衡は、並存しうることになります。そうすると、全体では失業があっても、特定部門での労働力不足が顕在化すれば、そこが全体の貨幣賃金率を押し上げる働きをし、その結果まだ失業率がゼロにならなくても、貨幣賃金率の上昇が始まるということになるのです。

もっとも、人々が短時間で十分な職業訓練を受けて、すぐに別の職業、職種につくことが可能なら、こういったことは起こらないかもしれません。しかしそのように考えることには少し無理があります。なぜなら現実的には、

各産業間や部門間の労働移動には限界があるからです。そういった意味で、じつは**労働市場の不完全性**というものが、フィリップス曲線の背後には潜んでいるといえるでしょう。

　ところで失業率が低くなると貨幣賃金率の変化率が上昇するという、失業率と貨幣賃金率の変化率との間の負の相関関係は、次のように表されます。

$$g_w = h(u) \tag{13-1}$$
$$\overset{}{(-)}$$

　次にインフレ率とこの貨幣賃金率の変化率の間の関係を導出すれば、インフレ率と失業率の間の関係も明らかになります。一般的によく用いられる方法の1つは、労働分配率に着目するやり方です[1]。労働分配率は、経済のマクロ的な理解に必要な変数の1つですが、それは名目国民所得に占める賃金額の割合を指します。この労働分配率を S_L という記号で表すと、労働の雇用量を N とするとき、

$$S_L = \frac{WN}{PY} \tag{13-2}$$

となります。この式の右辺の分母、分子をともに労働の雇用量 N で割り、そのときの労働の平均生産性 Y/N を記号 A で表すと、労働分配率は次のようにも表されます。

$$S_L = \frac{W}{PA} \tag{13-3}$$

　そして多くの国について、この労働分配率はあまり大きく変化しないことが知られています。もちろん長期的には少し変化するのですが、少なくとも短期から中期程度の期間で考えるときには、その変化は無視しても差し支えないでしょう。そこでこの労働分配率の変化率をゼロとみなして、（13-3）式を変化率の関係式に書き直すと、

$$\pi = g_w - g_A \tag{13-4}$$

---

1)　もう1つのやり方は、マーク・アップ・プライシングを用いるものです。

が得られます。そしてこの式の g_w に（13-1）式の関係を代入すると、

$$\pi = h(u) - g_A \qquad\qquad\qquad (13\text{-}5)$$
$$(-)$$

のようにインフレ率が求まります。すなわちインフレ率と失業率の間には、貨幣賃金率の変化率と失業率の間の関係と同じような負の相関関係が成立し、かつまた同じ失業率に対して、労働の平均生産性上昇率の分だけ、インフレ率の値は貨幣賃金率の変化率よりも低くなることも理解できます。

　このようなインフレ率と失業率の間の負の相関関係は、英国だけでなく他の多くの先進諸国についても認められたので、各国の政策当局は物価安定と完全雇用の両立はできないと判断し、政策当局（あるいは国民）の厚生水準を最大化するようなインフレ率と失業率の最適な組み合わせを、その後追求するようになりました。

　しかしこれでいったん決着がついたかに見えたこの問題は、1970年代に入ってからフィリップス曲線の関係が当てはまらなくなってきたために、さらなる展開を見せることになりました。すなわち各国であてはまらなくなった理由を検討するうちに、オリジナルなフィリップス曲線の議論に対しある修正をほどこせば、それで十分現実が説明できることがわかったのです。そしてその修正とは、人々のインフレ期待を付け加えることでした。

インフレ期待を付加したフィリップス曲線

　物価水準は安定していて上昇しないと人々が予想しているときと、ある程度の率で物価が上昇を続けるだろうと予想しているときとでは、同じ失業率に対してであっても、貨幣賃金率の上昇率は異なると考えるほうが、上昇率は変わらないと考えるよりも、より適切です。

　貨幣賃金率を物価水準で割った値は、実質賃金率という名前で呼ばれていますが、所与の貨幣賃金率のもとでは、物価水準が高くなるほど、この実質賃金率は減少します。このような場合に、労働力を供給する家計の側としては、実質賃金率を減少させないようにするために、より高い貨幣賃金率を要

求するようになり、雇用者側もそれを受け入れざるをえなくなるでしょう。

　この場合、（13-1）式の右辺に、失業率以外に貨幣賃金率の変化率を説明する変数として、人々のインフレ期待を付加する必要が出てきます。このインフレ期待が貨幣賃金率の変化率にどの程度の影響を及ぼすかを示す値を、一般に**期待係数**と呼んでいますが、その値は1もしくは、1より小さい正の定数のいずれかになります。そこで期待係数を β、インフレ期待を π^e とすると、期待を付加したフィリップス曲線は、次式で示されます。

$$g_w = h(u) + \beta\pi^e \qquad\qquad (13\text{-}6)$$
$$(-)$$

　1970年代にはこの期待係数の大きさをめぐって、マネタリストとケインズ派の間で論争が行われました。ケインズ派の経済学者が労使間の力関係の差を前提に、β の値は1より小さいと主張したのに対し、マネタリストは貨幣錯覚の有無という観点から労働者の貨幣錯覚を前提とするのはおかしいとして、β の値は1であると主張しました。その後の学会の流れを見ると、現在では β の値は1であると考える立場が支配的なので、以下では私たちもそのように想定して、議論を進めることにしましょう。

　議論を簡単にするために、労働の平均生産性の上昇率の値を一定とみなして、（13-5）式の右辺全体を新たに $f(u)$ という関数に置き換え、さらに $\beta=1$ を認めて、インフレ期待を付加すると、フィリップス曲線として次式が得られます。

$$\pi = f(u) + \pi^e \qquad\qquad (13\text{-}7)$$
$$(-)$$

　これがインフレ期待を付加したフィリップス曲線であり、人々のインフレ期待が上昇すると、フィリップス曲線はそれにつれて上方シフトすることになります。また所与の失業率に対して、インフレ期待の変化は、期待係数が1に等しいために、それと同じだけインフレ率 π を上昇させるので、フィリップス曲線の上方シフト幅もまた、それと同じになるのです。なおインフレ期待が変化しないような期間は短期と呼ばれるので、それぞれのインフレ

期待に対応する短期フィリップス曲線がまずあり、それらがインフレ期待の変化に伴ってシフトすることになります。

自然失業率仮説

　上ではインフレ期待の変化について説明しましたが、人々のインフレ期待は、それが現実のインフレ率にちょうど合致していれば、変化することはないし、またその必要もありません。これとは逆に、人々のインフレ期待が現実のインフレ率に合致しないような状況が続けば、やがて人々はそれに気づき、自分たちのインフレ期待を修正するようになるでしょう。

　では人々がインフレ期待を修正して、現実のインフレ率を正しく予想できたときに、経済はいったいどこに落ち着くのでしょうか。この問いに対して1つの答えを与えたのがフリードマンであり、彼は、経済は長期的には自然失業率と呼ばれるある失業率水準に落ちつくと主張しました。そして彼のこの学説は、**自然失業率仮説**として今日よく知られています。この仮説について、次にもう少しくわしく検討してみましょう。

② 自然失業率仮説と NAIRU

　フリードマンは、スウェーデンの著名な経済学者であったクヌート・ヴィクセルが利子率について自然利子率という概念を提唱したのになぞらえて、失業率についても自然失業率とでも呼ぶべきものがある、という議論を展開しました。彼の自然失業率に関する説明は2種類に分けられます。

　その1つは、労働市場の全般的な均衡と両立する失業率という説明で、もう1つはインフレーションを加速させない失業率（Non-Acceralating Inflation Rate of Unemployment）というものでした。彼はこの2つの失業率概念は同一であると考えていたようですが、その後の経済学者たちは、これらが必ずしも一致しないことを明らかにしました。このうち後者は、その英語の頭文字から **NAIRU** と一般に呼ばれていますが、それは人々のインフレ期待が現

実のインフレ率に一致するときの失業率の水準を指しています。

　フィリップス曲線の議論では、人々のインフレ期待が現実のインフレ率に一致するような期間を長期と呼んでいますが、先の（13-7）式で $\pi = \pi^e$ となるような長期においては、これらの値は互いに相殺され、後には $f(u) = 0$ という関係式だけが残ります。この式を満たすような失業率が NAIRU と呼ばれる自然失業率にほかなりません。したがって長期においては、インフレ率と失業率の負の相関関係は消滅し、経済は自然失業率に必ず収束することになるのです。

　NAIRU を調べるもう1つの方法は、どのようなインフレ期待の水準に対してでもよいのですが、それが現実のインフレ率に等しくなっているような失業率の水準を見つければよいのです。

　たとえば図13-2で、期待インフレ率がゼロのときの短期フィリップス曲線が横軸と交わる点では、現実のインフレ率もゼロですから、このときの失業率、すなわち図中の u_n が NAIRU の意味での自然失業率であることになります。この失業率水準以下での失業率のもとでは、現実のインフレ率が期待インフレ率を上回っているので、人々のインフレ期待は上方に修正されることになります。このとき期待インフレ率の上方修正につれて、短期フィリップス曲線も上方にシフトしますが、十分な時間経過の後に、期待インフ

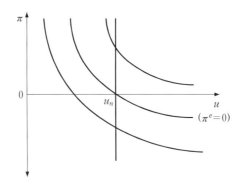

図13-2　フィリップス曲線のシフト

レ率が現実のインフレ率に一致したときに、短期フィリップス曲線のシフト
は止まり、経済は自然失業率のもとで安定することになります。

　また自然失業率以上の失業率のもとでは、以上と逆のプロセスを経て、や
はり最終的には同じく自然失業率に到達して、経済はそこで安定します。

　では失業率が自然失業率に落ち着くとき、インフレ率の値はどう決まるの
でしょうか。これを説明するのが、じつはすでに8章で扱った貨幣数量説で
あり、具体的には（8-5）式にほかならないのです。

自然失業率仮説の問題点

　フリードマンの自然失業率仮説は、その後大きな影響力を持つようになり
ましたが、いくつか問題点もあります。その中でも特に重要なのは、
NAIRU の意味での自然失業率が、フリードマンが想定していたように単一
の値ではなく、景気の変動につれて同じように変化することが、その後しだ
いに明らかにされたことです。

　さらにもう1つの問題点は、人々の期待形成の方法と関係します。フリー
ドマンは、ケーガンの提唱した適応的期待仮説を前提にして、少なくとも短
期における貨幣政策の有効性は認めていたのですが、これに対してミュース
の提唱した合理的期待形成を前提にすると、たとえ短期であっても予期され
た（あるいはアナウンスされた）貨幣政策は、経済の実体に影響しえないという
強い結論を、ルーカスが導き出しました。これは一般に「**政策無効命題**」と
して知られていますが、政策的に重要な含意を持っていますので、次にそれ
についてくわしく説明してみましょう。

③ 新しい古典派の政策無効命題

　ミュースの**合理的期待仮説**が登場するまでの予想形成仮説は、すべてある
共通した特徴を持っていました。それはある経済変数について予想するとき
に、その予想値がその変数自身の過去の値だけに依存して形成されるという

ことです。このようなタイプのものは、すべて**自己回帰的予想**と呼ばれています。たとえば年の初めに、今年のインフレ率を予想するときに、去年のインフレ率、一昨年のインフレ率……というように、過去のインフレ率だけを利用して予想を形成するのが、これにあたります。

　この場合、中央銀行が今年はどのような金融政策を行う予定なのかといった、役に立つ情報はまったく利用されていないことになり、あまり効率的な予想の形成方法であるとはいえません。

　これに対して、ミュースが提唱した合理的期待仮説は、経済構造に関する知識や政策当局の今後の方針など、役立ちそうな情報を十分に利用して、合理的な人々は期待を形成するという内容を持った仮説（より具体的には、そういった情報を利用して、数学的期待値すなわち確率的な意味での平均値を予想するという仮説）なのです。

　そしてこの合理的期待仮説を中心にすえて、新しい学派のリーダーになったのがルーカスでした。彼を中心とする人々は**新しい古典派**と呼ばれるようになりましたが、その特徴は、①合理的期待仮説、②市場清算、③**ルーカス型供給関数**、の3つを備えている点に集約されます。このうちとくに③ルーカス型供給関数の説明は、難易度が高くなるので、ここでは少し直観的な説明をすることにしましょう。

ルーカス型供給関数

　経済で生産される実質産出量を、ルーカスは景気の変動と関係のない正常な部分（正常産出量ないし自然産出量）と、景気に応じて変動する部分（循環的産出量）の合計であると考えます。このうち前者については、自然失業率に対応した労働の雇用水準から決まるのですが、これに対して後者がどう決まるかが、ルーカス型供給関数のポイントになります。これに関してルーカスは、フェルプスによる「島の寓話」、すなわち島の内部ではその島で起こったことに関する情報は伝達され、すぐに人々の耳に入ってくるが、一方、他の島の情報はすぐには伝達されないので、十分にはわからないという前提を用い

て、そのような状況で人々がどのように生産活動を行うかについて理論化したのです。

　ここで島というのが自分たちのいる地域と理解し、その島と他の島をすべて合わせたものが経済全体であると理解すれば、地元の経済に関する情報はすぐに入ってくるが、経済全体に関する情報はすぐには入ってこないという**情報の不完全性**のもとで、現在自分たちのいる地域の情報と、過去の経済全体の情報（これはわかっているものと考えます）を総合して、現在の経済全体の状況を予想し、それに基づいて生産量を決めるというのが、ルーカス型供給関数の骨子です。

　ある時点 t における財・サービスの供給量を式で表すと、次のようになります。

$$y_t = y_n + \alpha(p_t - E^e_t p_t) \tag{13-8}$$

　y、p は実質産出量と物価水準の自然対数値、E^e は確率的な意味での平均値を表す数学的期待値であり、それはまた人々の予想値を示しています。y_n が正常産出量、右辺第2項が循環的産出量を表していますが、各地域ではその地域で観察される価格が予想される全国平均の価格水準を上回っていれば、その地域の需要が増大していると判断し、生産を増やすと考えているので α >0 です。また右辺第2項の最初の p_t は、もともとは各地域で観察される価格なのですが、それをすべての地域について集計し、マクロ・レベルの値としたものなのです。

　今、縦軸に物価 p、横軸に実質産出量 y をとった平面上にこの供給関数を示すと、図13-3の AS 曲線のようになります。この曲線は勾配が $1/\alpha$（>0）の、右上がりの直線となっています。また期待物価水準が上昇すると、それにつれて AS 曲線もそれと同じだけ上方にシフトします。

　AS 曲線が総供給を表しているとすると、これに総需要を表す曲線を加えれば、経済の均衡が決まります。そこで交換方程式 $M_t V_t = P_t Y_t$ において、両辺の自然対数をとり、さらに貨幣の流通速度の対数値を、単位を適当にとってゼロとすれば、次のような総需要の式が得られます。

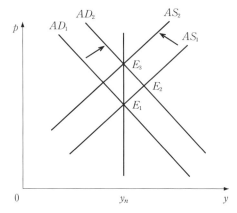

図13-3　ルーカス型供給関数と拡張的貨幣政策の効果

$$p_t = m_t - y_t \qquad\qquad (13\text{-}9)$$

これを AD 曲線と呼ぶと、AD 曲線はマイナス 45 度の勾配の右下がりの直線になります。そしてこれと先の AS 曲線の交点 E_1 が、経済の均衡になります。

さてここで、貨幣当局が貨幣供給量の増大を決めて、それを実行するとしましょう。このとき AD 曲線は貨幣供給量の増大と同じだけ上方シフトすることになります。従来の分析では、経済の均衡点は E_1 点から E_2 へと右上方にシフトし、実質産出量の増大と物価の上昇が引き起こされると説明します。しかしじつは、それは人々がそのような貨幣政策が行われることを事前に知らず驚愕したときだけの結果であって、もし事前に知っていれば実質産出量の増大はなく、単に物価の上昇が生じるだけであるとルーカスは説明します。

その理由は、次のように説明されます。拡張的な貨幣政策の結果として総需要曲線が上方にシフトすれば、均衡物価は上昇することがわかるので、それに応じて総供給曲線も上方にシフトすることになります。ところがこれは、均衡物価のよりいっそうの上昇を引き起こすことがわかっているので、総供給曲線はなおも上昇することになり、結局経済が新しい均衡に落ちつくのは

図13-3のE_3点であることになります。なぜならその点では、予想された物価と実際の物価が等しいために、もうそれ以上総供給曲線がシフトする必要がないからです。

以上のことをまとめると、予期された、あるいは政策当局によってアナウンスされた貨幣政策は、経済の実体には影響せず、一方、予期されなかった、あるいはアナウンスされなかったために人々が事前に知らなかったような貨幣政策は、経済の実体に対して影響することになります[2]。

ところで、このような新しい古典派による主張は、その後いくつかの批判を受けました。たとえば、貨幣政策に関する情報はかなり早く人々に伝わるはずだから、貨幣的な情報の不完全性によって景気変動が生じるとは考えにくい、というのがその1つです。

またそもそも、経済に景気の変動をもたらすのは、貨幣的要因ではなく実物的要因（たとえば技術ショックなど）であるという批判も出てきました。これは実物的景気循環論を唱えた人々の主張です。しかしよく考えてみると、景気循環が貨幣的要因で起こるのか、あるいは実物的要因で起こるのかという論争は、ずっと以前からあったものなので、古くからの論争が形を変えて再燃したともいえます。したがって将来もまた、この種の議論は繰り返されるに相違ありません。

④ ルーカス批判

上で述べたような**政策無効命題**にもまして、その後の経済政策運営に対して大きな影響を与えたものがあります。それは**ルーカス批判**という名前で呼ばれるようになった、政策の効果と政策の運営に関する問題です。この批判が知られるようになるまでは、政策当局がどのような政策運営の仕方をして

---

2) 財政政策の場合については、バローの中立命題に関する9章の説明を参照してください。

も、それが民間の経済主体の行動にまで影響することはないと考えられていました。したがって政策の効果は、経済の構造パラメータが一定であるという前提に立って、推計されていたのです。しかしルーカスは、このような見解が正しいものではなく、民間の経済主体は政策当局の政策運営の仕方を見てその行動を変えると考えたほうが適切であり、このことを前提しないで行われてきた従来の政策評価は、あやまったものであるということを指摘したのです。

　たとえば家計に対して、政府がある将来時点以降ずっと、補助金を出すような政策を行うことになっていたとしましょう。そしてさらにその補助金が、全将来にわたって増額されるように政策が変更されることを家計が知ったとすると、家計の消費行動はそれ以前とは違ったものに変化するはずです。それゆえに、政策の変更が民間の経済主体の行動にどのように影響するかを調べることが、政策のあり方を考える上できわめて重要であることが、ルーカス批判が登場してからは広く一般に認識されるようになりました。

⑤　期待の重要性と日本経済

　これまでの議論が、いずれも人々の期待の重要性を中心にすえたものだったので、最後にやはり期待を重視した最近の議論で、日本のデフレーションに関するものを取り上げておきましょう。

　これは具体的には、1990 年代後半から**流動性の罠**におちいった日本経済を、そこから脱出させるためにクルーグマンが提唱した貨幣政策に関するもので、**インフレターゲティング**の議論と密接な関連をもっています。

　流動性の罠の議論は、ケインズの『一般理論』において最初に論じられ、ヒックス流の *IS-LM* 分析の図を用いてこれまで説明されてきました。これに対してクルーグマンは、ケインズやヒックス流の *IS-LM* 分析に依拠しなくても、流動性の罠は説明できるとして、彼自身のモデルを用い、政策提言を行いました。彼の分析の特徴は、現在から将来にわたる効用の現在価値の

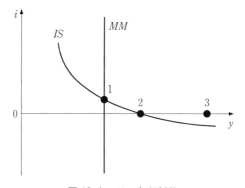

図13-4 ゼロ金利制約

最大化を前提に、異時点間の最適消費行動を明らかにし、それによって流動
性の罠を説明したことです。

　図13-4を用いて説明すると、縦軸に名目利子率、横軸に実質産出量を
とった平面上において、右下がりの IS 曲線は異時点間の消費の最適条件を
満たす名目利子率と実質産出高の組合わせの軌跡であり、一方、垂直な MM
曲線はキャッシュ・イン・アドバンス制約（貨幣で物を買うこと、あるいはその
逆は可能だが、物で物は買えない）を前提に、最初に保有している実質現金残高
で消費の支払いを行い、また実質産出量はこの消費需要に応じて決まる（す
なわち $y=c=m/p$）という想定がなされていることを示しています。

　これら2つの曲線の交点で経済の均衡が実現するのですが、当初1のよう
な状態にある経済を、貨幣供給量の増大によって、2の点までもってくるこ
とはできます。しかし名目利子率がゼロ以下にはならない以上（ゼロ金利制約）、
生産能力に対応する産出量の水準3まで、産出量をさらに増やすことは、単
に貨幣供給量を一時的に増大するだけでは無理です[3]。

　この状態が流動性の罠だとすると、ここから脱出するための方法は、人々

---

3)　クルーグマンがこの議論を展開した時点より後に、マイナスの名目利子率がヨーロッ
　パを中心に出現するようになり、また現在他の地域の国々にも広がりを見せていること
　には、注意する必要があります。

の期待将来物価の引き上げを可能にするよう、持続的に貨幣供給量を増大し続ける政策です。なぜならその場合には、IS 曲線が右上方にシフトすることが、クルーグマンのモデルでは理論的に説明できるからです。その場合 3 の点を通るように、IS 曲線をシフトさせることが可能になります。

　以上の説明では、理論モデルの詳細にまでは立ち入らなかったので、あくまで直感的な理解しか得られないのですが、しかし一時的な貨幣政策（この場合、期待将来物価は変わりません）の効果と、期待将来物価を変える力をもった持続的な貨幣政策の効果との効果の相違に気づけば、クルーグマンの分析の目的は、十分達成されたといえるでしょう[4]。

コラム：淡水の経済学者と海水の経済学者

　魚に、湖や川にすむ淡水魚と、海にすむ海水魚の区別があるように、経済学者にも淡水種と海水種の区別があるという話を聞いたことがあります。といっても、これはアメリカの経済学者に関する話。シカゴ大学のルーカスをはじめ、新しい古典派の学者たちが内陸部の五大湖近辺の大学に多いのに対して、エール大学にいたトービンなどケインズ派の経済学者がアメリカ東部の海岸に近い大学に多いことを指摘したもので、同じ経済学者といっても、それほど相違があるということを、面白く表現しています。

　もっとも、魚の中には、ウナギやサケなど、海と川を行き来しているような種類の魚もいますから、案外経済学者の中にも、探してみたらそれと似た人たちが、あるいは見つかるかもしれません。

4）　5章の6節でも、これに関連した説明があります。参照してください。

14

経済成長論

　本章では、古典派経済学の枠組みを動学化した**新古典派経済成長モデル**について、その最も基礎的な枠組みである**ソローモデル**を中心に解説したいと思います[1]。古典派経済学の財市場均衡は、生産した財がすべて売れるように実質利子率が調整する、あるいは実質利子率の調整によって投資量は与えられた貯蓄量に等しくなるという、貸付資金説にその特徴がありました。このことから古典派経済学では、一国全体の供給能力を表す生産関数が国民所得を規定します。

　また4章の2節で紹介した古典派経済学の静学モデルでは、経済に存在する生産要素量や技術水準は一定で与えられていました。古典派経済学では、生産要素市場における市場メカニズムの働きによって、経済に存在する資本および労働はすべて生産のために用いられると考えます。したがって生産要素量が一定で与えられているならば、生産関数を通じて生産量も一定になります。本章で解説する新古典派成長モデルでは、生産要素量および技術水準も変化しうる動学的な分析を用いて、総生産量（＝国民所得）の通時的変動を解明します。

---

1)　ソローモデルはソロー＝スワン型成長モデルとも呼ばれます。原典は Solow（1956）および Swan（1956）です。

　1節では、新古典派成長モデルに共通して用いられる生産関数の特徴について整理します。2節では、貯蓄率一定という単純化のもとで古典派経済学の静学モデルを動学化したソローモデルについて説明し、生産要素量と財生産量との通時的な相互作用について学びます。3節では、各国間の所得格差についてソローモデルがどのようなインプリケーションを持つのか、比較静学や比較動学の手法を用いて整理します。4節では、厚生経済学の観点から望ましい資本蓄積経路について、ソローモデルを用いて考えます。5節では、生活水準の持続的な成長をもたらす要因について、最近の新古典派成長モデルの研究動向もふまえつつ整理したいと思います。

［1］　新古典派成長モデルの生産関数

　この章では、時間 t は離散型（$t=0,1,\cdots\cdots\infty$）で進んでいくものとし、市場を介さない中央集権型の閉鎖経済を考えましょう。経済全体の生産能力を以下の生産関数で表します。

$$Y_t = F(K_t, L_t) \tag{14-1}$$

ここで、Y_t は t 期の最終財生産量、K_t は t 期の資本ストック、L_t は t 期の労働投入量（＝労働人口）を表します。最終財は1種類で消費にも投資にも使用されるものとします。生産関数 F の形状は経済の技術水準に依存して決定しており、時間を通じて与えられていると仮定しましょう。

　また（14-1）式の生産関数は、各生産要素に対して一次同次であることを仮定します。**一次同次生産関数**とは、各生産要素量を2倍にするとき最終財の生産量も2倍になるような生産関数をいいます。一次同次生産関数は、完全競争を仮定した場合に、利潤を最大にする企業が総収入を各生産要素に配分しつくすという便利な性質を持っており、マクロ経済の動学過程を分析する際に一般に用いられます[2]。

　生産関数の一次同次性から、各生産要素量を $1/L_t$ 倍すると最終財生産量も $1/L_t$ 倍になるので、（14-1）式は

$$\frac{Y_t}{L_t} = F\left(\frac{K_t}{L_t}, 1\right) \tag{14-2}$$

と表しても同じことです。つまり生産関数が各生産要素に対して一次同次なら、1人あたり生産量は、経済の規模に関係なく1人あたり資本量のみの関数として表されます。ここで、1人あたり生産量 Y_t/L_t を小文字表記で y_t と表記し、同様に1人あたり資本量 K_t/L_t を小文字表記で k_t と表記しましょう。また $F(K_t/L_t, 1)$ は k_t のみに依存するため、$f(k_t)$ という関数で表記すると、(14-2) 式は

$$y_t = f(k_t) \tag{14-3}$$

と表されます。

　生産関数の一次同次性の仮定のほかに、以下の (14-4)～(14-7) 式のすべての仮定を満たしている生産関数を、**新古典派生産関数**と呼びます。

$$f(0) = 0 \tag{14-4}$$

$$f'(k_t) > 0 \tag{14-5}$$

$$f''(k_t) < 0 \tag{14-6}$$

$$\lim_{k_t \to 0} f'(k_t) = \infty, \ \lim_{k_t \to \infty} f'(k_t) = 0 \tag{14-7}$$

　(14-4) 式は、資本を投入しなければ生産できないという仮定です。(14-5) 式は、1人あたり資本の限界生産性は正であるという仮定です。

---

2)　完全競争下の企業は物価 (P_t)、資本の名目レンタル料 (R_t)、名目賃金 (W_t) および生産関数を与えられたものとして、利潤

$$\Pi_t = P_t Y_t - R_t K_t - W_t L_t$$

を最大にするように K_t および L_t を選択します (Π はパイと読みます)。生産関数の一次同次性により (14-3) 式を得ますが、この式を $Y_t = L_t f(k_t)$ という形にして利潤の式に代入し一階の条件を求め、各生産要素供給量が一定であることに注意して整理すると

$$\frac{R_t}{P_t} = f'(k_t)$$

$$\frac{W_t}{P_t} = f(k_t) - k_t f'(k_t)$$

を得ます。これらを再び利潤の式に代入すると、完全競争下で利潤を最大にする企業の利潤はゼロになることが確認されます。

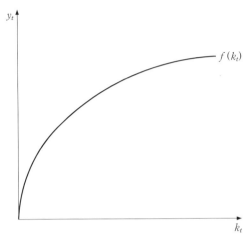

図 14-1　新古典派生産関数

（14-6）式は、資本が相対的に増大するほど資本の限界生産性は低下するという、1人あたり資本の限界生産性逓減の仮定です。（14-7）式は、1人あたり資本の限界生産性が $k_t \to 0$ のとき ∞、$k_t \to \infty$ のとき 0 になるという仮定で**稲田条件**と呼ばれます。

　（14-4）～（14-7）式の仮定をすべて満たしている生産関数が図14-1に描かれています。またこれらの仮定を満たす生産関数の等産出量曲線は、なめらかで原点に対して凸になっており、**資本と労働が代替財**であるという重要な特徴を持っています[3]。

2　ソローモデル

　（14-2）式のところで説明したように、生産関数の一次同次性を仮定すると、1人あたり資本量は1人あたり生産（＝所得）水準と1対1に対応します。

---

3)　資本と労働が完全補完財となるレオンチェフ型生産関数は、新古典派生産関数の性質を満たさないことに注意してください。2節で導かれる資本蓄積方程式にレオンチェフ型生産関数を用いた成長モデルは、ハロッド・ドーマーモデルと呼ばれます。

したがって y_t の通時的変化を知るためには、$k_t(\equiv K_t/L_t)$ の通時的変化がわかればよいことになります。そこでまず n（>-1）を外生的に与えられた人口成長率とすると、$t+1$ 期の労働供給量は

$$L_{t+1}=(1+n)L_t \tag{14-8}$$

です。ここで 0 期の労働量 L_0 は外生的に与えられます。次に資本減耗率を δ（$0\leqq\delta\leqq1$）、t 期の投資量を I_t で表すと、$t+1$ 期の資本供給量は

$$K_{t+1}=(1-\delta)K_t+I_t \tag{14-9}$$

です。ここでも 0 期の資本量 K_0 は外生的に与えられます。また n と δ については $n+\delta>0$ という制約をおき、（14-7）′ 式のところで用います。

さらにソローモデルでは**貯蓄率 s を一定**と仮定して、以下のような貯蓄関数を仮定します。

$$S_t=sY_t \tag{14-10}$$

ここで、古典派経済学では（14-9）式の投資量 I_t が資金市場の市場メカニズムを通じて（14-10）式の貯蓄量 S_t に等しくなるという、貸付資金説の議論を思い出してください。古典派経済学では、各期の国民所得水準は各期の生産要素量に応じて生産要素市場均衡と生産関数から与えられます。したがって貯蓄関数から貯蓄量も与えられることになります。そして投資量は、貸付資金説から実質利子率の調整を通じて与えられた貯蓄量に等しくなると考えます。

さてソローモデルの基本的な設定は以上の通りです。ここでこのモデルの特徴を直観的に整理しておくと、まず今期の資本量および労働量は（14-1）式の生産関数を通じて今期の財生産量（＝国民所得）を決定します。そして今期の国民所得は（14-10）式の貯蓄関数を通じて今期の貯蓄量を決定し、貸付資金説からこの貯蓄量は今期の投資量に等しくなります。そして今期の投資量は（14-9）式を通じて来期の資本量を決定しますが、来期の労働量は（14-8）式によって外生的に与えられますから、生産関数を通じて来期の財生産量（＝国民所得）が決定します。このようにソローモデルでは、今期の資本量が（今期の労働量と組み合わさって）今期の財生産量（＝国民所得）を決

定し、今度は今期の財生産量（＝国民所得）が資金市場の市場メカニズムを通じて来期の資本量を決定するという、生産要素供給と財生産（＝国民所得）との間の通時的な相互作用を持つモデル構造になっているわけです。

　実際に（14-10）式の S_t を（14-9）式の I_t に代入して、（14-9）式を（14-8）式で割り、さらに（14-3）式を用いると

$$k_{t+1} = \phi(k_t) = \frac{(1-\delta)k_t + sf(k_t)}{1+n} \qquad (14\text{-}11)$$

が得られます（資本蓄積関数の ϕ はファイと読みます）。つまり s、n、δ および生産関数が与えられたもとで、t 期の1人あたり資本量が $t+1$ 期の1人あたり資本量を決定するという、ソローモデルの資本蓄積方程式が得られます。

　この資本蓄積方程式は、来期の1人あたり資本量が3つの要因によって規定されることを表しています。まず第一に右辺分子の第1項から、今期資本のうちで減耗しなかった部分は、来期にも資本として用いられます。さらに右辺分子の第2項から、今期の投資（これは貸付資金説から貯蓄に等しい）は来期の資本増加をもたらします。また右辺の分母から、人口の増加は1人あたりで測った来期資本の減少をもたらします。

　（14-11）式の資本蓄積方程式を逐次的に解くことで通時的な資本蓄積経路が得られますが、この経路を確認するにあたって、（14-11）式の資本蓄積関数 ϕ が以下のようにして生産関数 f の性質を引き継いでいることに注意してください。

$$\phi(0) = 0 \qquad\qquad (14\text{-}4)'$$

$$\phi'(k_t) > 0 \qquad\qquad (14\text{-}5)'$$

$$\phi''(k_t) < 0 \qquad\qquad (14\text{-}6)'$$

$$\lim_{k_t \to 0} \phi'(k_t) = \infty, \ \lim_{k_t \to \infty} \phi'(k_t) = \frac{1-\delta}{1+n} < 1^{\,4)} \qquad (14\text{-}7)'$$

　これらの性質を満たす位相図が図14-2に描かれています。

---

4)　ここで $n+\delta > 0$ の仮定も用いています。

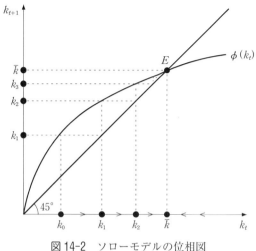

図 14-2　ソローモデルの位相図

　(14-7)′式の稲田条件および $n+\delta>0$ という制約は、この位相図におい
て ϕ が原点以外に必ず1つだけ 45 度線と交わるように描かれるために必要
な条件です。この位相図から確認できるように、1人あたり資本量はどのよ
うな正の水準から始まっても必ず E 点に収束します。ソローモデルにおい
て E 点のような安定解が得られるのは、資本が相対的に希少なときには資
本の限界生産性が相対的に高いため資本の成長率が労働の成長率 n よりも
高くなる一方で、資本が相対的に過剰なときは資本の限界生産性が相対的に
低いため資本の成長率が労働の成長率 n よりも低くなるからです。

　そして大域的に安定となる E 点では、生活水準の指標となる1人あたり
国民所得が一定の水準にとどまります。ただし、労働は常に人口成長率 n
の率で成長していますから、定常状態の E 点では資本も n の率で成長し、
生産関数の一次同次性から国民所得の水準も n の率で増加しています。こ
のようにすべての変数が一定の率で成長する E 点や原点の状態を、**定常状
態**と呼んでいます。本章では、E 点に対応する1人あたり資本の水準を $\overline{k}$
と表します。

　ところで、経済規模の拡大によって国民所得は増大するものの、生活水準

（＝1人あたり国民所得）は増大しないというこのモデルの定常状態は、現実を
うまく説明できているとはいえません。この問題はモデルに技術進歩を含め
ることで修正されるのですが、詳細は5節で解説することにして、3節では
まず上記の単純化されたソローモデルのもとで比較静学や比較動学を行い、
移行過程（＝定常状態に到達するまでの過程）に関してソローモデルが持つ重要
な特徴を明らかにしたいと思います。

③　各国間所得格差とソローモデル

　この節ではまず、動学モデルにおける比較静学と比較動学の意味について
説明しておきましょう。動学モデルの**比較静学**では、外生変数が変化したと
きに定常状態の $\bar{k}$ にどのような影響があるかを分析します。一方、**比較動学**
では、外生変数が変化したときに定常状態への移行過程にどのような影響が
あるかを分析します。
　まずは資本の蓄積とともにその蓄積の速さがどのように変化するのかとい
う比較動学について、1人あたり資本の成長率を導いて実際に確認しましょ
う。資本蓄積の速さを表す $\gamma_t \equiv (k_{t+1}-k_t)/k_t$ に（14-11）式を代入してま
とめると、

$$\gamma_t = \frac{sf(k_t)}{(1-n)k_t} - \frac{n+\delta}{1+n} \tag{14-12}$$

を得ます（γはガンマと読みます）。今、表記の簡単化のために（14-12）式の
右辺第1項を $J(k_t)$ で表すと、

$$J'(k_t) = \frac{-sw_t}{(1+n)k_t^2} < 0 \tag{14-13}$$

$$\lim_{k_t \to 0} J(k_t) = \lim_{k_t \to 0} \frac{sf'(k_t)}{1+n} = \infty \tag{14-14}$$

$$\lim_{k_t \to \infty} J(k_t) = \lim_{k_t \to \infty} \frac{sf'(k_t)}{1+n} = 0 \tag{14-15}$$

という性質を持つことから（14-12）式は図14-3のように描けることがわかります[5]。図14-3から、収束のスピードは定常状態の E 点から遠ざかるほど速くなるというソローモデルの重要な特徴が確認できます。

　すべての国の1人あたり所得は長期的には互いに収束する傾向を持つという仮説を、**絶対的収束仮説**と呼んでいます。低所得国であるほど1人あたり所得の成長率が高くなる傾向を持てば、やがてはすべての国の所得格差が埋め合わされるので、絶対的収束仮説をこのように表現するほうがわかりやすいかもしれません。一見すると上記の比較動学は、ソローモデルが絶対的収束の傾向を持つように思われます。

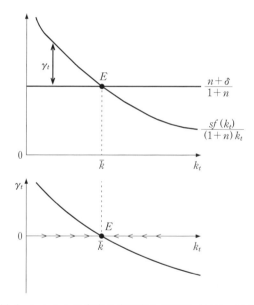

図14-3　1人あたり資本の成長率と位相図（ソローモデル）

　しかしながらソローモデルでは、貯蓄率、人口成長率、資本減耗率といった外生変数や生産関数 f の形状が類似した経済の間での収束を主張するにすぎません。あるいは、貯蓄率や人口増加率などの外生変数や生産関数 f の形状をコントロールできれば各国の所得格差に収束の傾向が見られるという、**条件付き収束仮説**を主張しているわけです。マンキューらは、5節でも紹介している技術進歩を導入したソローモデルを用いて、貯蓄率や人口成長率のほかに教育水準をコントロールすれば世界各国の経済格差が収束の傾向を持つという、条件付収束仮説を実証的に支持しています[6]。この実証研究に従えば、各国の所得格差縮小のためには、貯蓄率、人口成長率、教育水準などの諸変数を操作できるかどうかが重要な鍵となります。

　では具体的に人口増加率の上昇は、定常状態における $\bar{k}$ や定常状態への移行過程にどのような影響を与えるのでしょうか。人口増加率の上昇は、図14-2において、資本蓄積関数 ϕ を下方にシフトさせるので、1人あたり資本の蓄積スピードを下落させ定常状態における1人あたり資本の水準も下落させることがわかります。実際に世界各国の人口増加率と1人あたり所得は、実証的に負の関係にあることが確認されています。ただし定常状態に入ると、1人あたり所得の成長率は常にゼロであり人口成長率の影響を受けなくなりますが、人口成長率増加に伴う経済規模の拡大によって国民所得の成長率は上昇します。

　同様にして、貯蓄率の上昇が定常状態における $\bar{k}$ や定常状態への移行過程にどのような影響を与えるのかを考えましょう。貯蓄率の上昇は、図14-2において、資本蓄積関数 ϕ を上方にシフトさせるので、1人あたり資本の蓄積スピードを増加させ定常状態における1人あたり資本水準も増大させることがわかります。実際に世界各国の投資率（長期モデルを想定しているため貯蓄率に等しい）と1人あたり所得は、正の関係にあることが確認されています。ただし定常状態における1人あたり資本の成長率は常にゼロであり、また定

---

6)　Mankiw, Romer, and Weil（1992）を参照してください。

常状態における国民所得は n の率で成長するので、定常状態では、貯蓄率の上昇は生活水準や国民所得の上昇にまったく影響を与えないことになります。

④　資本蓄積のゴールデン・ルール

　ところで、貯蓄率が高いほど経済が成長してより高い 1 人あたり所得を実現できるなら、貯蓄率は高ければ高いほど望ましいといってよいでしょうか。ここでは貯蓄率 s を人為的に任意の水準に設定できるとして、定常状態における 1 人あたり消費を最大にする貯蓄率の水準について考えてみましょう。

　$S_t = Y_t - C_t$ より（14-9）式は

$$K_{t+1} = Y_t + (1-\delta)K_t - C_t \tag{14-16}$$

と表しても同じことです。この式の両辺を L_{t+1} で割り、$c_t\ (\equiv C_t/L_t)$ について解くと

$$c_t = f(k_t) + (1-\delta)k_t - (1+n)k_{t+1} \tag{14-17}$$

が得られます。したがって定常状態の条件 $(k_t = k_{t+1} = \bar{k})$ を用いて、定常状態における 1 人あたり消費量 $\bar{c}$ は

$$\bar{c} = f(\bar{k}) - (n+\delta)\bar{k} \tag{14-18}$$

と表せます。この式から、定常状態における 1 人あたり消費水準を最大にする $\bar{k}$ は

$$f'(\bar{k}) = n + \delta \tag{14-19}$$

を満たさなければならないことがわかります。このような $\bar{k}$ の水準が図 14-4 に $\bar{k}_{GR}$ として図示されています。

　ところで、（14-11）式を定常状態の条件 $(k_t = k_{t+1} = \bar{k})$ のもとで解くと $sf(\bar{k}) = (n+\delta)\bar{k}$ が得られますが、この式に先ほどの（14-19）式を代入して貯蓄率について解くと

$$s_{GR} = \frac{f'(\bar{k})\bar{k}}{f(\bar{k})} \tag{14-20}$$

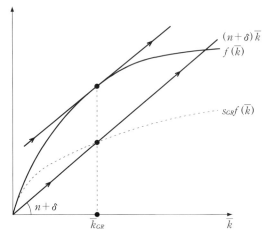

図14-4　資本蓄積のゴールデン・ルール

が得られます。ここで、脚注2で示したように完全競争下において資本の限界生産性は実質レンタル料に等しいという条件を用いると、（14-20）式は

$$s_{GR} = \frac{資本所得}{総所得} \qquad (14\text{-}21)$$

になることがわかります。つまり、貯蓄率 s を人為的に任意の水準に設定できるとき、定常状態での労働者1人あたりの消費水準を最大にするためには、資本所得をすべて貯蓄し、労働所得をすべて消費するように貯蓄率を設定すればよいことがわかります。このような消費・貯蓄の配分ルールを**資本蓄積のゴールデン・ルール**と呼んでいます。もちろんこのゴールデン・ルールは定常状態における消費の最大化条件にすぎず、それが経済成長の全経路を通しての効用現在価値の最大化条件を満たしているわけではありません。本書のレベルを超えるためここでは割愛しますが、瞬時効用水準の割引現在価値を最大にするように各期の貯蓄率を内生的に決定してソローモデルを一般化したモデルは、**最適成長モデル**と呼ばれています。

⑤　技術進歩と持続的経済成長

　2節のソローモデルでは、定常状態において生活水準（＝1人あたり所得）が一定にとどまるという非現実的な結果が生じていました。しかしソローモデルに技術進歩を導入して労働者の生産効率が持続的に上昇することを認めれば、この結果は修正されます。これまでは、労働者の生産効率が時間を通じて一定であり1に基準化されていたことに注意してください。つまりこれまでは、労働人口 L_t と効率単位で測った労働投入量を、区別することなく扱ってきました。

　ここでは、労働者の生産効率 B_t を導入して、効率単位で測った労働投入量を、労働者の生産効率と労働人口の積（＝$B_t L_t$）で表しましょう。このとき生産関数は

$$Y_t = F(K_t, B_t L_t) \tag{14-22}$$

で表され、両辺を $B_t L_t$ で割ると、生産関数の一次同次性から

$$\hat{y}_t = f(\hat{k}_t) \tag{14-23}$$

を得ます。ここで $\hat{y}_t \equiv Y_t/(B_t L_t)$ および $\hat{k}_t \equiv K_t/(B_t L_t)$ は、それぞれ1人あたりではなく効率単位あたりの生産量と資本量を表しています。

　また技術水準は毎期一定率の μ で上昇しており、労働者の生産効率を毎期同率だけ増大させるという意味で、**労働増加的な技術進歩**を仮定します（μ はミューと読みます）。このとき $t+1$ 期の労働者生産効率 B_{t+1} は

$$B_{t+1} = (1+\mu)B_t \tag{14-24}$$

です。ここで、0期の労働者生産効率 B_0 は外生的に与えられます。さらに（14-8）式と（14-24）式から、$t+1$ 期の効率単位で測った労働量 $B_{t+1} L_{t+1}$ は

$$B_{t+1}L_{t+1} = (1+\mu)(1+n)B_t L_t \tag{14-25}$$

で与えられることがわかります。

　以上でソローモデルに技術進歩を導入する準備が整いました。（14-10）

式の S_t を（14-9）式の I_t に代入して、（14-9）式を（14-25）式で割り、さらに（14-23）式を用いると

$$\hat{k}_{t+1} = \psi(\hat{k}_t) = \frac{(1-\delta)\hat{k}_t + sf(\hat{k}_t)}{(1+\mu)(1+n)} \qquad (14\text{-}11)'$$

が得られます（資本蓄積関数の ψ はプサイと読みます）。（14-11）式と同様にこの式は、s、n、δ、μ および生産関数が与えられたもとで、t 期の1効率単位あたり資本量が $t+1$ 期の1効率単位あたり資本量を決定するという通時的な資本蓄積経路を表しています。

　（14-11）′式は定性的に図14-2と同じ位相図で分析できますが、今や縦軸と横軸は1人あたりではなく効率単位の資本で測られていることに注意してください。つまり定常状態においては、効率単位あたりの資本水準が一定になることから、効率単位あたりの所得は一定になり、生活の水準を表す1人あたり所得は技術進歩率 μ の率で上昇し、国民所得は $n+\mu$ の率で上昇することが確認できます。つまり技術進歩を導入したソローモデルにおいては、定常状態における生活水準（＝1人あたり所得水準）の上昇が、技術革新による継続的な労働効率の上昇によってのみ説明されることになります。またこのことから、貯蓄率の上昇や人口成長率の低下が移行過程においてのみ生活水準の上昇をもたらすという点も、政策論の観点からは、重要なソローモデルの特徴といえるでしょう。

　このように本節のソローモデルは、定常状態における生活水準の持続的成長と整合性を持つモデルを提示するという一定の貢献を経済成長論にもたらしているのですが、その要因が外生的に与えられた技術進歩率によってのみ説明されることから、技術進歩の生じるメカニズムがブラックボックスになっています。つまり生活水準の持続的成長を達成するためにどのような政策が望ましいのかについて、ソローモデルでは何も具体的なことはわからないわけです。このような問題意識から、限界生産性が逓減する物的資本ではなく、知識や人的資本等をも含む広義の資本概念を用いて、1人あたり資本水準の持続的成長を経済の内生的メカニズムの結果として説明した経済成長

モデルを、**内生的経済成長モデル**と呼んでいます。

　ここでは、2節のソローモデルから再び出発して、内生的経済成長モデル
が定常状態における経済の持続的な成長をどのように説明するのかについて
見ていきましょう。まず、ソローモデルの資本蓄積経路を表す（14-11）
式において、資本 K を広義の資本と読み換えた場合、1人あたり資本水準
の持続的成長が生じる条件とは

$$\lim_{k_t \to \infty} \phi'(k_t) > 1 \tag{14-26}$$

になることです。読者の皆さんは、図14-2と図14-5を比較してソローモデ
ルとの違いを確認してください。そして（14-26）式の条件は、稲田条件
（14-7）式の $\lim_{k_t \to \infty} f'(k_t) = 0$ を

$$\lim_{k_t \to \infty} f'(k_t) = A > \frac{n + \delta}{s} \tag{14-27}$$

に置き換えることで得られます。つまり1人あたり資本の水準が十分に大き
くなるとき、その平均（あるいは限界）生産性が0に到達することなく A と

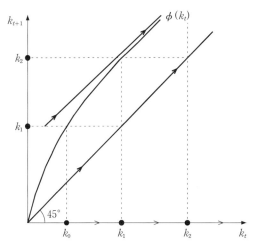

図14-5　1人あたり資本の持続的成長と位相図

いう正の値を保つことが、内生的成長のための条件になります。

また、(14-15) 式が

$$\lim_{k_t \to \infty} J(k_t) = \lim_{k_t \to \infty} \frac{sf'(k_t)}{1+n} = \frac{sA}{1+n} > \frac{n+\delta}{1+n} \tag{14-15}'$$

になることに注意して、(14-12) 式から定常状態における1人あたり資本
の成長率 $\bar{\gamma}$ を求めると

$$\bar{\gamma} = \frac{sA}{1+n} - \frac{n+\delta}{1+n} > 0 \tag{14-12}'$$

を得ます。これらの式に加え、(14-13) 式と (14-14) 式に注意して1人
あたり資本の成長率を図示したものが図14-6です。図14-6はこのモデルが
持つ重要な特徴を明らかにしてくれます。まずこのモデルでは、条件付収束
仮説が成立しています。これは、このモデルが $f'(k_t) > 0, f''(k_t) < 0$ という

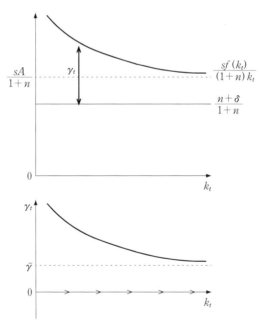

図14-6　1人あたり資本の成長率と位相図（内生的成長モデル）

ソローモデルと同様の性質を有しているためで、内生的成長論に特有の性質
というわけではありません。

　一方、貯蓄率や人口成長率の変動は、移行過程だけでなく定常状態の1人
あたり所得成長率にも影響をもたらします。たとえば貯蓄率の高い国は、移
行過程だけでなく定常状態においても生活水準の上昇率が高くなります。ま
た人口成長率の低い国は、定常状態においても生活水準の上昇率が高くなり
ます。

　同様にして、1人あたり資本の平均生産性（$=f(k_t)/k_t$）が高い国は、定常
状態においても生活水準の上昇率が高くなります。生産性の成長率ではなく
水準自体が、定常状態の1人あたり所得成長率に影響をもたらしていること
に注意してください。経済が持続的に成長するには生産性も持続的に成長し
なければならないという、ソローモデルの特徴とは大きく異なっています。
たとえば、検索エンジンのシステム向上によって労働者の情報処理能力が上
昇したとすると、そのような技術水準の上昇は、労働者の生産効率に永続的
な影響をもたらして、定常状態における持続的な生活水準の上昇に貢献する
かもしれません。

　こういった特徴を持つ内生的経済成長論が現実妥当性を持っているのかど
うかについてはまだ議論の余地がありますが、「経済の持続的な成長をもた
らす要因は何か」という問題は、マクロ経済学において最も関心の高い問題
の1つであり、経済の内生的メカニズムによってそのような持続的成長を説
明するという試みは、政策論の観点からも重要な意味を持つといえるでしょ
う。

コラム：72 の法則

　皆さんは「**72 の法則**」という言葉を聞いたことがありますか。運用利回り g が一定で与えられるとき、元本が 2 倍になるのに要する期間 T が $T \fallingdotseq 72/g$ という近似式によって与えられるというものです。この法則を応用すると、経済成長率が 1％から g％に上昇するとき、GDP が 2 倍になるのに要する期間は、72 年からおおよそその g 分の 1 年にまで短縮されることがわかります。たとえば経済成長率が 1％のとき、GDP が 2 倍になるのにおよそ 72 年もかかりますが、経済成長率が 1％上昇して 2％になれば、GDP が倍増するのに要する期間はその半分の 36 年ですみます。また移行過程における経済で、経済成長率がたとえば 6％を達成できるなら、GDP はわずか 12 年で倍増するのです。このように経済成長率のわずかな違いも、長期的には大きな GDP 格差となって現れることが理解していただけると思います。

15

固定為替相場制のもとでの
オープンマクロ経済学

　外国との取引を含むマクロ分析では、為替レートのシステムがどのような
ものであるかということが、最初に重要です。現在多くの国々は、変動為替
相場制のもとで国際取引を行っていますが、1973年にこの制度に移行する
前は、固定為替相場制でした。とくに第2次世界大戦後に始められた固定為
替相場制は、**ブレトンウッズ体制**という名前でよく知られていますが、その
制度のもとではアメリカのドルだけが金（ゴールド）と平価（金1オンス＝35ド
ル）での交換が保証された通貨で、他の国々の通貨はこのドルとの一定の交
換比率を媒介に、相互の交換比率が決まっていました。しかしアメリカの国
際収支赤字が長く続いたために、最終的にはこの制度は維持できなくなりま
した。

　なぜそうなったのでしょうか。その理由をよく理解するためには、まず固
定為替相場制の特徴をよく知っておく必要があります。これは単に、歴史的
な重要性ということからだけではありません。現在運用されている変動為替
相場制も、完全な変動制ではないということや、あるいは発展途上国の一部
にまだ見られるように、他の国の通貨に完全にペッグ（釘付け）している場
合もあることなどを考えれば、その重要性はわかるでしょう。

１　固定為替相場制と中央銀行の役割

　ある国の通貨と他の国の通貨の交換比率を、ある一定値に固定するのが固定為替相場制ですが、それはけっして自動的にそうなるのではありません。じつはそのレートを維持する役割を果たしてきたのが中央銀行であり、為替レートを変動させるような市場の圧力を相殺するように外国為替市場に介入することによって、維持しているのです。そしてそのような圧力は、固定為替相場制のもとでしばしば生じる国際収支の不均衡によって、生み出されてきました。

　たとえば今、固定為替相場制のもとで、アメリカの日本に対する国際収支が赤字であったとしましょう。国際収支の赤字は**経常収支**と呼ばれる財やサービスの取引の結果や、**資本勘定**に記録される資本の移動の結果によってもたらされたわけですが、このとき外国為替市場では、ドルと交換に円を買いたいという円に対する需要（ドルの供給）が、円と交換にドルを買いたいという円の供給（ドルの需要）を上回るので、円に対する超過需要とドルの超過供給が生じます。

　これは円の値上がり圧力とドルの値下がり圧力を市場に生じさせるので、為替レートを固定された水準に維持するためには、中央銀行は外国為替市場に介入しなければなりません。たとえば日本の中央銀行（日本銀行）がドルを買って円でそれに対して支払うという操作が必要になりますが、理論的にはアメリカの中央銀行（Fed）がそれを行ってもよいのです。

　しかしいずれにしても、このような対応が常に可能であるためには、各国の中央銀行は十分な量の対外支払準備を保有していなければなりません。しかし国際収支の赤字が長期にわたって続けば、やがて対外支払準備は必要最低水準まで減少するでしょう。対外支払準備には金も含まれていますが、長期にわたる国際収支の不均衡の結果として、アメリカの金準備が必要最低水準と当時考えられていた100億ドル近くまで減少したときに、ブレトンウッ

ズ体制の維持は困難になったのでした。

2　平価の変更

　このようなときに国際収支の改善に役立つと考えられるのが、平価の変更
です。具体的には、国際収支の赤字がある国は**通貨の切り下げ**（devaluation）
を行い、反対に国際収支の黒字がある国は**通貨の切り上げ**（revaluation）を行
えばよいのです。ブレトンウッズ体制のもとでは、こういった平価の変更は、
国際収支に**基礎的不均衡**があり、IMF 理事会がそれを承認した国だけに認
められました。

　通貨の切り下げを行った国では、経常収支の黒字化を通じて、国際収支の
赤字は減少に向かうと考えられますし、また通貨の切り上げを行った国では、
経常収支の赤字化を通じて、国際収支の黒字は減少に向かうと考えられます。
ただしこれは貿易相手国が何も行わないときの話で、たとえば通貨の切り下
げをしても、相手国が同じように通貨の切り下げを報復的に行えば、その効
果は相殺され、後には世界の貿易量の縮小といった、望ましくない結果だけ
が残ることになります。

ニクソン・ショック

　戦後のブレトンウッズ体制の崩壊を象徴するのが、1971 年の**ニクソン・
ショック**と呼ばれているできごとです。1971 年当時のアメリカ大統領であっ
たニクソンが、もはや金とドルの平価での交換に応じられないという、金と
ドルの交換停止を世界に向けて発表したのですが、これは世界に大きな衝撃
をもたらしました。しかし同年秋の**スミソニアン協定**において、ドルを切り
下げ、円、ポンド、マルクなどの通貨を切り上げることによって、固定為替
相場制をなんとか維持しようとしたのですが、その 2 年後の 1973 年に、ア
メリカの国際収支赤字に改善の見込みがないことが判明したのをきっかけに、
先進諸国は現在のような変動為替相場制に移行したのでした。

③　固定為替相場制のもとでのマクロ政策の効果

財・サービス市場の均衡条件

　これまでに述べたことを念頭において、次にマクロ政策の効果を理論的に分析してみましょう。そのためにまず、財・サービス市場から考えることにします。オープン経済になることによって変わる点は、需要側に輸出から輸入を引いた純輸出が付け加わることです。ここでは純輸出を NX で表し実質為替レート ε （イプシロン、自国通貨表示とします）の増加関数であると仮定しましょう。この実質為替レート ε は、自国財で表した外国財の価格であり、名目為替レート E に外国財価格 P^* と自国財価格 P の比を掛けた値、すなわち EP^*/P に等しいのですが、これが上昇すると自国財が外国財に対して相対的に安くなるため、輸出の増大と輸入の減少が起こり、その結果純輸出は増大します。このとき財・サービス市場の均衡条件は、

$$Y = C(Y-T) + I(i) + G + NX(\varepsilon) \qquad (15\text{-}1)$$
$$\quad\ \ (+) \qquad\quad (-) \qquad\qquad (+)$$

で示されます。

　次に金融市場について考えてみましょう。ここでは金融資産として自国の貨幣、自国の債券および外国の債券の3種類を想定します。最初に、貨幣市場の均衡条件から検討してみましょう。

貨幣市場の均衡条件

　オープン経済について考えるとき、名目貨幣供給量は国内信用 DC と対外支払準備 R^* の合計として表されるので、

$$M = DC + R^* \qquad (15\text{-}2)$$

となります。これに対して貨幣需要は、取引的需要と投機的需要からなりますが、自国貨幣は国内外の金融資産の構成要因の1つですから、貨幣需要関数にはポートフォリオ選択を考慮して、資産効果を含めておいたほうがいい

でしょう。

　自国と外国の債券の供給量をそれぞれ B^S、B^{S*} で表し、さらに債券価格は各国の利子率の逆数に等しいとしましょう。このとき実質資産を F で表すと、

$$F = \frac{M + \dfrac{B^S}{i} + \dfrac{EB^{S*}}{i^*}}{P} \qquad (15\text{-}3)$$

となります。また3種類の金融資産のそれぞれが、金融資産全体に占める比率を合計したものは、必ず1に等しいことに注意しましょう。実質貨幣供給と実質貨幣需要が等しいときに、貨幣市場は均衡するので、

$$\frac{M}{P} = \underset{(+,\ -,\ +)}{l(Y,\ i,\ F)} \qquad (15\text{-}4)$$

が貨幣市場の均衡条件です。実質金融資産 F が増大したとき、その一部が貨幣需要に振り向けられることになるので、F の増大は貨幣需要 l を増やすことになります。

利子平価

　一方、債券市場に関しては、人々は自国の債券と外国の債券を、完全な代替物とみなすことを前提に、議論を進めましょう。この前提が許されるためには、資本の移動性が完全であること、それに両国の債券にリスクの差がないこと、といった条件が満たされる必要があります。固定為替相場制のもとでは、近い将来に平価の変更があることがわかっているような特定の場合を除けば、予想される為替レートの変化率はゼロですから、固定為替相場制のもとでのカバーなしの利子平価の条件は、両国の利子率が等しいという条件に帰着します。したがって、次式が成立します。

$$i = i^* \qquad (15\text{-}5)$$

オープンマクロ経済の均衡

　今、縦軸に名目為替レート E、横軸に実質産出量 Y をとった平面上に、財・サービス市場の均衡条件と貨幣市場の均衡条件を示したのが図 15-1 です。両国の物価水準はともに一定で1に等しいと仮定すると、実質為替レートと名目為替レートは一致します。このとき名目為替レートの変化の影響を財・サービス市場について検討すると、名目為替レート E の上昇につれて純輸出 NX が増大することがわかります。その結果、財・サービス市場には超過需要が生じるので、財・サービス市場の均衡を保つためには実質産出量 Y が増大しなければなりません。利子率の水準は、（15-5）式に示されたように所与の外国利子率に等しいという利子平価が成立しているものとすると、そのときの IS 曲線（これを IS^* と表します）は、右上がりとなります。

　次に名目為替レート E の変化の影響を貨幣市場について検討してみると、実質金融資産 F の増大を通じて、貨幣需要 l が増大することがわかります。貨幣市場の均衡を保つためには、この効果を相殺するように実質産出量 Y が減少しなければなりません。したがって、内外の利子率が等しいときの LM 曲線（これを LM^* と表します）は、右下がりになることがわかります。

　IS^* 曲線と LM^* 曲線の交点で、均衡為替レートと均衡実質産出量水準が決まりますが、固定為替相場制で定められる平価の水準 E_1 は、これに等しいと考えられます。両者が等しくないような状況がかりに生じても、そのときには裁定活動を通じて、均衡為替レートは迅速に平価の水準に収束するものと考えられます。

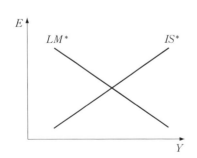

図 15-1　オープンマクロ経済の均衡

拡張的貨幣政策の効果

　ここで、中央銀行が自国の債券を買って貨幣供給量を増大させるような、拡張的貨幣政策の効果について考えてみましょう。このとき自国の利子率には下落圧力が生じるため、為替レートには上昇圧力がかかります。したがって為替レートを平価の水準に維持するためには、中央銀行は外国為替市場で外国為替を売って、自国の通貨を買うという操作をしなければならなくなります。その結果、当初の貨幣供給量の増分に等しいだけ対外準備が減少し、貨幣供給量が元の水準に戻ったときに、為替レートの上昇圧力は消滅します。

　以上のことを図で示したのが、図 15-2 です。右方にシフトしようとした LM^* 曲線は、元の位置に引き戻されることになります。すなわち固定為替相場制のもとでは、貨幣政策は、為替レートを維持するという役割に強く縛られているために、変動為替相場制の場合とは異なり、まったく景気刺激効果を持たないことになります。

拡張的財政政策の効果

　では次に、財政政策の効果を検討してみましょう。変動為替相場制のもとでは、拡張的財政政策がまったく景気刺激効果を持たないことはよく知られていますが、固定為替相場制のもとではじつはそうではないのです。拡張的な財政政策は、図 15-3 に示したように IS^* 曲線を右方にシフトさせます。

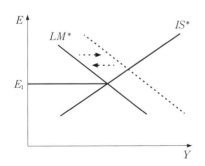

図 15-2　拡張的貨幣政策の効果

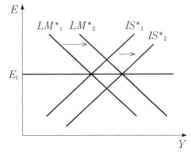

図 15-3　拡張的財政政策の効果

これは為替レートに対して下落圧力をもたらすので、為替レートの水準を維持しようとする中央銀行は、外国為替市場で自国通貨を売り、それで外国通貨を買うという操作をしなければなりません。その結果自国の貨幣供給量は増大し、為替レートの固定された水準で LM^* 曲線が IS^* 曲線と交わることを可能にします。そしてその結果、実質産出量は増大するのです。

④　為替レート切り下げ競争と政策協調

固定為替相場の変更

　固定為替相場制のもとではその為替レートを前提に対外経済活動が行われます。その結果、固定為替レートが長く続くと貿易・サービス収支や経常収支の赤字や黒字が累積していって国際的に見て不均衡になることがあり、そのような場合には2節で見たように、固定為替レートを変更する政策（平価の変更）が行われることがあります。たとえば、貿易・サービス収支や経常収支の赤字が累積した場合には、それを是正するために固定為替レートの切り下げが行われます。名目為替レート E を上昇させ自国通貨が安くなる（減価する）と、輸出が増加し輸入が減少して純輸出 NX が増大するからです。これによって IS^* 曲線を右方にシフトさせることができるので、固定為替レートの切り下げは実質産出量を増大させるという効果を持ちます。固定為替相場制では IS^* 曲線は拡張的財政政策のように、需要が増大すると右方にシフトします。したがって、IS^* 曲線を右方にシフトさせるような総需要を喚起する政策は実質産出量を増大させるという効果を持つことがわかります。7章で説明した保護主義的貿易政策も輸入を制限する結果として純輸出が増加するので、固定為替相場制では IS^* 曲線が右方にシフトし、実質産出量を増大させる効果を持ちます。したがって、7章でも述べたように固定為替相場制と変動為替相場制で政策効果は逆になります。

　固定為替レートの切り下げ政策は、外国から歓迎されないかもしれません。自国からの輸出の増加は輸入国の景気後退を誘発する可能性があり、これは

近隣窮乏化政策と判断される場合もあることが知られています。そして、輸入国が近隣窮乏化政策と判断した場合に、その国が対抗措置として自国通貨を同じ率だけ切り下げれば、為替レートは元の固定相場水準に戻ってしまいます。為替レートが元の固定相場の水準に戻ってしまえば、IS^*曲線は元の位置に戻ってしまうので、実質産出量は元の水準のままです。このように**為替レート切り下げ競争**が行われると実質産出量を増大させる効果はなくなります。相手国がどのような政策的反応を示すかが政策効果の大きさに影響するわけです。

$n-1$問題

固定為替相場制のもとでは国際収支の不均衡が続くことがあります。国際収支の黒字が各国の目標となり、たとえばアメリカ以外の国々（$n-1$ヶ国あるとしましょう）が、国際収支の黒字に目標を設定して実現すれば、最後の第n国（アメリカ）は、自国の国際収支目標を自由に設定することはできません。なぜなら世界の国々の国際収支尻を合計したものは、誤差脱漏を別とすれば、必ずゼロになるはずだからです。したがって最後の第n国は、絶対値で他国の黒字に等しい国際収支の赤字を引き受けなければならなくなります。

実際に固定為替相場制であるブレトンウッズ体制のもとでこのような問題（$n-1$問題と呼ばれています）が現実のものとなりました。アメリカ以外の国々の国際収支黒字とアメリカの国際収支赤字が累積していった結果、1971年にアメリカは金とドルの兌換を停止せざるをえなくなり、金の裏づけによって成り立っていたブレトンウッズ体制の崩壊につながったのです。

政策協調の理論

双方の国々の政策的反応を検討した結果、政策協調が世界経済を望ましい状態に持っていく可能性を論じた**政策協調の理論**があります。浜田による古典的分析を初めとした諸研究は、政策協調をしなければ**ナッシュ均衡**に落ちついてしまうのに対して、政策協調を行えば**パレート最適**な状態が実現でき

ることを明らかにしました。それらの研究成果は、ブレトンウッズ体制が崩壊し、先進国が変動相場制に移行してからの 1985 年の G5（先進 5 カ国蔵相・中央銀行総裁会議）による**プラザ合意**や、1987 年の G7（先進 7 カ国蔵相・中央銀行総裁会議）による**ルーブル合意**など、今日まで続いている政策協調の理論的な支えになったと考えられます。お互いの政策的反応を考慮しながら、各国が望ましい政策運営について考えることの重要性を認識させた点は、政策協調の理論の大きな貢献だったといえるでしょう。

　各国は財政、金融、為替レートに関するマクロ的な経済政策の調整を行ってきています。グローバル化によって各国の経済は互いに連関し、一国の経済政策が他国に簡単に波及するようになってきています。一国だけで政策を決定しても当初の狙い通りの効果が現れるかは疑問であり、また政策立案にあたっては、他国への影響も考慮する必要があります。さらには G7 だけでは解決できない問題も増えたために、新興国も加えた G20 での話し合いも重要になってきており、各国の政策協調は必要不可欠となっています。政策主体どうしが、互いにどのような目標を設定して行動しているのか、自国の政策に対する反応はどのようなものかをよく認識し理解することが、マクロ経済政策を考える上では、きわめて重要であるといえるでしょう。

コラム：アベノミクスによる大胆な金融政策と円安

　日本では 2012 年末に自民党中心の連立政権が誕生し、安倍首相はアベノミクスと呼ばれる経済政策を前面に打ち出しました。アベノミクスは 3 本の矢から成り立っていて、第 1 の矢は「大胆な金融政策」、第 2 の矢は「機動的な財政政策」、第 3 の矢は「民間投資を喚起する成長戦略」でした。

　第 1 の矢「大胆な金融政策」で、日本銀行は 2013 年 4 月、黒田総裁が「量的・質的金融緩和政策」を発表し、異次元的とも呼ばれる非伝統的な金融緩和政策を開始しました。その結果、円安になりましたが、このような「大胆な金融政策」が意図して為替レートを操作するような円安政策ではないということを各国に理解してもらわないと、各国も対抗措置を採って為替レート切り下げ競争のよ

うになる可能性が出てきてしまいます。したがって、G7 などの会議で第 2 の矢
「機動的な財政政策」の内容とともに、第 1 の矢である金融緩和政策の内容と意
図をていねいに説明し、各国の理解をえることが不可欠でした。

5　資本移動、通貨制度、金融政策のトリレンマ

　国際的な政策協調が国内経済の安定を犠牲にするようなこともあります。
たとえば、1985 年 9 月の G5 によるプラザ合意以降、国際的な政策協調の名
のもとに金融政策のとりうる範囲が狭くなりました。プラザ合意はそれまで
のドル高を是正するために、各国が協調して為替市場に介入しドル安に誘導
するというもので、日本にとっては為替レートを円高に誘導することを意味
します。しかし、急速な円高になると輸出依存型の日本経済にとって打撃が
大きいとして、円高による不況を克服するために金融緩和政策が採られまし
た。これがその後の「バブル経済」の根本的な原因となりました。資本移動
が自由な変動為替相場制のもとで、国内的な安定を重視するのか、国際的な
協調を重視するのか、どちらかを選択する必要がある場面があります。どち
らの達成も可能であるとしても、両方を常に同時に達成することは不可能で
す。すなわち、①資本移動の自由、②為替レートの安定、③金融政策の自由、
の 3 つは常に同時に達成可能ではない、ということです（資本移動、通貨制度、
金融政策のトリレンマと呼ばれています）。

　経済を発展させるためには、外国からの資本も利用するほうが有利になる
ので、資本移動の自由があるのは望ましいことです。固定為替相場制のよう
に相当な期間、為替レートが安定しているほうがその為替レートを前提に計
画を立てて対外経済活動を行うことができるので、為替レートが安定してい
ることは望ましいことです。金融政策の自由があることも、国内経済を安定
化させる手段があるということなので望ましいことです。しかし、これら 3
つを常に同時に達成することは不可能です。たとえば、資本移動の自由を確

保しながら、為替レート安定のために固定為替相場制を採用すれば、その固定為替相場の水準を維持するために常に外国為替市場に介入する必要があり、その結果、マネーストックが変化せざるをえないので、金融政策の自由がなくなります。先進国は変動為替相場制を採用することにより為替レートの安定をある程度犠牲にして、資本移動の自由と金融政策の自由を確保しています。他方、開発途上国の中には、資本移動の自由を確保しながらドルやユーロにペッグする事実上の固定相場制を採用して、金融政策の自由を犠牲にしている国が多くあります。これらの国では為替レートを安定させる事実上の固定相場制を採用することで野放図な金融政策を行わないよう自らに制約を課すことによって、他国から信認を得ているとも考えられます。また、欧州共通通貨ユーロを採用している国は、自国通貨を発行していないので独自の金融政策を行うことができず、金融政策の自由を放棄しています。固定為替相場制であれば可能な平価の変更もできないので、国際収支の不均衡は、財政政策等で解消しなければなりません。

16

為替レートの決定

① 為替レートとは

　オープンマクロ経済学で登場した重要な経済変数に為替レートがあります。これは、7章で学んだように2つの異なる通貨の交換比率を表したものですが、具体的にこの交換比率はどのように決まるのでしょうか。ここでは、為替レートについてさらにくわしく説明していきます。

外国為替相場

　異なる通貨を交換することを**外国為替**といい、その交換比率を**外国為替相場**、あるいは**為替レート**といいます。邦貨建てレートの場合、1ドル=120円や1ユーロ=150円といったものです。

　一般的に、為替レートを表すときは1ドル=E円というふうにドルを基準として表示します。これはドルが世界で最も信頼され、最も流通している通貨だからです。このドルが果たす役割を**基軸通貨**といいます。ここで、1ドル=E円の意味は1ドルがE円と交換できる、あるいは買えるということです。つまり、円とドルという2つの異なる通貨を売ったり買ったりして交換し、その交換比率が為替レートになっているのです。

　この通貨の売買は、**外国為替市場**という市場^{いちば}において行われます。これは、たとえば株式を売買する流通市場（東京証券取引所のように実際に取引を行う場所）を示したものではなく、コンピューターや電話といった通信手段で取引が行われるサーバー・スペース上に存在します。市場の参加者は、日本銀行や民間銀行等の金融機関、そして短資会社と呼ばれるブローカー（取引仲介業者）です。

　この外国為替市場において各国通貨は売買され、その需要と供給が**均衡**するところで為替レートの水準が決まってきます。円を買いたい人が売りたい人より多い場合、円の値段は上がります。これは、円に対する需要が供給よりも多いからです（**ドルの超過供給**）。この場合、外国為替相場は円の増価、すなわち**円高**になります。逆に、ドルに対する需要が供給より多い場合（**ドルの超過需要**）、ドル高（**円安**）になります。

　この円やドルの需給は、輸出入といった貿易や証券投資によって発生します。たとえば、日本企業が製品をアメリカに輸出し代金をドルで受け取った場合、銀行でそのドルを売って円に替え、自国における支払い（賃金や材料費等）を行います。また、日本の景気がよくなり日本企業の株が将来上がるという予想をしたアメリカの投資家がいる場合、日本株への投資は増加し、ド

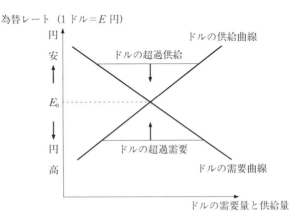

図 16-1　為替レートとドル需給

ルは円に替えられます。このような円に対する需要増は、円高を導きます。

　逆に、日本企業が輸入を行う場合や日本の投資家がアメリカに証券投資を行う場合は、円を売ってドルに替え、ドルに対する需要増となります。この場合、外国為替相場はドル高（円安）になります。

　このような外国為替市場におけるドルの需要と供給は図 16-1 のように示され、その需給が一致する均衡点（E_0）で為替レートは決定されます。

実質為替レートと実効為替レート

　為替レートを実質単位で測ったものを**実質為替レート**といい、通貨の実質的購買力を示す概念として用いられています。今、邦貨建て為替レートを 1 ドル＝E 円とし、自国財の価格を P 円、外国財の価格を P^* ドルとすると、実質為替レート（ε）は、

$$\varepsilon = \frac{EP^*}{P} \tag{16-1}$$

となります。この実質為替レートは、二国間の財の交換比率を表したもので、外国財 1 単位（EP^*円）で自国財（P円）を（EP^*/P）個交換できる、買えるということを意味しています。ちなみに、通常の為替レート（E）のことを、実質値と区別するために**名目為替レート**と呼びます。

　たとえば、邦貨建て名目為替レートが $E=120$ 円のとき、日本産のりんごが 1 個 240 円（$P=240$）、アメリカ産のりんごが 1 個 1 ドル（$P^*=1$）であったとしましょう。アメリカ産のりんご 1 個を円建て価格に直すと、120 円（120×1＝120）となり、これを日本産のりんごと交換する場合、0.5 個（120÷240＝0.5）と交換することができます。両財の価値が等しい場合、アメリカ産のりんご 1 個は日本産のりんご 0.5 個と交換されるのです。

　これを数量ではなく価格の概念でとらえると、日本産りんご 1 個の価格とアメリカ産りんご 1 個の価格は、1 対 0.5 の関係であることがわかります。このように、実質為替レート（この場合は 0.5）は、外国財（アメリカ産りんご）の自国財（日本産りんご）に対する相対価格を示しています。

　(16-1) 式の相対価格は、りんごの価格のように個別財についても計算できますが、一般的に、各国の財・サービスを集計したバスケットの平均価格、物価指数について計算されます。日本の物価が変わらずアメリカの物価が上がった場合、実質為替レートは大きくなります。この場合、日本産の製品に対してアメリカ産の製品のほうが割高になるので、日本製品の国際競争力は増します。このように、実質為替レートは自国と外国との価格競争力を示しており、**交易条件**（輸出財1単位と交換できる輸入財の比率）と考えられます。

　これまでは、円とドル、円とユーロといった異なる2つの通貨の交換比率について説明してきましたが、次に多数の異なる通貨に対する1つの通貨の平均的価値を示す指標、**実効為替レート**について考えます。実効為替レートとは、対相手国との為替レートを指数化し、それを二国間の経済関係を示す指標で加重平均したものです。一般的な幾何加重平均で実効為替レートを表した場合、次のような式で表されます。

$$実効為替レート = \prod_{i=1}^{n}(EI_i)^{w_i} = (EI_1)^{w_1}(EI_2)^{w_2}\Lambda(EI_n)^{w_n} \qquad (16\text{-}2)$$

　ここで、EI_i は対 i 通貨の為替レート指数を表しています。w_i は i 通貨のウェイトを示し、n 個の異なる為替レート指数についてその総和は1という制約（$\sum_{i=1}^{n}w_i=1$）があります。このウェイトは、対相手国との貿易量や経済関係の密接度を示す変数から導出されます。

　たとえば、日本がアメリカ、イギリス、EUとのみ貿易を行っていると仮定し、その貿易量によるウェイトが各々、0.4、0.3、0.3であったとしましょう。ある基準時（たとえば2000年）から現時点までにおいて、円が各々の通貨に対して20、10、5%増価している場合、円の実効為替レートは次のように求められます。

$$(120)^{0.4}(110)^{0.3}(105)^{0.3} \cong 112$$

この場合、円は外国通貨に対して平均12%増価したことになります。

② 為替レートの変動

為替レート決定理論

　変動為替相場制下において、為替レートは日々刻々と変動しています。この変動はどのような要因によってもたらされるのでしょうか。為替レートの決まり方について考える理論を**為替レート決定理論**といい、今日まで長く議論されてきました。

　7章で説明された**アブソープション・アプローチ**のような伝統的な決定理論では、外国為替市場における外国通貨の需給の均衡というフロー要因から分析が行われていました。たとえば、アメリカに対して輸出が増加し、日本の経常収支が黒字になったとしましょう。この場合、日本の輸出に対して支払われるドルの供給が輸入に必要なドルの需要を上回り、ドルの超過供給が発生します。その結果、需給の均衡関係から為替相場はドル安（円高）方向に動いていきます。

　これに対し、近年では為替レートの動きを資産市場の均衡というストック要因からとらえています。実際、外国為替取引の大半は、貿易等のフロー取引ではなく、外貨建て資産の売買や為替ヘッジ、為替投機取引によって生じています。為替レートも株式といった資産価格と同様な動きを示し、それは日々変動するマクロ変数（GDP、金利、物価、マネーサプライ等）によって影響を受けます。以下では、外国為替市場における為替レートの動きをマクロ変数の変動との関係でとらえた理論を説明していきます。

　ここで、変動という概念は時間の長さによって変わってきます。為替レート決定理論においては、経常収支の調整期間によって**短期**（1年以内）、**長期**（5年ないし10年以上）、その間を**中期**ととらえています。以下では、長期の為替レート決定理論として**購買力平価説**、中期の理論として**金利平価説**、そして短期の理論として**アセット・アプローチ**を説明していきます。

購買力平価説

　為替レートの長期的な動きを説明した理論に購買力平価説があります。こ
れは、各国の通貨価値は各国通貨の購買力の相対比で決定されるという理論
で、背後に国際的な**一物一価の法則**が働いています。

　たとえば、同じブランドの同じ型のデジタルカメラを買うのに日本では 1
万 2000 円、アメリカでは 100 ドル必要だったとしましょう [1]。一物一価の
法則が日米間で成立する場合、デジタルカメラ 1 個の価値である 100 ドルと
1 万 2000 円は等しい、つまり、1 ドルと 120 円の通貨価値（購買力）は等し
くなります。このように、為替レートは長期的に変動する内外の物価水準の
比で決定されると考えられます。

　今、国内の物価指数を P、外国の物価指数を P^* とすると、為替レート
(E) は次のように決定されます。

$$E = \frac{P}{P^*} \tag{16-3}$$

　(16-3) 式の交換レートを**購買力平価**（PPP：$\underline{P}$urchasing $\underline{P}$ower $\underline{P}$arity）とい
います。この決定理論の基本的な概念は、財市場における裁定取引の成立に
あります。同じデジタルカメラ 1 台に対して日本とアメリカで内外価格差が
ある場合（たとえば、$P<EP^*$）、より安い日本でデジタルカメラを買い、アメ
リカに輸出するでしょう。この場合、円に対する需要が高まり、為替レート
は円高の方向に動き、P と EP^* の差は縮まります。

　この裁定取引は両者が等しくなるまで続き、最終的には $P=EP^*$ という
均衡関係が成立します。(16-3) 式は、日本の物価水準が低くなると為替
レートが円高になることを示しています。

　購買力平価説が成立するような長期においては、貨幣市場において**貨幣数
量説**も成立しています [2]。今、日本の名目貨幣供給量を M、アメリカの名目

---

1)　ここでは、輸送費用や関税等のコストを考えていません。
2)　貨幣数量説のくわしい説明は、8 章で行われています。

貨幣供給量を M^* としましょう。日本の所得水準 (Y) とアメリカの所得水準 (Y^*)、そして各国のマーシャルの k (k, k^*) を一定とすると、(16-3) 式の購買力仮説と貨幣数量説の式から、次の式が導き出されます。

$$M = kPY, \quad M^* = k^*P^*Y^*$$

$$E = \frac{P}{P^*} = \frac{Mk^*Y^*}{M^*kY} \tag{16-4}$$

これは、インフレは長期的にマネーサプライで調整されるという**貨幣の中立性命題**が成立している場合、金融緩和政策解除等の名目貨幣供給量の減少は一般物価水準の比例的な下落を招き、自国通貨の価値を上げる（円高になる）ことを示しています。(16-4) 式はまた、長期的に内外の貨幣供給量の比率と為替レートが比例していることを意味し、為替レートを異なる貨幣間の交換比率ととらえています。

現実には、この購買力平価説が成立するとは限りません。なぜなら、輸送費用や関税の存在、輸入規制や流通障壁、そして非貿易財（国内金融・医療サービス等）の存在によって、長期的に一般物価指数（消費者物価指数や GDP デフレーター）を構成するバスケットの構成ウェイトが国際間で一致する保証がないからです。そこで、ある基準時点で指数化した物価指数の比率に基準時点の為替レートが一致するという、**相対的購買力仮説**が考えられています。

この仮説の成立は、為替レートの変化率 $(\Delta E/E)$ は、国内インフレ率 (π) と外国インフレ率 (π^*) の差に一致するということを意味し、次のように示されます。

$$\frac{\Delta E}{E} = \frac{\Delta P}{P} - \frac{\Delta P^*}{P^*} = \pi - \pi^* \tag{16-5}$$

この式は、(16-3) 式の購買力平価説（これを**絶対的購買力仮説**と呼びます）の両辺に対数をとり、時間についての微分を行えば導出されます。ここで、E^e を将来（現在を t 期とすると $(t+1)$ 期）における予想為替レートとすると、$\Delta E/E$ は $(E^e - E)/E$ と表され、

$$\frac{E^e - E}{E} = \pi - \pi^* \qquad\qquad (16\text{-}6)$$

となります。

ここで、輸出費用や関税等、貿易に関するコストが一定の割合（c_0）で価格に上乗せされている場合、内外価格水準の比は $E = P/P^* c_0$、その変化率の比は $\Delta E/E = \Delta P/P - \Delta P^*/P^* - \Delta c_0/c_0$ となります。ここで、c_0 の変化率（$\Delta c_0/c_0$）は 0 なので、先の相対的購買力仮説（(16-5) 式）が成立します。

金利平価説

　国内外の通貨の需要は、貿易取引以外にも金融資産に対する国際的な需給関係によって影響を受けます。財・サービスといった実物取引による要因に着目した購買力平価説に比べ、より短期的な資本取引による要因に着目した為替レート決定理論に金利平価説があります。

　今、投資家が 1 円の資本を邦貨（円）建てか外貨（ドル）建て、どちらかの資産に投資しようと選択しているとしましょう。ここで、円建て資産の収益率（金利）は i、ドル建て資産の収益率（金利）は i^*、そして取引コストは 0 で資本移動は完全であると仮定します。この 1 円を t 期に円証券（たとえば、1 年満期の国債）に投資すれば、1 年後の $(t+1)$ 期には $(1+i)$ 円が得られます。また、同じ 1 円をドルに転換し、$1/E$ ドルを得て t 期にドル証券（たとえば、1 年満期の米国債）に投資すれば、$(t+1)$ 期には $(1+i^*)/E$ ドルが得られます。$(t+1)$ 期における予想為替レートを E^e とすると、この元利合計は $E^e(1+i^*)/E$ 円になります（図 16-2 参照）。

　ここで、2 つの証券から得られる投資収益を比較し、円証券への投資が有利な場合（$(1+i) > E^e(1+i^*)/E$）、投資家はすべて円証券に投資しようとするでしょう。この場合、円に対する需要が増加し、為替レートは円高の方向に動きます。また、円証券の需要増はその証券価格の上昇、つまり i の減少を導きます。結果、$(1+i)$ と $E^e(1+i^*)/E$ の差は縮まり、両者が等しくなる均衡状態まで裁定取引が続き、次のような**金利裁定式**が成立します。

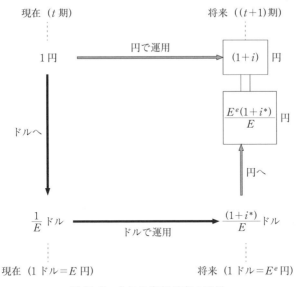

図 16-2　内外投資収益率の関係

$$1+i=\frac{E^e(1+i^*)}{E} \tag{16-7}$$

この式は、近似的に

$$i-i^*=\frac{E^e-E}{E} \tag{16-8}$$

と表され [3]、内外金利差は為替レートの期待収益率に等しくなること（**金利平価**）を示します。

　　ここで、将来の為替レート（E^e）は現時点で不確かであるため、**フォー**

3）（16-7）式について、次のような式の変換を行います。

$$i=\frac{E^e(1+i^*)}{E}-1=(1+i^*)\frac{E^e}{E}-i^*\frac{E}{E}+i^*\frac{E}{E}-\frac{E}{E}=i^*+i^*\frac{E^e-E}{E}+\frac{E^e-E}{E}$$

　ここで、最後から 2 番目の項（$i^*(E^e-E)/E$）は十分に小さく、近似的に 0 になると考えられるので、

$$i=i^*+\frac{E^e-E}{E}$$

という関係式が導出されます。

ワードレートを用いて期待収益率の確定を行ったりします。フォーワードレートとは、**先渡し（フォーワード）取引**で使われる交換レートのことです。先渡し取引とは、取引時に自国通貨と外国通貨の交換レート（フォーワードレート）を決めておき、それより3日以上先になる決済日（通貨の引渡し日）にその交換レートで売買する取引のことをいいます。これに対し、通常の為替レート（E）のことを**スポットレート**（直物〔スポット〕**取引**における交換レート）と呼びます[4]。

今、フォーワードレートをE^fとすると、金利裁定式は、

$$i - i^* = \frac{E^f - E}{E} \tag{16-9}$$

となります。この式の右辺を**直物・先物スプレッド**といい、内外金利差が直物・先物スプレッドに等しい場合、**カバー付き金利平価**が成立しているといいます。これは、先渡し取引によって為替変動リスクがカバーされていることを意味します。これに対し、（16-8）式のように予想値（E^e）を用いた場合は、内外金利差が不確かな収益率と等しくなるという意味で、**カバーなし金利平価**が成立しているといいます。

長期的に購買力平価説が成立する場合、（16-6）式と（16-8）式から次のような関係式が成立します。

$$i - i^* = \frac{E^e - E}{E} = \pi - \pi^*$$

$$\frac{E^e - E}{E} = (i - \pi) - (i^* - \pi^*) = r - r^* \tag{16-10}$$

ここで、第2式の$(r - r^*)$は**フィッシャー方程式**より日本とアメリカの**実質**

4)　外国為替市場では、直物、先渡し、先物、そしてオプション取引が行われています。先渡し、先物、オプション取引は、為替変動リスクに対するヘッジ取引として用いられます。先渡し取引と先物取引の違いは、決済日に外貨の引渡しを行うか否かです。前者は実際に外国通貨の引渡しを行いますが、後者では清算によって決済が行われます。予想為替レートの完全予見が可能な**効率的市場仮説**が成立している場合、先物（先渡し）レートは将来の予想（直物）レートに一致します（$E^e = E^f$）。

金利差（rは日本の実質金利、r^*はアメリカの実質金利）を表しています[5]。つまり、この関係式は、長期的に為替レートの期待収益率が内外の実質金利差に一致することを示しているのです。

アセット・アプローチ

　さまざまな規制が取り除かれ、国際間で資本移動が自由な現在、投資家は自国資産のみならず外国資産も持とうとします。自国の投資家が外貨建て資産に投資を行う場合、外貨に対する需要が生じ、逆に、邦貨建て資産への海外からの投資は外貨の供給を生じさせます。この国際的資産取引が外貨の需給を通じて、為替レートを変動させると考えるのがアセット・アプローチ（**ポートフォリオ・バランス・アプローチ**）と呼ばれる決定理論です。

　先の金利平価説で示したように、日本の金利が上昇し$r>r^*$となると、資産需要はドル証券から円証券へとシフトします。この場合、アメリカから日本への資金流入が生じ、外国為替市場ではドルの超過供給となります。これは、図16-1で見たように為替レートを円高方向に動かせます。

　このようにドル（円）に対する需給は、投資家のポートフォリオ（ドル建て資産と円建て資産の構成比率）に依存して変わってきます。このポートフォリオの組み換えは、内外金利差のほかに累積経常収支残高によっても影響を受けます。日本の経常収支の累積黒字額は日本の総資産残高が増加していることを意味し、円証券の需要はアメリカよりも日本において大きくなります。この場合、円の超過需要（ドルの超過供給）となり、為替レートは円高になります。

　ところで、短期においては邦貨建て資産と外貨建て資産が完全に代替できるとは限りません（**不完全代替の仮定**）。なぜなら、外国資産の保有には**為替変動リスク**が伴うからです[6]。また、国内資産市場においてもリスク（**カン**

---

5)　ちなみに、$(i-i^*)$は日本とアメリカの名目金利差を表しています。なお、フィッシャー方程式については、5章でくわしく説明されています。

トリーリスク）が存在するため、投資家は株式同様、そのリスクに見合った**リスクプレミアム**（ρ〔ロー〕）を要求します。したがって、円建て資産とドル建て資産の期待収益率が一致するとは限らず、両者に格差（リスクプレミアム）が生じます。これを考慮した金利裁定式は、次のように示されます。

$$i - i^* + \rho = \frac{E^e - E}{E} \qquad (16\text{-}11)$$

この式は、E^e を所与とした場合、日本の金利（i）が相対的に上昇すると、あるいはリスクプレミアム（ρ）が増加すると、国内資産への投資が増え円に対する需要が増加することで、為替レートが円高方向へ動いていくことを示しています。ここで、ρ は日本の経常収支黒字の累積で蓄積した外貨量（累積経常収支：CB）に比例して、大きくなると考えられます。

$$\rho = \rho(CB) \qquad (16\text{-}12)$$
$$(+)$$

為替レートの予想変化率（（16-11）式の右辺）は、短期的にどのように形成されるのでしょうか。長期的に為替レートは、PPP と等しくなるように決定され、（16-8）式のように内外実質金利差の分だけ変化すると考えられます。短期においては、必ずしも現実の為替レートと PPP が等しくなっているとは限らず、現在（t 期）の為替レート（E）は両者の格差を埋めるように決定されると考えられます。

今、E と PPP 間の調整速度を λ（ラムダ）とすると、（16-10）式、（16-11）式、そして（16-12）式より、次の関係式が導出されます。

---

6) 1ドル＝120円のときに日本の投資家が1000ドルの外貨預金を持っていたとしましょう。満期時に為替レートが1ドル＝100円（円高）になっていると、2万円（（120-100）×1000＝2万）の損失を出すことになります。この為替変動による損失を**為替差損**といい、逆に円安（たとえば1ドル＝140円）による利益（2万円）を**為替差益**といいます。このように、為替変動によって将来キャッシュ・フローが不確実になるというリスク（為替変動リスク）が発生します。

金利平価説では、円建て資産とドル建て資産の収益率が等しくなるまで資本移動が続くという、内外資産間における**完全代替性**を仮定しています。

$$E = PPP - \frac{1}{\lambda}(r - r^*) - \frac{1}{\lambda}\,\theta(CB) \qquad\qquad (16\text{-}13)$$

この式は、日本の実質金利が（アメリカの実質金利に比べて）相対的に高くなるほど、そして日本の累積経常収支（黒字）が大きくなるほど、為替レートは円高になることを示しています[7]。

③　ファンダメンタルズと投機的期待

これまでの為替レート決定理論は、物価指数、貨幣供給量、金利、インフレ率、そして累積経常収支といったマクロ変数によって、為替レートが均衡点（理論値）で決まってくることを説明していました。この理論値のことを為替レートの**ファンダメンタルズ**といいますが、日々乱高下している為替レートの現実値の動きを、このファンダメンタルズの変動だけで説明することには無理があります。なぜなら、株式市場と同様、外国為替市場においても短期的に**投機的期待**が存在するからです。

為替レートに対する投機とは、現在安い通貨を購入し、将来高くなったら売却することで利益（**キャピタル・ゲイン**）を得ようとする取引のことです。これは、為替レートのファンダメンタルズではなく、市場参加者の将来期待に基づいて行われます。たとえば、多くの市場参加者が将来円安（ドル高）になると予想した場合、今ドルを買い、後で売って利益を得ようとするので、ドルに対する需要が増加します。この場合、実際に為替レートは円安（ドル高）へと変動していきます。また、**バブル**の考え方と同様、すでに現実の為替レートが適正な基準値から乖離していたとしても、キャピタル・ゲインが見込まれる限り取引は続けられます。まだ高くなると思われた通貨（ドル）は購入され、ますます増価（ドル高）が続いていきます[8]。

---

7)　実際のデータを用いて、（16-13）式のような関係式が成立しているのか否か、章末のコラムで実証分析を行っています。

　このように、多数の投機家の思惑・期待によって買いが買いを呼び、売りが売りを呼ぶことで、為替レートはますますファンダメンタルズから乖離していくのです（為替レートの**バンドワゴン効果**）[9]。これは、まさにケインズの**美人投票原理**で説明されるロジックと同じで[10]、1人の投資家が自分の想定するファンダメンタルズに基づいて行動しても意味はなく、市場参加者の多数がどのような期待で動くかを考慮して行動しなければならないのです。

コラム：為替レートの推定

　実際に、直近10年で為替レートがどのような動きをしていたのか、データを用いて検証することにしましょう。果たして、為替レートは購買力平価説、金利平価説、そしてアセット・アプローチに基づいて決定されていたのでしょうか。

　まず、名目為替レート（*REX*）、実質為替レート（*EREX*）、そして実効為替レート（*RREX*）の動きを時系列グラフに表すと、図16-3のようになります。ここで、サンプル期間は2011年1月から2021年10月までの10年間で、月次データを用いています。名目・実質為替レートは、リーマン・ショック後から2013年10月までは100円を下回っていましたが、2013年からは「アベノミクス」による円安誘導政策によって円安方向に動き、2013年11月からは100円を上回っています。また、日本のデフレ経済脱却を反映して、2017年後半から実質為替レートがより円安に推移していることが読み取れます。

---

8)　為替レートの現実値がファンダメンタルズから乖離する要因は、このほかに外国為替市場における**オーバーシューティング**によって説明されます。オーバーシューティングとは、市場で予想されていなかったファンダメンタルズに対する大きな外的ショック（たとえば、戦争）によって、為替レートが均衡点から大幅に乖離する現象のことをいいます。その後、追加的なニュースがなければ、新しい均衡点へと収束していきます。これは、ファンダメンタルズに影響を与える一部のマクロ変数（たとえば、物価指数）の調整が遅れるために生じます。

9)　バンドワゴン効果（Bandwagon Effect）とは、消費の外部効果の一種で、ある個人の消費が別の他の人々の消費行動によって影響を受け、みんなが同じ物を消費することを好むようになることをいいます。

10)　美人投票原理とは、美人投票で1位になった人（美人）に投票した人が賞金をもらえるというもので、賞金を得るためには自分が美人であると思う人（美人）に投票するのではなく、1位に選ばれると思われる人（美人）に投票しなくてはならないという原理を示しています。株価といった危険資産価格の決定においても、この原理は働いています（Keynes〔1936〕参照）。

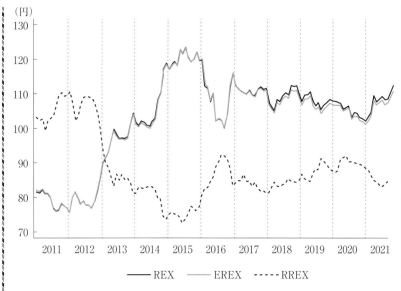

(円)

図 16-3　為替レートの動き（2011 年 1 月～ 2021 年 10 月）

　次に、**(16-13)** 式を下のような計量モデルを用いて推定してみましょう。

$$REX_t = \alpha + \beta PPP_t + \gamma DIFR_t + \phi ASSET_t + u_t$$

ここで、*REX* は名目為替レート、*PPP* は購買力平価（日本の卸売物価指数÷アメリカの卸売物価指数）、*DIFR* は日米実質金利差（〔日本の国債 10 年物の利子率－日本の消費者物価指数の変化率〕－〔アメリカの国債 10 年物の利子率－アメリカの消費者物価指数の変化率〕）、そして *ASSET* は累積経常収支残高（累積経常収支－累積直接収支－外貨準備高）の期首の実質値を示しています。

　推定結果は、図 16-4 のようになりました[11]。実際の為替レート（Actual）、計量モデルで推定された為替レート（Fitted）、そして残差（Residual）の時系列グラフから、このモデルは現実の為替レートのデータに適合していると考えられます。また、為替レートの変動に購買力平価、日米実質金利差、そして累積経常収支といった変数が有意に影響を及ぼしていることがわかります[12]。

---

11)　すべての変数に単位根があり、非定常な系列であったために定数項がある共和分検定を用いて推定を行っています。

12)　各変数について、パラメータが 0 であるという帰無仮説を有意水準 10%で棄却しています。

　この推定結果はまた、購買力平価や累積経常収支が大きいほど円安に、日米実質金利差が大きいほど円高になることを示しています。これは、購買力平価説と金利平価説の成立を示唆していますが、累積経常収支の増加がドル資産保有に伴うリスクプレミアムを増大させ、為替レートを円高方向に動かすという、アセット・アプローチに基づく理論とは反対の結果を示しています。

説明変数	パラメータ	推定値	t 値	P 値
定数項	α	-598.947	-1.690	0.0936
PPP	β	682.707	1.932	0.0556
$DIFR$	γ	-5.242	-2.212	0.0288
$ASSET$	ϕ	0.000412	3.595	0.0005

注）定数項のある共和分検定を用いて推定。

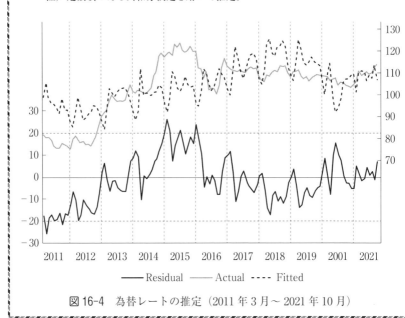

図 16-4　為替レートの推定（2011 年 3 月〜 2021 年 10 月）

引用・参考文献

　本書の内容は、多くの経済学者や研究機関の調査・研究成果に負っています。しかし、入門的解説書であるために、読者の読みやすさを優先して、各章では文献の引用を最小限にとどめ、学界の共通財産であるような内容についてはいちいち文献を明示せず、ここに各章ごとの参考文献として一括して挙げることにしました。また、これらの文献は、読者がさらに深くマクロ経済学を学びたいと考えたときの参考文献でもあります。

　まず、マクロ経済学全体の基本的な参考文献を掲げておきます。

ケインズ，J. M.［塩野谷祐一訳］（1995）『雇用・利子および貨幣の一般理論』東洋経済新報社（Keynes, J. M. (1936), *The General Theory of Employment, Interest and Money*, Macmillan.）。

マンキュー，N. G.［足立英之・地主敏樹・中谷武・柳川隆訳］（2017，2018）『マンキュー　マクロ経済学（第4版）Ⅰ入門篇、Ⅱ応用篇』東洋経済新報社（Mankiw, N. G. (2010), *Macroeconomics*, 9th ed., Worth Publishers. 2021年末時点で原著は10版まで出版されています）。

ブランシャール，O.［中泉真樹・知野哲朗・中山徳良・細谷圭・渡辺慎一訳］（2020）『ブランシャール　マクロ経済学　上（第2版）基礎編・下（第2版）拡張編』東洋経済新報社（Blanchard, O. (2017), *Macroeconomics*, 7th ed., Pearson. 2021年末時点で原著は8版まで出版されています）。

1章

伊藤元重（2012）『マクロ経済学（第2版)』日本評論社。

ケインズ，J. M.［塩野谷祐一訳］（1995）『雇用・利子および貨幣の一般理論』東洋経済新報社（Keynes, J. M. (1936), *The General Theory of Employment, Interest and Money*, Macmillan.）。

中谷巌・下井直毅・塚田裕昭（2021）『入門マクロ経済学（第6版)』日本評論社。

八田英二・廣江満郎編著（2017）『日本経済の軌跡と飛躍』晃洋書房。

2章

内閣府経済社会総合研究所編『国民経済計算年報』（各年度版）。

中谷巌・下井直毅・塚田裕昭（2021）『入門マクロ経済学（第6版)』日本評論社。

浜田浩児（2001）『93 SNAの基礎—国民経済計算の新体系—』東洋経済新報社。

三野和雄（2013）『マクロ経済学』培風館。

宮尾龍蔵（2017）『コアテキスト　マクロ経済学（第2版)』新世社。

内閣府経済社会総合研究所ホームページ（https://www.esri.cao.go.jp/jp/sna/menu.html）。

3章
井堀利宏（2020）『入門マクロ経済学（第3版)』新世社。
工藤和久・井上正・金谷貞男（1999）『マクロ経済学』東洋経済新報社。
宮川努・滝澤美帆（2011）『グラフィックマクロ経済学（第2版)』新世社。

4章
北坂真一（2003）『マクロ経済学・ベーシック』有斐閣。
篠原総一・浅子和美（1990）『マクロ経済学・入門』JICC出版局。
中谷巌・下井直毅・塚田裕昭（2021）『入門マクロ経済学（第6版)』日本評論社。
吉川洋（2017）『マクロ経済学（第4版)』（現代経済学入門シリーズ）、岩波書店。
ケインズ，J. M.［塩野谷祐一訳］（1995）『雇用・利子および貨幣の一般理論』東洋経済新報社（Keynes, J. M. (1936), *The General Theory of Employment, Interest and Money*, Macmillan.)。
マンキュー，N. G.［足立英之・地主敏樹・中谷武・柳川隆訳］（2017）『マンキュー マクロ経済学（第4版) I 入門篇』東洋経済新報社（Mankiw, N. G. (2010), *Macroeconomics*, 9th ed., Worth Publishers.)。

5章
北坂真一（2003）『マクロ経済学・ベーシック』有斐閣。
篠原総一・浅子和美（1990）『マクロ経済学・入門』JICC出版局。
中谷巌・下井直毅・塚田裕昭（2021）『入門マクロ経済学（第6版)』日本評論社。
吉川洋（2017）『マクロ経済学（第4版)』（現代経済学シリーズ）、岩波書店。
ケインズ，J. M.［塩野谷祐一訳］（1995）『雇用・利子および貨幣の一般理論』東洋経済新報社（Keynes, J. M. (1936), *The General Theory of Employment, Interest and Money*, Macmillan.)。
マンキュー，N. G.［足立英之・地主敏樹・中谷武・柳川隆訳］（2017）『マンキュー マクロ経済学（第4版) I 入門篇』東洋経済新報社（Mankiw, N. G. (2010), *Macroeconomics*, 9th ed., Worth Publishers.)。
Hansen, A. (1939), "Economic Progress and Declining Population Growth," *American Economic Review*, Vol. 29 (1). pp. 1-15.
Hicks, J. R. (1937), "Mr. Keynes and the Classics：A Suggested Interpretation," *Econometrica*, Vol. 5, pp. 147-159.
Summers, L. (2013), "Why Stagnation Might Prove to be the New Normal," *The Financial Times*, December 16 2013.

6章

伊藤元重（2012）『マクロ経済学（第2版）』日本評論社。

伊藤元重（2005）『ゼミナール国際経済入門（改訂3版）』日本経済新聞社。

中谷巌・下井直毅・塚田裕昭（2021）『入門マクロ経済学（第6版）』日本評論社。

マンキュー, N. G.［足立英之・地主敏樹・中谷武・柳川隆訳］（2017）『マンキュー マクロ経済学（第4版）Ⅰ入門篇』東洋経済新報社（Mankiw, N. G. (2010), *Macroeconomics*, 9th ed., Worth Publishers.）。

財務省ホームページ（https://www.mof.go.jp/international policy/）。

日本銀行ホームページ（https://www.boj.or.jp/statistics/br/bop_06/index.htm/）。

7章

中谷巌・下井直毅・塚田裕昭（2021）『入門マクロ経済学（第6版）』日本評論社。

ブランシャール, O.［中泉真樹・知野哲朗・中山徳良・細谷圭・渡辺慎一訳］（2000）『ブランシャール マクロ経済学 上（第2版）基礎編』東洋経済新報社（Blanchard, O. (2017), *Macroeconomics*, 7th ed., Pearson.）。

マンキュー, N. G.［足立英之・地主敏樹・中谷武・柳川隆訳］（2017）『マンキュー マクロ経済学（第4版）Ⅰ入門篇』東洋経済新報社（Mankiw, N. G. (2010), *Macroeconomics*, 9th ed., Worth Publishers.）。

宮尾龍蔵（2017）『コアテキスト　マクロ経済学（第2版）』新世社。

吉川洋（2017）『マクロ経済学（第4版）』（現代経済学入門シリーズ）、岩波書店。

Yoshikawa, H. (2003), "The Role of Demand in Macroeconomics," *The Japanese Economic Review*, Vol. 54, No. 1, pp. 1-27.

8章

De Long, J. B. (2000), "The Triumph of Monetarism," *Economic Perspectives*, Vol. 14, No. 1, pp. 83-94.

Kydland, F. E. and E. C. Prescott (1977), "Rules Rather than Discretion：The Inconsistency of Optimal Plans," *Journal of Political Economy*, Vol. 85, No. 3, pp. 473-491.

パーカー, R. E.［宮川重義訳］（2005）『大恐慌を見た経済学者11人はどう生きたか』中央経済社（Parker, R. E. (2002), *Reflections on the Great Depression*.）。

スノードン, B.・H. R. ヴェイン［岡地勝二訳］（2001）『マクロ経済学はどこまで進んだか―トップエコノミスト12人へのインタビュー―』東洋経済新報社（Snowdon, B. and H. R. Vane (1999), *Conversations with Leading Economists : Interpreting Modern Macroeconomics*, Edward Elgar.）。

ヴェイン, H. R.・J. L. トンプソン［水原総平・寺田宏洲・清川義友・北川雅章

訳〕（1994）『図解マクロ経済学―基本と政策論争―』東洋経済新報社（Vane, R. E. and J. L. Thompson（1992）, *Current Controversies in Macroeconomics*, Edward Elgar.）。

日本銀行ホームページ（https://www.boj.or.jp/statistics/money/index.htm/）。

9章

井堀利宏（2020）『入門マクロ経済学（第3版)』新世社。

宮尾龍蔵（2017）『コア・テキスト　マクロ経済学（第2版)』新世社。

宮川努・滝澤美帆（2011）『グラフィックマクロ経済学（第2版)』新世社。

10章

今村宏編著（1997）『金融論』八千代出版。

ヴェイン, H. R.・J. L. トムプソン〔水原總平・寺田宏洲・清川義友・北川雅章 訳〕（1994）『図解マクロ経済学―基本と政策論争―』東洋経済新報社（Vane, H. R. and J. L. Thompson（1992）, *Current Controversies of Macroeconomics*, Edward Elgar.）。

福田慎一（2020）『金融論－市場と経済政策の有効性（新版)』有斐閣。

古川顕（2014）『テキストブック 現代の金融（第3版)』東洋経済新報社。

三野和雄（2013）『マクロ経済学』培風館。

日本銀行ホームページ（https://www.boj.or.jp/）。

11章

Modigliani, F. and M. H. Miller（1958）, "The Cost of Capital, Corporation Finance, and the Theory of Investment," *American Economic Review*, Vol. 48, No. 3, pp. 261-297.

釜江廣志・北岡孝義・大塚晴之・鈴木喜久（2004）『証券論』（有斐閣ブックス）、有斐閣。

野口悠紀雄・藤井眞理子（2000）『金融工学』ダイヤモンド社。

12章

井堀利宏（2020）『入門マクロ経済学（第3版)』新世社。

井堀利宏（2019）『入門ミクロ経済学（第3版)』新世社。

藤田渉・福澤勝彦・秋本耕二・中村博和（2000）『経済数学』勁草書房。

宮尾龍蔵（2017）『コア・テキスト　マクロ経済学（第2版)』新世社。

宮川努・滝澤美帆（2011）『グラフィックマクロ経済学（第2版)』新世社。

西村和雄（1995）『ミクロ経済学入門（第2版)』岩波書店。

朱　保華（1995）『投資関数の理論』九州大学出版会。

Blanchard, O. and S. Fischer (1989), *Lectures on Macroeconomics*, MIT Press.

トム・コープランド、ウラジミール・アンティカロフ［栃本克之監訳］(2002)『決定版　リアル・オプション』東洋経済新報社 (Copeland, T. and V. Antikarov (2001), *Real Options : A Practitioner's Guide*, W. W. Norton & Company.)。

Hayashi, F. (1982), "Tobin's Marginal q and Average q : A Neoclassical Interpretation," *Econometrica*, Vol. 50, No. 1, pp. 213-224.

13章

Friedman, M. (1977), "Nobel Lecture : Inflation and Unemployment," *Journal of Political Economy*, Vol. 85, No. 3, pp. 451-472.

クルーグマン，P.［山形浩生編訳・解説］(2003)『クルーグマン教授の＜ニッポン＞経済入門』春秋社 (Krugman, P. R. (1998), "It's Baaack！: Japan's Slump and the Return of the Liquidity Trap," *Brookings Papers on Economic Activity*, No. 2, pp. 137-187.)。

Lucas, R. E., Jr. (1976), "Econometric Policy Evaluation : A Critique," *Carnegie-Rochester Conference Series on Public Policy*, Vol. 1, pp. 19-46.

14章

岩井克人 (1994)「経済成長論」岩井克人・伊藤元重編『現代の経済理論』東京大学出版会。

バーロ，R. J.・X. サラ-イ-マーティン［大住圭介訳］(2006)『内生的経済成長論 I・II（第2版）』九州大学出版会 (Robert Baro and Xavier Sala-i-Martin, *Economic Growth*, 2nd ed., MIT Pres, 2004.)。

マンキュー，N. G.［足立英之・地主敏樹・中谷武・柳川隆訳］(2018)『マンキュー　マクロ経済学（第4版）II応用篇』東洋経済新報社 (Mankiw, N. G. (2010), *Macroeconomics*, 9th ed., Worth Publishers.)。

Mankiw, N. G., D. Romer, and D. N. Weil (1992), "A Contribution to the Empirics of economic growth," *Quarterly Journal of Economics*, Vol. 107, No. 2, pp. 407-437.

Solow, R. M. (1956), "A Contribution to the Theory of Economic Growth," *Quarterly Journal of Economics*, Vol. 70, No. 1, pp. 65-94.

Swan, T. W. (1956), "Economic Growth and Capital Accumulation," *Economic Record*, Vol. 32, pp. 334-361.

15章

伊藤元重 (2012)『マクロ経済学（第2版）』日本評論社。

伊藤元重（2005）『ゼミナール国際経済入門（改訂3版)』日本経済新聞社。

中谷巌・下井直毅・塚田裕昭（2021）『入門マクロ経済学（第6版)』日本評論社。

Mishkin, F. S. (2018), *The Economics of Money, Banking, and Financial Markets*, 12th ed., Pearson.

浜田宏一（1982）『国際金融の政治経済学』創文社。

マンデル，R. A.［渡辺太郎・箱木真澄・井川一宏訳］（2000）『新版　国際経済学』ダイヤモンド社（Mundel, R. A. (1968), *International Economics*, Macmillan.）。

16章

Keynes, J. M. (1936), *The General Theory of Employment, Interest and Money*, Macmillan.

高木信二（1999）『入門国際金融（第2版)』日本評論社。

伴金美・中村二朗・跡田直澄（2006）『エコノメトリックス（新版)』（有斐閣Sシリーズ）、有斐閣。

アイザルド，P.［須齋正幸・高屋定美・秋山優訳］（2001）『為替レートの経済学』東洋経済新報社（Isard, P. (1995), *Exchange Rate Economics*, Cambridge University Press.）。

事 項 索 引

280

人名索引

執筆者紹介

北川雅章（きたがわ・まさあき）　　1章, 2章, 6章, 7章, 8章, 10章, 15章④・⑤担当
1988年　同志社大学大学院経済学研究科博士課程単位取得
現　在　同志社大学経済学部教授

新関三希代（にいぜき・みきよ）　　11章, 16章担当
1995年　大阪大学大学院経済学研究科博士課程単位取得
現　在　同志社大学経済学部教授

辻村元男（つじむら・もとお）　　3章, 9章, 12章担当
2004年　博士（経済学）［大阪大学］
現　在　同志社大学商学部教授

東　良彰（あずま・よしあき）　　4章, 5章, 14章担当
2002年　ブラウン大学大学院経済学博士課程修了。Ph. D.（ブラウン大学）
現　在　同志社大学経済学部教授

清川義友（きよかわ・よしとも）　　8章, 13章, 15章①・②・③担当
1978年　同志社大学大学院経済学研究科博士課程単位取得
元・同志社大学経済学部教授

マクロ経済学の視点 ［第3版］

2007年5月21日第1版1刷発行
2016年4月15日改訂版1刷発行
2022年4月5日第3版1刷発行

著　者─北川雅章・新関三希代
　　　　辻村元男・東　良彰・清川義友
発行者─森　口　恵美子
印刷所─壮　光　舎　印　刷
製本所─グ　リ　ー　ン
発行所─八千代出版株式会社

〒101
-0061　東京都千代田区神田三崎町 2-2-13
　　　TEL　03-3262-0420
　　　FAX　03-3237-0723
　　　振替　00190-4-168060

＊定価は表紙に表示してあります。
＊落丁・乱丁本はお取替えいたします。

ISBN978-4-8429-1832-7